企业劳动用工合规管理百例

含常用范本

段彪永 ◎ 编著

中国法制出版社

CHINA LEGAL PUBLISHING HOUSE

特别鸣谢

（按拼音先后为序）

保佳福　段　彬　何　铮　李俊芳　刘　鑫　马玲玲

马　阳　钱　刚　王志华　徐建芳　姚　远　赵一蒴

　　《中华人民共和国劳动合同法》自 2007 年 6 月 29 日公布，至今已十余年。随着社会的发展，劳动者权利意识的提高，企业不仅需要面对日益严峻的外部市场环境，内部人力资源合规管理也面临重大挑战，企业违法用工法律风险不断增加。

　　笔者团队致力于企业人力资源法律风险评估、合规体系建设和专业落地指导，助力企业人力资源合规管理的规范化、精细化和流程化。旨在解决企业规章制度陈旧、缺乏操作性；企业 HR 缺乏专业知识、凭经验办事；企业处理劳动争议证据意识不足、缺乏专业指导等问题。

　　本书分为劳动关系、在职管理、社会保险、辞职辞退及其他五部分，共收录案例一百个。通过对企业高发劳动争议法律问题的梳理，使企业 HR 或创业者对企业人力资源管理典型法律风险和解决方案产生具象认识。

　　案例标题　以问题形式呈现，取材于企业或劳动者经常咨询的法律问题。

　　基本案情、裁判结果　改编自人民法院或劳动人事争议仲裁院的真实案例，通过对劳动争议实务问题的加工演绎，向读者展现劳动争议的真实场景和裁判观点。

　　律师提示　对法律问题进行分析和解读，同时对类案进行整理和归纳，用最简明的方式向读者阐释法律问题，并给出倾向性意见或最优解决方案。

　　法条链接　整理法律问题涉及的主要法律文件，以便读者查阅和验证。

文书链接 整理律师团队在服务企业过程中常用的22个文书范本，供读者即学即用。

本书是法律专业实践与大众可读性结合的有益尝试。每个案例自成体系、聚焦于一个专业问题，不仅可成为企业HR或非法律专业人士的工具书，也可作为青年律师及志愿从事人力资源管理人士的法律实务操作指南。

为兼顾非法律专业人士的阅读习惯，增加本书的可读性，书中部分概念表述未做统一处理。同时，作者虽深耕专业但学识有限，书中仍难免错漏，望读者给予批评和谅解。

致谢！

段彪永

2023年3月

劳动关系

在职管理

社会保险

辞职辞退

其　他

劳动关系

1 没有备案登记的劳动合同有效吗?

	有效。
法条依据	《劳动合同法》[①]第十六条第一款　劳动合同由用人单位与劳动者协商一致,并经用人单位与劳动者在劳动合同文本上签字或者盖章生效。

 基本案情

　　2015年6月6日,张某与某公司签订书面劳动合同,期限为2015年6月6日至2016年6月5日。某公司工作人员未将前述劳动合同进行备案,还将劳动合同期限错误登记成2015年6月6日至2020年6月5日。2016年6月5日,某公司告知张某劳动合同到期终止,某公司决定不与张某续签劳动合同并要求其离职。张某认为1年期限劳动合同未备案不生效,双方之间为5年期限的劳动合同,遂向某劳动人事争议仲裁院申请仲裁,请求裁决确认某公司违法终止劳动合同并继续履行劳动合同。

　　[①] 为便于阅读,本书中相关法律文件标题中的"中华人民共和国"字样都予以省略。

裁判结果

仲裁院经审理认为，根据《劳动合同法》①第16条第1款的规定，劳动合同由用人单位与劳动者协商一致，并经用人单位与劳动者在劳动合同文本上签字或者盖章生效。本案中，某公司和员工张某签字、盖章的劳动合同期限为2015年6月6日至2016年6月5日，双方之间达成的是签订1年期限劳动合同的意思表示，不违反相关法律法规规定，应为合法有效。根据《劳动合同法》第44条的规定，劳动合同期限届满的劳动合同自然终止，用人单位有权不予续签。劳动保障部门对劳动合同的鉴证或劳动合同登记备案，仅为行政管理需要，不影响劳动合同的效力。仲裁院遂驳回了张某的仲裁请求。

律师提示

用人单位和劳动者建立劳动关系的常规流程为：劳动者经用人单位招聘入职→与用人单位签订书面劳动合同→用人单位向劳动行政部门进行（网上）备案登记→用人单位为劳动者购买社会保险。但很多企业却不与劳动者签订书面劳动合同，导致双倍工资差额赔偿等用工风险。

究其原因，部分用人单位错误地认为备案劳动合同就意味着要购买社会保险，劳动合同不备案就不具有法律效力。因此，用人单位为降低用工成本，在不愿意与员工建立劳动关系，或者不愿意为员工购买社会保险的用工情况下，常常选择不签订书面劳动合同，法律风险则悄然而至。

依据《劳动合同法》的相关规定，劳动合同由用人单位与劳动者协商一致，经用人单位与劳动者在劳动合同文本上签字或者盖章生效。劳动保障部门提供的劳动合同范本仅是推荐使用，并非强制性使用。用人单位与劳动者签订的劳动合同只要具备《劳动合同法》规定的必备条款，与现行法律法规不冲突，即为有效的劳动合同。当然，为便于与劳动合同备案工作相衔接，

---

① 本书"裁判结果"中适用的法律法规司法解释等均为法院审理当时有效的法律文件。

　　笔者建议，用人单位与劳动者签订劳动保障部门推荐的劳动合同范本，同时可就劳动报酬发放、考勤管理、文书送达等内容签订相应补充协议或条款，以增强用人单位对劳动者管理的可操作性。

　　建立劳动用工登记制度，是市场经济条件下政府部门转变职能、对用人单位劳动用工进行宏观管理的重要措施，是规范劳动用工行为，全面推进劳动合同制度，加强劳动合同管理，维护用人单位和劳动者双方合法权益的重要手段。尽管各地劳动行政部门制定了劳动用工登记管理办法，对劳动用工合同备案作出规定，但行政备案不影响用人单位与劳动者之间劳动合同的法律效力。

　　网上备案、就业登记花名册或社会保险缴费记录等均存在不需要劳动者同意或者配合，用人单位单方即可办理的可能。因此，前述事实的成立不等于签订书面劳动合同，用人单位必须与劳动者达成合意，签订书面劳动合同才能避免法律风险。随着网络办公和无纸化办公的兴起，用人单位也可以通过电子邮件、电子合同或其他电子数据等方式签订书面劳动合同。

　　综上所述，用人单位和劳动者不论签订何种书面劳动合同，只要具备《劳动合同法》规定的必备条款，无需备案就能避免双倍工资差额赔偿的法律风险。

🗨️法条链接

1.《劳动合同法》

第十六条　劳动合同由用人单位与劳动者协商一致，并经用人单位与劳动者在劳动合同文本上签字或者盖章生效。

劳动合同文本由用人单位和劳动者各执一份。

第四十四条　有下列情形之一的，劳动合同终止：

（一）劳动合同期满的；

（二）劳动者开始依法享受基本养老保险待遇的；

（三）劳动者死亡，或者被人民法院宣告死亡或者宣告失踪的；

（四）用人单位被依法宣告破产的；

（五）用人单位被吊销营业执照、责令关闭、撤销或者用人单位决定提前解散的；

（六）法律、行政法规规定的其他情形。

第八十二条 用人单位自用工之日起超过一个月不满一年未与劳动者订立书面劳动合同的，应当向劳动者每月支付二倍的工资。

用人单位违反本法规定不与劳动者订立无固定期限劳动合同的，自应当订立无固定期限劳动合同之日起向劳动者每月支付二倍的工资。

2.《民法典》

第四百六十九条 当事人订立合同，可以采用书面形式、口头形式或者其他形式。

书面形式是合同书、信件、电报、电传、传真等可以有形地表现所载内容的形式。

以电子数据交换、电子邮件等方式能够有形地表现所载内容，并可以随时调取查用的数据电文，视为书面形式。

3.《关于建立劳动用工备案制度的通知》

三、规范劳动用工备案的内容和要求

（一）用人单位进行劳动用工备案的信息应当包括：用人单位名称、法定代表人、经济类型、组织机构代码，招用职工的人数、姓名、性别、公民身份号码，与职工签订劳动合同的起止时间，终止或解除劳动合同的人数、职工姓名、时间等。各省、自治区、直辖市劳动保障行政部门可根据实际需要适当增加备案信息。

（二）用人单位新招用职工或与职工续订劳动合同的，应自招用或续订劳动合同之日起30日内进行劳动用工备案。用人单位与职工终止或解除劳动合同的，应在终止或解除劳动合同后7日内进行劳动用工备案。

用人单位名称、法定代表人、经济类型、组织机构代码发生变更后，应在30日内办理劳动用工备案变更手续。用人单位注销后，应在7日内办理劳动用工备案注销手续。

（三）用人单位登记注册地与实际经营地不一致的，在实际经营地的劳动保障行政部门进行劳动用工备案。

文书链接

劳 动 合 同①
（通用）

甲方（用人单位）：_____

乙方（劳动者）：_____

签 订 日 期：_____年___月___日

注意事项

一、本合同文本供用人单位与建立劳动关系的劳动者签订劳动合同时使用。

二、用人单位应当与招用的劳动者自用工之日起一个月内依法订立书面劳动合同，并就劳动合同的内容协商一致。

三、用人单位应当如实告知劳动者工作内容、工作条件、工作地点、职业危害、安全生产状况、劳动报酬以及劳动者要求了解的其他情况；用人单位有权了解劳动者与劳动合同直接相关的基本情况，劳动者应当如实说明。

四、依法签订的劳动合同具有法律效力，双方应按照劳动合同的约定全面履行各自的义务。

五、劳动合同应使用蓝、黑钢笔或签字笔填写，字迹清楚，文字简练、准确，不得涂改。确需涂改的，双方应在涂改处签字或盖章确认。

六、签订劳动合同，用人单位应加盖公章，法定代表人（主要负责人）或委托代理人签字或盖章；劳动者应本人签字，不得由他人代签。劳动合同由双

---

① 参见《关于发布劳动合同示范文本的说明》，载人力资源和社会保障部网 http://www.mohrss.gov.cn/ldgxs/LDGXhetong/201911/t20191128_344013.html，最后访问日期：2023年3月6日。

方各执一份，交劳动者的不得由用人单位代为保管。

甲方（用人单位）：＿＿＿＿＿＿＿＿＿＿＿

统一社会信用代码：＿＿＿＿＿＿＿＿＿＿＿

法定代表人（主要负责人）或委托代理人：＿＿＿＿＿＿＿＿＿＿＿

注册地：＿＿＿＿＿＿＿＿＿＿＿＿＿＿＿

经营地：＿＿＿＿＿＿＿＿＿＿＿＿＿＿＿

联系电话：＿＿＿＿＿＿＿＿＿＿＿＿＿

乙方（劳动者）：＿＿＿＿＿＿＿＿＿＿＿

居民身份证号码：＿＿＿＿＿＿＿＿＿＿＿

（或其他有效证件名称＿＿＿＿＿＿ 证件号：＿＿＿＿＿＿＿＿）

户籍地址：＿＿＿＿＿＿＿＿＿＿＿＿＿＿

经常居住地（通讯地址）：＿＿＿＿＿＿＿＿＿＿＿＿

联系电话：＿＿＿＿＿＿＿＿＿＿＿＿＿

根据《中华人民共和国劳动法》《中华人民共和国劳动合同法》等法律法规政策规定，甲乙双方遵循合法、公平、平等自愿、协商一致、诚实信用的原则订立本合同。

一、劳动合同期限

第一条 甲乙双方自用工之日起建立劳动关系，双方约定按下列第＿＿＿种方式确定劳动合同期限：

1.固定期限：自＿＿＿＿年＿＿＿月＿＿＿日起至＿＿＿＿年＿＿＿月＿＿＿日止，其中，试用期从用工之日起至＿＿＿＿年＿＿＿月＿＿＿日止。

2.无固定期限：自＿＿＿＿年＿＿＿月＿＿＿日起至依法解除、终止劳动合同时止，其中，试用期从用工之日起至＿＿＿＿年＿＿＿月＿＿＿日止。

3.以完成一定工作任务为期限：自＿＿＿＿年＿＿＿月＿＿＿日起至工作任务完成时止。甲方应当以书面形式通知乙方工作任务完成。

二、工作内容和工作地点

第二条　乙方工作岗位是＿＿＿＿＿＿＿＿＿，岗位职责为＿＿＿＿＿＿
＿＿＿＿＿＿。乙方的工作地点为＿＿＿＿＿＿＿＿＿。

乙方应爱岗敬业、诚实守信，保守甲方商业秘密，遵守甲方依法制定的
劳动规章制度，认真履行岗位职责，按时保质完成工作任务。乙方违反劳动
纪律，甲方可依据依法制定的劳动规章制度给予相应处理。

三、工作时间和休息休假

第三条　根据乙方工作岗位的特点，甲方安排乙方执行以下第＿＿种工
时制度：

1.标准工时工作制。每日工作时间不超过8小时，每周工作时间不超过40
小时。由于生产经营需要，经依法协商后可以延长工作时间，一般每日不得
超过1小时，特殊原因每日不得超过3小时，每月不得超过36小时。甲方不得
强迫或者变相强迫乙方加班加点。

2.依法实行以＿＿＿为周期的综合计算工时工作制。综合计算周期内的总
实际工作时间不应超过总法定标准工作时间。甲方应采取适当方式保障乙方
的休息休假权利。

3.依法实行不定时工作制。甲方应采取适当方式保障乙方的休息休假
权利。

第四条　甲方安排乙方加班的，应依法安排补休或支付加班工资。

第五条　乙方依法享有法定节假日、带薪年休假、婚丧假、产假等假期。

四、劳动报酬

第六条　甲方采用以下第＿＿种方式向乙方以货币形式支付工资，于每月
＿＿日前足额支付：

1.月工资＿＿＿＿＿元。

2.计件工资。计件单价为＿＿＿＿＿＿，甲方应合理制定劳动定额，
保证乙方在提供正常劳动情况下，获得合理的劳动报酬。

3.基本工资和绩效工资相结合的工资分配办法，乙方月基本工资＿＿＿＿
元，绩效工资计发办法为＿＿＿＿＿＿。

4.双方约定的其他方式＿＿＿＿＿＿＿＿。

第七条 乙方在试用期期间的工资计发标准为＿＿＿＿或＿＿＿＿元。

第八条 甲方应合理调整乙方的工资待遇。乙方从甲方获得的工资依法承担的个人所得税由甲方从其工资中代扣代缴。

五、社会保险和福利待遇

第九条 甲乙双方依法参加社会保险，甲方为乙方办理有关社会保险手续，并承担相应社会保险义务，乙方应当缴纳的社会保险费由甲方从乙方的工资中代扣代缴。

第十条 甲方依法执行国家有关福利待遇的规定。

第十一条 乙方因工负伤或患职业病的待遇按国家有关规定执行。乙方患病或非因工负伤的，有关待遇按国家有关规定和甲方依法制定的有关规章制度执行。

六、职业培训和劳动保护

第十二条 甲方应对乙方进行工作岗位所必需的培训。乙方应主动学习，积极参加甲方组织的培训，提高职业技能。

第十三条 甲方应当严格执行劳动安全卫生相关法律法规规定，落实国家关于女职工、未成年工的特殊保护规定，建立健全劳动安全卫生制度，对乙方进行劳动安全卫生教育和操作规程培训，为乙方提供必要的安全防护设施和劳动保护用品，努力改善劳动条件，减少职业危害。乙方从事接触职业病危害作业的，甲方应依法告知乙方工作过程中可能产生的职业病危害及其后果，提供职业病防护措施，在乙方上岗前、在岗期间和离岗时对乙方进行职业健康检查。

第十四条 乙方应当严格遵守安全操作规程，不违章作业。乙方对甲方管理人员违章指挥、强令冒险作业，有权拒绝执行。

七、劳动合同的变更、解除、终止

第十五条 甲乙双方应当依法变更劳动合同，并采取书面形式。

第十六条 甲乙双方解除或终止本合同，应当按照法律法规规定执行。

第十七条 甲乙双方解除终止本合同的，乙方应当配合甲方办理工作交接手续。甲方依法应向乙方支付经济补偿的，在办结工作交接时支付。

第十八条　甲方应当在解除或终止本合同时，为乙方出具解除或者终止劳动合同的证明，并在十五日内为乙方办理档案和社会保险关系转移手续。

八、双方约定事项

第十九条　乙方工作涉及甲方商业秘密和与知识产权相关的保密事项的，甲方可以与乙方依法协商约定保守商业秘密或竞业限制的事项，并签订保守商业秘密协议或竞业限制协议。

第二十条　甲方出资对乙方进行专业技术培训，要求与乙方约定服务期的，应当征得乙方同意，并签订协议，明确双方权利义务。

第二十一条　双方约定的其他事项：＿＿＿＿＿＿＿＿＿＿＿＿＿＿＿＿＿。

九、劳动争议处理

第二十二条　甲乙双方因本合同发生劳动争议时，可以按照法律法规的规定，进行协商、申请调解或仲裁。对仲裁裁决不服的，可以依法向有管辖权的人民法院提起诉讼。

十、其他

第二十三条　本合同中记载的乙方联系电话、通讯地址为劳动合同期内通知相关事项和送达书面文书的联系方式、送达地址。如发生变化，乙方应当及时告知甲方。

第二十四条　双方确认：均已详细阅读并理解本合同内容，清楚各自的权利、义务。本合同未尽事宜，按照有关法律法规和政策规定执行。

第二十五条　本合同双方各执一份，自双方签字（盖章）之日起生效，双方应严格遵照执行。

甲方（盖章）　　　　　　　　　　　乙方（签字）
法定代表人（主要负责人）
或委托代理人（签字或盖章）

　　　　　　年　　月　　日　　　　　　　年　　月　　日

附件1

<h1 style="text-align:center">续订劳动合同</h1>

经甲乙双方协商同意，续订本合同。

一、甲乙双方按以下第＿＿种方式确定续订合同期限：

1.固定期限：自＿＿＿＿年＿＿月＿＿日起至＿＿＿＿年＿＿月＿＿日止。

2.无固定期限：自＿＿＿＿年＿＿月＿＿日起至依法解除或终止劳动合同时止。

二、双方就有关事项约定如下：

1.＿＿＿＿＿＿＿＿＿＿＿＿＿＿＿＿＿＿＿＿＿＿＿＿＿＿＿＿＿＿＿；

2.＿＿＿＿＿＿＿＿＿＿＿＿＿＿＿＿＿＿＿＿＿＿＿＿＿＿＿＿＿＿＿；

3.＿＿＿＿＿＿＿＿＿＿＿＿＿＿＿＿＿＿＿＿＿＿＿＿＿＿＿＿＿＿＿。

三、除以上约定事项外，其他事项仍按照双方于＿＿＿＿年＿＿月＿＿日签订的劳动合同中的约定继续履行。

甲方（盖章）　　　　　　　　　　乙方（签字）

法定代表人（主要负责人）

或委托代理人（签字或盖章）

　　　　　　年　　月　　日　　　　　　　年　　月　　日

附件2

变更劳动合同

一、经甲乙双方协商同意，自_____年____月____日起，对本合同作如下变更：

1.＿＿＿＿＿＿＿＿＿＿＿＿＿＿＿＿＿＿＿＿＿＿＿＿＿＿＿＿＿；

2.＿＿＿＿＿＿＿＿＿＿＿＿＿＿＿＿＿＿＿＿＿＿＿＿＿＿＿＿＿；

3.＿＿＿＿＿＿＿＿＿＿＿＿＿＿＿＿＿＿＿＿＿＿＿＿＿＿＿＿＿。

二、除以上约定事项外，其他事项仍按照双方于_____年____月____日签订的劳动合同中的约定继续履行。

甲方（盖章）　　　　　　　　乙方（签字）

法定代表人（主要负责人）

或委托代理人（签字或盖章）

　　　　　　　年　　月　　日　　　　　　　　年　　月　　日

劳 动 合 同[①]

（劳务派遣）

甲方（劳务派遣单位）：＿＿＿＿＿＿＿＿＿＿

乙方（劳动者）：＿＿＿＿＿＿＿＿＿＿

签订日期：＿＿＿年＿＿月＿＿日

注意事项

一、本合同文本供劳务派遣单位与被派遣劳动者签订劳动合同时使用。

二、劳务派遣单位应当向劳动者出具依法取得的《劳务派遣经营许可证》。

三、劳务派遣单位不得与被派遣劳动者签订以完成一定任务为期限的劳动合同，不得以非全日制用工形式招用被派遣劳动者。

四、劳务派遣单位应当将其与用工单位签订的劳务派遣协议内容告知劳动者。劳务派遣单位不得向被派遣劳动者收取费用。

五、劳动合同应使用蓝、黑钢笔或签字笔填写，字迹清楚，文字简练、准确，不得涂改。确需涂改的，双方应在涂改处签字或盖章确认。

六、签订劳动合同，劳务派遣单位应加盖公章，法定代表人（主要负责人）或委托代理人应签字或盖章；被派遣劳动者应本人签字，不得由他人代签。劳动合同交由劳动者的，劳务派遣单位、用工单位不得代为保管。

甲方（劳务派遣单位）：＿＿＿＿＿＿＿＿＿

统一社会信用代码：＿＿＿＿＿＿＿＿＿

劳务派遣许可证编号：＿＿＿＿＿＿＿＿＿

法定代表人（主要负责人）或委托代理人：＿＿＿＿＿＿＿＿＿

注册地：＿＿＿＿＿＿＿＿＿＿＿＿＿

＿＿＿＿＿＿＿＿＿＿＿＿＿＿＿＿＿＿＿

① 参见《关于发布劳动合同示范文本的说明》，载人力资源和社会保障部网 http://www.mohrss.gov.cn/ldgxs/LDGXhetong/201911/t20191128_344013.html，最后访问日期：2023 年 3 月 6 日。

经营地：_____

联系电话：_____

乙方（劳动者）：_____

居民身份证号码：_____

（或其他有效证件名称：_____　　证件号：_____ ）

户籍地址：_____

经常居住地（通讯地址）：_____

联系电话：_____

　　根据《中华人民共和国劳动法》《中华人民共和国劳动合同法》等法律法规政策规定，甲乙双方遵循合法、公平、平等自愿、协商一致、诚实信用的原则订立本合同。

一、劳动合同期限

第一条　甲乙双方约定按下列第____种方式确定劳动合同期限：

1.二年以上固定期限合同：自_____年____月____日起至_____年____月____日止。其中，试用期从用工之日起至_____年____月____日止。

2.无固定期限的劳动合同：自_____年____月____日起至依法解除或终止劳动合同止。其中，试用期从用工之日起至_____年____月____日止。

试用期至多约定一次。

二、工作内容和工作地点

第二条　乙方同意由甲方派遣到_____（用工单位名称）工作，用工单位注册地_____，用工单位法定代表人或主要负责人_____。派遣期限为____，从_____年____月____日起至_____年____月____日止。乙方的工作地点为_____。

第三条　乙方同意在用工单位_____岗位工作，属于临时性/辅助性/替代性工作岗位，岗位职责为_____。

第四条　乙方同意服从甲方和用工单位的管理，遵守甲方和用工单位依法制定的劳动规章制度，按照用工单位安排的工作内容及要求履行劳动义务，按时完成规定的工作数量，达到相应的质量要求。

三、工作时间和休息休假

第五条 乙方同意根据用工单位工作岗位执行下列第＿＿＿种工时制度：

1.标准工时工作制，每日工作时间不超过8小时，平均每周工作时间不超过40小时，每周至少休息1天。

2.依法实行以＿＿＿＿＿＿为周期的综合计算工时工作制。

3.依法实行不定时工作制。

第六条 甲方应当要求用工单位严格遵守关于工作时间的法律规定，保证乙方的休息权利与身心健康，确因工作需要安排乙方加班加点的，经依法协商后可以延长工作时间，并依法安排乙方补休或支付加班工资。

第七条 乙方依法享有法定节假日、带薪年休假、婚丧假、产假等假期。

四、劳动报酬和福利待遇

第八条 经甲方与用工单位商定，甲方采用以下第＿＿＿种方式向乙方以货币形式支付工资，于每月＿＿＿＿日前足额支付：

1.月工资＿＿＿＿＿＿元。

2.计件工资。计件单价为＿＿＿＿＿＿＿＿＿＿。

3.基本工资和绩效工资相结合的工资分配办法，乙方月基本工资＿＿＿＿＿＿元，绩效工资计发办法为＿＿＿＿＿＿＿＿＿＿＿。

4.约定的其他方式＿＿＿＿＿＿＿＿＿＿＿＿＿。

第九条 乙方在试用期期间的工资计发标准为＿＿＿＿＿＿＿＿＿＿＿＿＿＿＿或＿＿＿＿＿＿元。

第十条 甲方不得克扣用工单位按照劳务派遣协议支付给被派遣劳动者的劳动报酬。乙方从甲方获得的工资依法承担的个人所得税由甲方从其工资中代扣代缴。

第十一条 甲方未能安排乙方工作或者被用工单位退回期间，甲方应按照不低于甲方所在地最低工资标准按月向乙方支付报酬。

第十二条 甲方应当要求用工单位对乙方实行与用工单位同类岗位的劳

动者相同的劳动报酬分配办法，向乙方提供与工作岗位相关的福利待遇。用工单位无同类岗位劳动者的，参照用工单位所在地相同或者相近岗位劳动者的劳动报酬确定。

第十三条　甲方应当要求用工单位合理确定乙方的劳动定额。用工单位连续用工的，甲方应当要求用工单位对乙方实行正常的工资调整机制。

五、社会保险

第十四条　甲乙双方依法在用工单位所在地参加社会保险。甲方应当按月将缴纳社会保险费的情况告知乙方，并为乙方依法享受社会保险待遇提供帮助。

第十五条　如乙方发生工伤事故，甲方应当会同用工单位及时救治，并在规定时间内，向人力资源社会保障行政部门提出工伤认定申请，为乙方依法办理劳动能力鉴定，并为其享受工伤待遇履行必要的义务。甲方未按规定提出工伤认定申请的，乙方或者其近亲属、工会组织在事故伤害发生之日或者乙方被诊断、鉴定为职业病之日起1年内，可以直接向甲方所在地人力资源社会保障行政部门提请工伤认定申请。

六、职业培训和劳动保护

第十六条　甲方应当为乙方提供必需的职业能力培训，在乙方劳务派遣期间，督促用工单位对乙方进行工作岗位所必需的培训。乙方应主动学习，积极参加甲方和用工单位组织的培训，提高职业技能。

第十七条　甲方应当为乙方提供符合国家规定的劳动安全卫生条件和必要的劳动保护用品，落实国家有关女职工、未成年工的特殊保护规定，并在乙方劳务派遣期间督促用工单位执行国家劳动标准，提供相应的劳动条件和劳动保护。

第十八条　甲方如派遣乙方到可能产生职业危害的岗位，应当事先告知乙方。甲方应督促用工单位依法告知乙方工作过程中可能产生的职业病危害及其后果，对乙方进行劳动安全卫生教育和培训，提供必要的职业危害防护措施和待遇，预防劳动过程中的事故，减少职业危害，为劳动者建立职业健康监护档案，在乙方上岗前、派遣期间、离岗时对乙方进行职业健康检查。

第十九条　乙方应当严格遵守安全操作规程，不违章作业。乙方对用工单位管理人员违章指挥、强令冒险作业，有权拒绝执行。

七、劳动合同的变更、解除和终止

第二十条　甲乙双方应当依法变更劳动合同，并采取书面形式。

第二十一条　因乙方派遣期满或出现其他法定情形被用工单位退回甲方的，甲方可以对其重新派遣，对符合法律法规规定情形的，甲方可以依法与乙方解除劳动合同。乙方同意重新派遣的，双方应当协商派遣单位、派遣期限、工作地点、工作岗位、工作时间和劳动报酬等内容，并以书面形式变更合同相关内容；乙方不同意重新派遣的，依照法律法规有关规定执行。

第二十二条　甲乙双方解除或终止本合同，应当按照法律法规规定执行。甲方应在解除或者终止本合同时，为乙方出具解除或者终止劳动合同的证明，并在十五日内为乙方办理档案和社会保险关系转移手续。

第二十三条　甲乙双方解除终止本合同的，乙方应当配合甲方办理工作交接手续。甲方依法应向乙方支付经济补偿的，在办结工作交接时支付。

八、劳动争议处理

第二十四条　甲乙双方因本合同发生劳动争议时，可以按照法律法规的规定，进行协商、申请调解或仲裁。对仲裁裁决不服的，可以依法向有管辖权的人民法院提起诉讼。

第二十五条　用工单位给乙方造成损害的，甲方和用工单位承担连带赔偿责任。

九、其他

第二十六条　本合同中记载的乙方联系电话、通讯地址为劳动合同期内通知相关事项和送达书面文书的联系方式、送达地址。如发生变化，乙方应当及时告知甲方。

第二十七条　双方确认：均已详细阅读并理解本合同内容，清楚各自的权利、义务。本合同未尽事宜，按照有关法律法规和政策规定执行。

第二十八条　本劳动合同一式（　　）份，双方至少各执一份，自签字

（盖章）之日起生效，双方应严格遵照执行。

甲方（盖章）　　　　　　　　　乙方（签字）
法定代表人（主要负责人）
或委托代理人（签字或盖章）

　　　　　年　月　日　　　　　　　年　月　日

附件1

续订劳动合同

经甲乙双方协商同意，续订本合同。

一、甲乙双方按以下第＿＿种方式确定续订合同期限：

1.固定期限：自＿＿＿＿年＿＿月＿＿日起至＿＿＿＿年＿＿月＿＿日止。

2.无固定期限：自＿＿＿＿年＿＿月＿＿日起至依法解除或终止劳动合同时止。

二、双方就有关事项约定如下：

1.＿＿＿＿＿＿＿＿＿＿＿＿＿＿＿＿＿＿＿＿＿＿＿＿＿＿＿＿＿＿＿＿＿；

2.＿＿＿＿＿＿＿＿＿＿＿＿＿＿＿＿＿＿＿＿＿＿＿＿＿＿＿＿＿＿＿＿＿；

3.＿＿＿＿＿＿＿＿＿＿＿＿＿＿＿＿＿＿＿＿＿＿＿＿＿＿＿＿＿＿＿＿＿。

三、除以上约定事项外，其他事项仍按照双方于＿＿＿＿＿年＿＿月＿＿日签订的劳动合同中的约定继续履行。

甲方（盖章）　　　　　　　　　　乙方（签字）

法定代表人（主要负责人）

或委托代理人（签字或盖章）

　　　　　　年　　月　　日　　　　　　　　年　　月　　日

附件2

变更劳动合同

一、经甲乙双方协商同意，自＿＿＿年＿＿月＿＿日起，对本合同作如下变更：

1.＿＿＿＿＿＿＿＿＿＿＿＿＿＿＿＿＿＿＿＿＿＿＿＿＿＿；

2.＿＿＿＿＿＿＿＿＿＿＿＿＿＿＿＿＿＿＿＿＿＿＿＿＿＿；

3.＿＿＿＿＿＿＿＿＿＿＿＿＿＿＿＿＿＿＿＿＿＿＿＿＿＿。

二、除以上约定事项外，其他事项仍按照双方于＿＿＿年＿＿月＿＿日签订的劳动合同中的约定继续履行。

甲方（盖章）　　　　　　　　　　乙方（签字）

法定代表人（主要负责人）

或委托代理人（签字或盖章）

　　　　　年　月　日　　　　　　　年　月　日

2 | 不签订书面劳动合同有什么法律后果？

用人单位需向劳动者赔偿二倍工资差额。	
法条依据	《劳动合同法》第八十二条第一款　用人单位自用工之日起超过一个月不满一年未与劳动者订立书面劳动合同的，应当向劳动者每月支付二倍的工资。

⚖ 基本案情

2019年3月22日，张某入职某公司，工作岗位为销售顾问，主要从事售楼部的销售房屋工作。某公司与张某未订立书面劳动合同，亦未为张某缴纳社会保险。某公司通过银行转账方式支付张某工资，支付周期为次月20日支付上月工资。2020年3月18日，张某主动申请离职。2020年7月6日，张某向某劳动人事争议仲裁院申请仲裁，请求裁决某公司向其支付2019年4月22日至2020年3月18日未订立书面劳动合同的二倍工资差额36300元。

裁判结果

仲裁院经审理认为，根据《劳动合同法》第10条第2款的规定，已建立劳动关系，未同时订立书面劳动合同的，应当自用工之日起一个月内订立书面劳动合同；根据《劳动合同法》第82条第1款的规定，用人单位自用工之日起超过一个月不满一年未与劳动者订立书面劳动合同的，应当向劳动者每月支付二倍的工资。本案中，某公司于2019年3月22日与张某建立劳动关系，最迟应于2019年4月22日与张某签订书面劳动合同而未签订，故某公司应当向张某支付自2019年4月22日起至2020年3月18日的二倍工资差额。仲裁院遂支持了张某的仲裁请求。

👆律师提示

为保障劳动者的合法权益，《劳动合同法》规定用人单位应与建立劳动关系的劳动者订立书面劳动合同。劳动合同用书面形式约定用人单位和劳动者的权利和义务，发生劳动争议时，便于查清事实，分清是非，扭转劳动者举证困难的弱势地位。

很多企业存在认识误区，认为签订劳动合同不利于企业利益，如不签订劳动合同就不是劳动关系，签订劳动合同不备案就无效，签订劳动合同就导致必须购买社会保险，等等，因此，企业没有意愿与劳动者签订劳动合同。殊不知签订劳动合同并不会损害用人单位利益，反而不签订劳动合同将带来赔偿风险。

根据《劳动合同法》的相关规定，用人单位自用工之日起超过一个月不满一年未与劳动者订立书面劳动合同的，应当自用工之日起满一个月的次日至满一年的前一日向劳动者每月支付二倍的工资。用工满一年仍未签订劳动合同的，视为自用工之日起满一年的当日已经与劳动者订立无固定期限劳动合同，应当立即与劳动者补订书面劳动合同。如用工后已依法签订劳动合同，但应依法签订无固定期限劳动合同而未签的，应自应签订无固定期限劳动合同之日至补订书面劳动合同之日向劳动者每月支付二倍的工资。

二倍工资差额赔偿是对用人单位故意不与劳动者订立书面劳动合同的一种惩罚，是对作为弱势一方劳动者的保护，因此，具备特殊身份的劳动者明知并利用法律规定获取额外经济利益是不被允许的。大部分地方性法律规范规定，用人单位的法定代表人（或主要负责人），或者劳动合同签订属于自身工作职责的高管人员、人事管理部门负责人，不得向用人单位主张二倍工资差额赔偿。

另外要注意，根据《劳动争议调解仲裁法》第27条第1款的规定，劳动争议申请仲裁的时效期间为一年。因用人单位与劳动者未订立书面劳动合同的行为处于持续状态，劳动者主张二倍工资的时效从用人单位应当支付二倍工资的最后一个月届满之日起计算一年，即入职后一直未签订书面劳动合同，劳动者应在入职后两年届满日前申请仲裁，否则劳动争议仲裁部门将不再支持劳动者的二倍工资差额赔偿的主张。

综上所述，用人单位不与劳动者签订书面劳动合同，需向劳动者支付二倍工资。二倍工资差额赔偿不属于劳动报酬，因此，适用一年的普通仲裁时效。

🗣 法条链接

1.《劳动合同法》

第十条 建立劳动关系，应当订立书面劳动合同。

已建立劳动关系，未同时订立书面劳动合同的，应当自用工之日起一个月内订立书面劳动合同。

用人单位与劳动者在用工前订立劳动合同的，劳动关系自用工之日起建立。

第八十二条 用人单位自用工之日起超过一个月不满一年未与劳动者订立书面劳动合同的，应当向劳动者每月支付二倍的工资。

用人单位违反本法规定不与劳动者订立无固定期限劳动合同的，自应当订立无固定期限劳动合同之日起向劳动者每月支付二倍的工资。

2.《劳动合同法实施条例》

第六条 用人单位自用工之日起超过一个月不满一年未与劳动者订立书面劳动合同的，应当依照劳动合同法第八十二条的规定向劳动者每月支付两倍的工资，并与劳动者补订书面劳动合同；劳动者不与用人单位订立书面劳动合同的，用人单位应当书面通知劳动者终止劳动关系，并依照劳动合同法

第四十七条的规定支付经济补偿。

前款规定的用人单位向劳动者每月支付两倍工资的起算时间为用工之日起满一个月的次日，截止时间为补订书面劳动合同的前一日。

第七条　用人单位自用工之日起满一年未与劳动者订立书面劳动合同的，自用工之日起满一个月的次日至满一年的前一日应当依照劳动合同法第八十二条的规定向劳动者每月支付两倍的工资，并视为自用工之日起满一年的当日已经与劳动者订立无固定期限劳动合同，应当立即与劳动者补订书面劳动合同。

3.《劳动争议调解仲裁法》

第二十七条　劳动争议申请仲裁的时效期间为一年。仲裁时效期间从当事人知道或者应当知道其权利被侵害之日起计算。

前款规定的仲裁时效，因当事人一方向对方当事人主张权利，或者向有关部门请求权利救济，或者对方当事人同意履行义务而中断。从中断时起，仲裁时效期间重新计算。

因不可抗力或者有其他正当理由，当事人不能在本条第一款规定的仲裁时效期间申请仲裁的，仲裁时效中止。从中止时效的原因消除之日起，仲裁时效期间继续计算。

劳动关系存续期间因拖欠劳动报酬发生争议的，劳动者申请仲裁不受本条第一款规定的仲裁时效期间的限制；但是，劳动关系终止的，应当自劳动关系终止之日起一年内提出。

3 员工不愿签订书面劳动合同怎么办？

	用人单位应书面通知劳动者终止劳动关系。
法条依据	《劳动合同法实施条例》第五条 自用工之日起一个月内，经用人单位书面通知后，劳动者不与用人单位订立书面劳动合同的，用人单位应当书面通知劳动者终止劳动关系，无需向劳动者支付经济补偿，但是应当依法向劳动者支付其实际工作时间的劳动报酬。

⚖ 基本案情

2017年1月9日，张某入职某公司工作，岗位为销售。某公司未与张某签订书面劳动合同，也未为张某购买社会保险。2017年2月1日，某公司在公司内张贴《签订劳动合同告知书》，载明："劳动者必须出具与原单位《解除劳动合同证明书》或失业证，方可与公司签订劳动合同，否则视为放弃签订劳动合同和缴纳社会保险。"张某看到通知后仍不与某公司签订书面劳动合同。2018年1月10日，张某因个人原因向某公司提出辞职。2018年2月27日，张某向某劳动人事争议仲裁院申请仲裁，请求裁决某公司向其支付2017年2月9日至2018年1月8日二倍工资差额60413元。

裁判结果

仲裁院经审理认为，《劳动合同法实施条例》第5条规定："自用工之日起一个月内，经用人单位书面通知后，劳动者不与用人单位订立书面劳动合同的，用人单位应当书面通知劳动者终止劳动关系，无需向劳动者支付经济补偿，但是应当依法向劳动者支付其实际工作时间的劳动报酬。"虽然某公司张贴了《签订劳动合同告知书》，要求张某提供失业证等材料，但是用工时间满一个月后，某公司并未终止劳动关系，还继续用工，不能签订劳动合同的原因仍在于公司，故某公司应当向张某支付二倍工资差额。仲裁院遂支持了张某的仲裁请求。

律师提示

根据《劳动合同法》第82条的规定，用人单位自用工之日起超过一个月不满一年未与劳动者订立书面劳动合同，或者用人单位与劳动者应订立无固定期限劳动合同而未订立的，应向劳动者支付二倍的工资差额。随着企业法律意识的增强，不签订书面劳动合同的情况越来越少，但部分劳动者却故意拖延或拒绝签订书面劳动合同，此时企业应如何应对呢？

根据《劳动合同法实施条例》第5条的规定，自用工之日起一个月内，经用人单位书面通知后，劳动者不与用人单位订立书面劳动合同的，用人单位应当书面通知劳动者终止劳动关系，无需向劳动者支付经济补偿。不论何种原因，如果劳动者不与用人单位订立书面劳动合同，用人单位仍继续用工，用人单位将面临二倍工资差额的赔偿。因此，劳动者不与用人单位订立书面劳动合同时，用人单位应及时终止劳动关系，才能避免法律风险。

自用工之日起一个月内，劳动者经通知仍不与用人单位订立书面劳动合同的，用人单位可以合法终止劳动关系。那么，自用工之日起超过一个月，用人单位是否还能以劳动者不订立书面劳动合同为由合法终止劳动关系呢？根据《劳动合同法实施条例》第6条第1款的规定，自用工之日起超过一个月不满一年，用人单位仍可要求劳动者补订书面劳动合同，劳动者经通知仍不签订书面劳动合同的，用人单位可终止劳动关系，但此时用人单位应依法向劳动者支付劳动关系合法终止前的二倍工资差额，并支付经济补偿。

综上所述，员工不愿意签订劳动合同，用人单位应及时终止劳动合同。终止劳动合同前应书面通知员工签订劳动合同并保留证据，终止劳动合同时应列明终止劳动合同的理由为经通知员工不签订劳动合同。

法条链接

1.《劳动合同法》

第八十二条 用人单位自用工之日起超过一个月不满一年未与劳动者订立书面劳动合同的，应当向劳动者每月支付二倍的工资。

用人单位违反本法规定不与劳动者订立无固定期限劳动合同的，自应当订立无固定期限劳动合同之日起向劳动者每月支付二倍的工资。

2.《劳动合同法实施条例》

第五条 自用工之日起一个月内，经用人单位书面通知后，劳动者不与用人单位订立书面劳动合同的，用人单位应当书面通知劳动者终止劳动关系，无需向劳动者支付经济补偿，但是应当依法向劳动者支付其实际工作时间的劳动报酬。

第六条第一款 用人单位自用工之日起超过一个月不满一年未与劳动者订立书面劳动合同的，应当依照劳动合同法第八十二条的规定向劳动者每月支付两倍的工资，并与劳动者补订书面劳动合同；劳动者不与用人单位订立书面劳动合同的，用人单位应当书面通知劳动者终止劳动关系，并依照劳动合同法第四十七条的规定支付经济补偿。

文书链接

订立书面劳动合同通知书

致:

身份证号码:

　　您于＿＿＿＿年＿＿＿月＿＿＿日入职本公司,但一直未依法与公司签订书面劳动合同,现公司通知您须于＿＿＿＿年＿＿＿月＿＿＿日前与公司签订书面劳动合同。逾期未签订的,视为您不与公司订立书面劳动合同,公司将依法与您终止劳动关系。

　　　　　　　　　　　　　　公司(盖章):

　　　　　　　　　　　　　　经办人(签名):

　　　　　　　　　　　　　　　　　　　　年　　月　　日

签收回执

　　本人＿＿＿＿于＿＿＿＿年＿＿＿月＿＿＿日收到本通知书,本人知晓其内容并自愿承担相应法律后果。本人意见如下:＿＿＿＿＿＿＿＿＿＿＿＿＿＿＿＿＿＿。

　　　　　　　　　　　　　　签收人(签名):

　　　　　　　　　　　　　　　　　　　　年　　月　　日

终止劳动合同通知书

致：

身份证号：

　　您于＿＿＿年＿＿月＿＿日入职本公司，经公司书面通知后，您仍未按期与公司签订书面劳动合同，现根据《中华人民共和国劳动合同法实施条例》第五条（或第六条）的相关规定，决定自＿＿＿年＿＿月＿＿日起，终止与您的劳动关系。

　　1.您的薪资结算至＿＿＿年＿＿月＿＿日，计人民币＿＿＿元。

　　2.经济补偿金为下列第＿＿种情况：

　　（1）无经济补偿金。

　　（2）经济补偿金人民币＿＿＿元，依法于办结工作交接时支付。

　　3.请您在接到此通知后立即配合办理工作交接，于＿＿＿年＿＿月＿＿日到公司办理本人工作和财物的交接，以及终止劳动合同关系的相关手续。

　　4.请您配合公司办理档案和社会保险关系转移的相关手续，并请您于＿＿＿年＿＿月＿＿日领取终止劳动合同的证明，否则，由此造成的法律后果由您自行承担。

公司（盖章）：

经办人（签名）：

年　　月　　日

签收回执

本人_____于_____年___月___日收到本通知书,本人知晓其内容并自愿承担相应法律后果。

签收人(签名):

年　　月　　日

4 公司不将劳动合同文本交付给员工有什么法律后果？

	由劳动行政部门责令改正；给劳动者造成损害的，应当承担赔偿责任。
法条依据	《劳动合同法》第八十一条 用人单位提供的劳动合同文本未载明本法规定的劳动合同必备条款或者用人单位未将劳动合同文本交付劳动者的，由劳动行政部门责令改正；给劳动者造成损害的，应当承担赔偿责任。

⚖ 基本案情

2016年6月26日，某公司与张某签订3年期书面劳动合同，未为张某购买社会保险。劳动合同签订后，某公司以公司管理要求为由将两份劳动合同均自行保管，未将其中一份交付张某。2017年10月10日，张某认为某公司未向其交付劳动合同文本，违反了《劳动合同法》第16条和第81条的强制性规定，该合同应视为无效合同。张某向某劳动人事争议仲裁院申请仲裁，仲裁裁决后张某不服向法院起诉，请求判决某公司按未与劳动者签订劳动合同情形向其支付双倍工资差额55000元。

裁判结果

法院经审理认为，《劳动合同法》第16条第2款规定，劳动合同文本由用人单位和劳动者各执一份。该规定属于法律的管理性规定，而非强制性规定，用人单位未将劳动合同文本交付劳动者并不产生合同无效的法律后果。根据《劳动合同法》第81条的规定，用人单位未将劳动合同文本交付劳动者，给劳动者造成损害的，才应当承担赔偿责任。本案中，张某并未提出或举证证明某公司未交付劳动合同文本给其造成损害，而且请求支付未签订劳动合同的双倍工资差额理由不成立。法院遂驳回了张某的诉讼请求。

律师提示

《劳动合同法》规定用人单位与劳动者建立劳动关系应当订立书面劳动合同，其目的在于降低劳动者维权成本，保障劳动者合法权益。但在实践中，企业出于自身利益考虑，签订书面劳动合同后不向劳动者交付一份合同文本的情况非常普遍。

根据《劳动合同法》第16条第2款的规定，劳动合同文本由用人单位和劳动者各执一份。从上述案例中可见，用人单位不向劳动者交付劳动合同文本，不会导致劳动合同无效，也不能视为未签订书面劳动合同。因此，劳动者据此主张按照《劳动合同法》第82条的规定，要求用人单位支付二倍工资差额无法律依据。

根据《劳动合同法》第81条的规定，用人单位未将劳动合同文本交付劳动者时，在民事层面，如果劳动者能证明该行为给其造成损害，则用人单位应当承担赔偿责任；在行政层面，劳动行政部门应责令用人单位改正，向劳动者交付劳动合同。实际上，劳动者难以证明未交付劳动合同所遭受的损害或经济损失，而且不同劳动行政部门的执法意愿和力度存在差异，所以劳动者维权存在现实困难。

值得注意的是，法院一般认为交付劳动合同属于劳动行政部门的职权，该请求不属于法院审理范围，因此，劳动者甚至无法通过司法途径获取劳动合同文本。

法律规定用人单位与劳动者签订书面劳动合同，不签订书面劳动合同还将面临双倍工资差额赔偿，都是为了劳动者维权的便利。然而，不备案的劳动合同依然存在法律效力，只要签订一纸劳动合同，就能避免双倍工资差额赔偿的风险。

📰 法条链接

《劳动合同法》

第十六条　劳动合同由用人单位与劳动者协商一致，并经用人单位与劳动者在劳动合同文本上签字或者盖章生效。

劳动合同文本由用人单位和劳动者各执一份。

第八十一条　用人单位提供的劳动合同文本未载明本法规定的劳动合同必备条款或者用人单位未将劳动合同文本交付劳动者的，由劳动行政部门责令改正；给劳动者造成损害的，应当承担赔偿责任。

第八十二条　用人单位自用工之日起超过一个月不满一年未与劳动者订立书面劳动合同的，应当向劳动者每月支付二倍的工资。

用人单位违反本法规定不与劳动者订立无固定期限劳动合同的，自应当订立无固定期限劳动合同之日起向劳动者每月支付二倍的工资。

📝 文书链接

劳动合同签收确认书

致：＿＿＿＿＿＿公司

本人＿＿＿＿＿＿（身份证号码：＿＿＿＿＿＿＿＿＿＿＿＿＿＿），劳动合同签订时间为＿＿＿年＿＿月＿＿日，劳动合同期限为＿＿＿年＿＿月＿＿日至＿＿＿年＿＿月＿＿日，工作岗位为＿＿＿＿＿＿。本人确认现收到贵公司交付给本人的已完整填写并加盖公章的《劳动合同书》一份，已充分理解和认可《劳动合同书》的内容。

特此确认。

确认人（签名）：

年　　月　　日

5 公司与员工单独签订试用期合同合法吗？

不合法。	
法条依据	《劳动合同法》第十九条第四款　试用期包含在劳动合同期限内。劳动合同仅约定试用期的，试用期不成立，该期限为劳动合同期限。

⚖ 基本案情

应届大学毕业生张某入职某公司时，某公司表示，按照公司规定凡是新招用的员工要先签订6个月的试用期合同，试用期工资是正常工资的一半，试用期过后经考核合格才能签订正式的劳动合同。某公司和张某签订《试用期合同》，合同期限为2018年3月1日至2018年8月31日，试用期工资为转正工资的50%即2000元。2018年9月1日，某公司以张某在试用期内表现不合格为由，不予签订正式劳动合同。张某不服向某劳动人事争议仲裁院申请仲裁，请求裁决某公司向其支付未按照正常工资数额支付的工资差额12000元和经济补偿2000元。

☞ 裁判结果

仲裁院经审理认为，依据《劳动合同法》第19条第4款的规定，试用期包含在劳动合同期限内。劳动合同仅约定试用期的，试用期不成立，该期限为劳动合同期限。本案中，某公司与张某签订的是《试用期合同》，依据上述规定，试用期不成立，6个月的试用期即为劳动合同期限。依据《劳动合同法》第46条第5项的规定，某公司不与张某续签劳动合同，应当向张某支付半个月工资的经济补偿。另外，某公司在试用期合同期限内，支付的工资为正常工资的一半，因试用期不成立，6个月的试用期即为劳动合同期限，因此公司应当按照正常的工资数额发放给张某。仲裁院遂支持了张某的仲裁请求。

律师提示

试用期是用人单位和劳动者相互考察的期间，很多企业为了规避法律，在试用期使用廉价劳动力或为方便解除劳动合同，通常采用先签订试用期合同，试用期合格后再签订正式劳动合同的方式用工，这种操作对吗？

根据《劳动合同法》第19条第4款的规定，劳动合同仅约定试用期的，试用期不成立，该期限为劳动合同期限。也就是说，用人单位与劳动者签订名为"试用期合同"，但实质上该合同就是正式、有效的书面劳动合同。试用期不成立，意味着用人单位无法再以劳动者在试用期间不符合录用条件为由解除劳动合同，也不存在劳动者试用期考核转正的问题。

根据《劳动合同法》第14条第2款第3项的规定，用人单位与劳动者连续订立二次固定期限劳动合同，除劳动者主动要求订立固定期限劳动合同外，应当订立无固定期限劳动合同。签订试用期合同视为签订第一次固定期限劳动合同，那么，用人单位与劳动者签订正式劳动合同时，实际上已与劳动者签订了第二次固定期限劳动合同，在该劳动合同到期后，用人单位就无权不再签订劳动合同，应与劳动者签订无固定期限劳动合同。

劳动合同仅约定试用期的，试用期不成立，如用人单位按试用期规定对员工进行管理，则会面临相应法律风险和赔偿。另外，需要注意两点：一是试用期合同被视为正式的劳动合同，因此，劳动者不能依据《劳动合同法》第82条的规定要求用人单位支付未签订劳动合同的二倍工资；二是试用期合同视为没有试用期，因此，劳动者不能依据《劳动合同法》第83条的规定要求用人单位以劳动者试用期满月工资为标准，按已经履行的超过法定试用期的期间向劳动者支付赔偿金。

综上所述，劳动合同仅约定试用期的，试用期不成立，该期限为劳动合同期限。劳动者入职后，用人单位应与劳动者签订劳动合同，试用期包含在劳动合同期限内，用人单位才能依法对劳动者进行试用期管理。

法条链接

1.《劳动合同法》

第十四条　无固定期限劳动合同，是指用人单位与劳动者约定无确定终止时间的劳动合同。

用人单位与劳动者协商一致，可以订立无固定期限劳动合同。有下列情形之一，劳动者提出或者同意续订、订立劳动合同的，除劳动者提出订立固定期限劳动合同外，应当订立无固定期限劳动合同：

（一）劳动者在该用人单位连续工作满十年的；

（二）用人单位初次实行劳动合同制度或者国有企业改制重新订立劳动合同时，劳动者在该用人单位连续工作满十年且距法定退休年龄不足十年的；

（三）连续订立二次固定期限劳动合同，且劳动者没有本法第三十九条和第四十条第一项、第二项规定的情形，续订劳动合同的。

用人单位自用工之日起满一年不与劳动者订立书面劳动合同的，视为用人单位与劳动者已订立无固定期限劳动合同。

第十九条　劳动合同期限三个月以上不满一年的，试用期不得超过一个月；劳动合同期限一年以上不满三年的，试用期不得超过二个月；三年以上固定期限和无固定期限的劳动合同，试用期不得超过六个月。

同一用人单位与同一劳动者只能约定一次试用期。

以完成一定工作任务为期限的劳动合同或者劳动合同期限不满三个月的，不得约定试用期。

试用期包含在劳动合同期限内。劳动合同仅约定试用期的，试用期不成立，该期限为劳动合同期限。

第二十条　劳动者在试用期的工资不得低于本单位相同岗位最低档工资或者劳动合同约定工资的百分之八十，并不得低于用人单位所在地的最低工资标准。

第八十二条　用人单位自用工之日起超过一个月不满一年未与劳动者订立书面劳动合同的，应当向劳动者每月支付二倍的工资。

用人单位违反本法规定不与劳动者订立无固定期限劳动合同的，自应当订立无固定期限劳动合同之日起向劳动者每月支付二倍的工资。

第八十三条　用人单位违反本法规定与劳动者约定试用期的，由劳动行政部门责令改正；违法约定的试用期已经履行的，由用人单位以劳动者试用期满月工资为标准，按已经履行的超过法定试用期的期间向劳动者支付赔偿金。

2.《劳动合同法实施条例》

第十五条　劳动者在试用期的工资不得低于本单位相同岗位最低档工资的80%或者不得低于劳动合同约定工资的80%，并不得低于用人单位所在地的最低工资标准。

6 劳动合同到期不续签，公司需支付经济补偿吗？

	不一定。
法条依据	《劳动合同法》第四十六条　有下列情形之一的，用人单位应当向劳动者支付经济补偿：……（五）除用人单位维持或者提高劳动合同约定条件续订劳动合同，劳动者不同意续订的情形外，依照本法第四十四条第一项规定终止固定期限劳动合同的；……

⚖ 基本案情

　　王某与某公司签订劳动合同，岗位为拣选工，合同期限为2018年3月18日至2020年3月17日。合同期满后，某公司与王某未再续签劳动合同，王某也未再到某公司上班。因对补偿问题未能达成一致，王某向某劳动人事争议仲裁院申请仲裁，请求裁决某公司向其支付经济补偿8000元。

　　某公司辩称：劳动合同到期，我公司享有合法终止劳动合同的权利，且公司多次口头通知王某续签劳动合同，但其未来续签劳动合同，王某属于主动放弃续签劳动合同，我公司无需支付经济补偿。

裁判结果

仲裁院经审理认为，某公司与王某签订的劳动合同于2020年3月17日期满，在双方并未达成续订合意的情形下，劳动合同到期自然终止。某公司主张口头通知王某续订劳动合同，王某予以否认，某公司应承担举证不利的后果。根据《劳动合同法》第46条第5项、第44条第1项、第47条之规定，王某有权要求某公司支付按两个月工资标准计算的经济补偿。仲裁院遂支持了王某的仲裁请求。

律师提示

根据《劳动合同法》第44条第1项的规定，劳动合同期满，劳动合同自然终止。很多企业认为，劳动合同期满，用人单位有权合法终止劳动合同，当然无需支付任何经济补偿或赔偿。然而，这样的观念是错误的。

《关于贯彻执行〈中华人民共和国劳动法〉若干问题的意见》第38条规定："劳动合同期满或者当事人约定的劳动合同终止条件出现，劳动合同即行终止，用人单位可以不支付劳动者经济补偿金。国家另有规定的，可以从其规定。"《劳动合同法》的相关规定应理解为"国家另有规定的"情形。

《劳动合同法》第46条规定："有下列情形之一的，用人单位应当向劳动者支付经济补偿：……（五）除用人单位维持或者提高劳动合同约定条件续订劳动合同，劳动者不同意续订的情形外，依照本法第四十四条第一项规定终止固定期限劳动合同的；……"对此应理解如下：

1. 固定期限劳动合同期满，如果用人单位不续签，应向劳动者支付经济补偿。

2. 固定期限劳动合同期满，如果用人单位降低劳动合同约定条件（包括工资、工作环境、福利待遇等），要求与劳动者续签劳动合同，劳动者不愿意续签，则应向劳动者支付经济补偿。

3.固定期限劳动合同期满，用人单位维持或者提高劳动合同约定条件，要求与劳动者续签劳动合同，劳动者不愿意续签，则用人单位无需向劳动者支付经济补偿。

根据新法优于旧法的原则，只有在用人单位维持或者提高劳动合同约定条件，劳动者不同意续签的情形下，用人单位才可不支付经济补偿。

用人单位在与劳动者协商续签劳动合同时，应注意保留相应证据。在固定期限劳动合同期满前，用人单位应向劳动者送达维持或者提高劳动合同约定条件要求续签劳动合同的书面通知，或者由劳动者出具在前述条件下不愿续签劳动合同的确认函。否则，用人单位可能因举证不能而承担不利法律后果。

综上所述，劳动合同期满时，用人单位有权合法终止劳动合同，但在特定条件下，用人单位才无需支付经济补偿。

法条链接

1.《劳动合同法》

第四十四条　有下列情形之一的，劳动合同终止：

（一）劳动合同期满的；

（二）劳动者开始依法享受基本养老保险待遇的；

（三）劳动者死亡，或者被人民法院宣告死亡或者宣告失踪的；

（四）用人单位被依法宣告破产的；

（五）用人单位被吊销营业执照、责令关闭、撤销或者用人单位决定提前解散的；

（六）法律、行政法规规定的其他情形。

第四十六条　有下列情形之一的，用人单位应当向劳动者支付经济补偿：

（一）劳动者依照本法第三十八条规定解除劳动合同的；

（二）用人单位依照本法第三十六条规定向劳动者提出解除劳动合同并与劳动者协商一致解除劳动合同的；

（三）用人单位依照本法第四十条规定解除劳动合同的；

（四）用人单位依照本法第四十一条第一款规定解除劳动合同的；

（五）除用人单位维持或者提高劳动合同约定条件续订劳动合同，劳动者不同意续订的情形外，依照本法第四十四条第一项规定终止固定期限劳动合同的；

（六）依照本法第四十四条第四项、第五项规定终止劳动合同的；

（七）法律、行政法规规定的其他情形。

第四十七条　经济补偿按劳动者在本单位工作的年限，每满一年支付一个月工资的标准向劳动者支付。六个月以上不满一年的，按一年计算；不满六个月的，向劳动者支付半个月工资的经济补偿。

劳动者月工资高于用人单位所在直辖市、设区的市级人民政府公布的本地区上年度职工月平均工资三倍的，向其支付经济补偿的标准按职工月平均工资三倍的数额支付，向其支付经济补偿的年限最高不超过十二年。

本条所称月工资是指劳动者在劳动合同解除或者终止前十二个月的平均工资。

2.《关于贯彻执行〈中华人民共和国劳动法〉若干问题的意见》

38.劳动合同期满或者当事人约定的劳动合同终止条件出现，劳动合同即行终止，用人单位可以不支付劳动者经济补偿金。国家另有规定的，可以从其规定。

🖹 文书链接

续订劳动合同征询意见通知书

致：

身份证号码：

您与公司签订的劳动合同将于＿＿＿年＿＿月＿＿日到期，经公司研究决定，拟维持原劳动合同约定条件与您续订劳动合同。

现公司征询您的续订意向，请您于＿＿＿年＿＿月＿＿日前将以下签收回执交回公司；如未在该期限内回复的，将视为您不同意续订劳动合同。

公司（盖章）：

经办人（签名）：

年　　月　　日

- -

签收回执

本人＿＿＿＿已于＿＿＿年＿＿月＿＿日收到本意见书。本人意见如下：

□ 本人不同意续订劳动合同。

□ 本人同意按原劳动合同约定条件续订劳动合同。

签收人（签名）：

年　　月　　日

终止劳动合同通知书

致：

身份证号码：

本公司与您签订的固定期限劳动合同即将到期，公司决定不再与您续签，现根据《中华人民共和国劳动合同法》第四十四条第（一）项的规定，决定于＿＿＿年＿＿月＿＿日终止与您的劳动合同关系。

1.您的薪资结算至＿＿＿年＿＿月＿＿日，计人民币＿＿＿元。

2.经济补偿金为下列第_____种情况：

（1）无经济补偿金。

（2）经济补偿金人民币_____元，依法于办结工作交接时支付。

3.请您在接到此通知后立即配合办理工作交接，于_____年____月____日到公司办理本人工作和财物的交接以及终止劳动合同关系的相关手续。

4.请您配合公司办理档案和社会保险关系转移的相关手续，并请您于_____年____月____日领取终止劳动合同的证明，否则，由此造成的法律后果由您自行承担。

公司（盖章）：

经办人（签名）：

年　　月　　日

回　　执

本人_____于____年____月____日收到本通知书，本人知晓其内容并自愿承担相应法律后果。

签收人（签名）：

年　　月　　日

7 劳动合同到期不续签继续用工，公司需支付二倍工资吗？

	需要。
法条依据	《劳动合同法》第八十二条第一款　用人单位自用工之日起超过一个月不满一年未与劳动者订立书面劳动合同的，应当向劳动者每月支付二倍的工资。

基本案情

　　某公司与张某签订《劳动合同书》，合同期限为2015年12月1日至2018年11月30日，工作岗位为工勤，某公司为张某缴纳了社会保险。合同期满后，双方未续订书面劳动合同，但某公司已按人力资源和社会保障部门要求进行了网上劳动合同备案，并继续为其缴纳社会保险。2020年5月31日，双方协商一致解除劳动合同关系。2020年12月12日，因对经济补偿、二倍工资等问题发生争议，张某向某劳动人事争议仲裁院申请仲裁，仲裁裁决后张某不服向法院起诉，请求判决某公司向其支付2018年12月1日至2020年5月31日的双倍工资差额8万余元。

裁判结果

　　法院经审理认为，根据《劳动合同法》第16条第1款的规定，劳动合同由用人单位与劳动者协商一致，并经用人单位与劳动者在劳动合同文本上签字或者盖章生效。本案中，某公司主张其已与张某签订了电子劳动合同并办理了备案手续，但并未提供张某签字的劳动合同文本，劳动合同信息的备案属于行政管理范畴，不能据此推定双方订立了书面劳动合同。

《劳动合同法》第82条第1款规定："用人单位自用工之日起超过一个月不满一年未与劳动者订立书面劳动合同的，应当向劳动者每月支付二倍的工资。"本案中，张某与某公司的书面劳动合同期限为2015年12月1日至2018年11月30日，期满后张某继续为某公司提供劳动，双方没有续签劳动合同，根据法律规定，用人单位未与劳动者续订书面劳动合同的，二倍工资的起算点为劳动合同期满后一个月的次日，截止点为双方续订书面劳动合同的前一日，最长不超过11个月。劳动合同到期后终止，自2018年12月1日起双方重新建立劳动关系，至2020年5月31日双方解除劳动关系，其间未签订书面劳动合同，二倍工资截止时间应为2019年11月30日。

二倍工资属于惩罚性赔偿，不属于劳动报酬，适用一年的仲裁时效，因用人单位与劳动者未订立书面劳动合同的行为处于持续状态，张某主张二倍工资的时效从用人单位应当支付二倍工资的最后一个月届满之日起计算，故张某二倍工资的仲裁时效应从2019年11月30日起计算，张某于2020年12月12日提起仲裁，已超过一年的法定时效，法院对张某要求支付二倍工资的请求不予支持。法院遂驳回了张某的诉讼请求。

律师提示

固定期限劳动合同到期后，用人单位未与劳动者续订书面劳动合同但继续用工的情况时有发生。特别是网上劳动合同备案不再要求上传劳动合同扫描件后，用人单位更不注重签订书面劳动合同，误以为备案了劳动合同信息且为劳动者购买社会保险就不会有法律风险。

笔者进行实务案例梳理后发现，固定期限劳动合同到期后未续签书面劳动合同是否需要支付双倍工资的赔偿有以下多种观点。

第一种观点认为：《劳动合同法》第82条关于支付双倍工资的规定，适用于劳动者在用人单位首次就业时双方应订立劳动合同而未订立的情形，并不适用于用人单位与劳动者在劳动合同期满后未续订劳动合同的情形。因此，劳动者入职后签订过劳动合同，劳动合同期满后未续签劳动合同的二倍工资因无法律依据而不应得到支持。

第二种观点认为：根据《最高人民法院关于审理劳动争议案件适用法律问题的解释（一）》第34条第1款"劳动合同期满后，劳动者仍在原用人单位工作，原用人单位未表示异议的，视为双方同意以原条件继续履行劳动合同。一方提出终止劳动关系的，人民法院应予支持"之规定，虽然劳动合同期限届满后未续订劳动合同，但据此规定可视为双方以原条件继续履行劳动合同，劳动者的权益并未受到侵害。因此，劳动者入职后签订过劳动合同，劳动合同期满后未续订劳动合同的二倍工资不应得到支持。

第三种观点认为：劳动者和用人单位签订的劳动合同期满后，该劳动合同自然终止。之后，劳动者继续在用人单位处工作，用人单位继续用工，双方形成的是一种事实劳动关系，对此，用人单位仍应当与劳动者订立书面劳动合同，否则，根据《劳动合同法》第82条第1款的规定，用人单位应承担支付未签订书面劳动合同二倍工资的责任。

对于用人单位应承担未签订书面劳动合同二倍工资责任情形下，二倍工资差额的计算时长也有两种观点。第一种观点认为，应适用《劳动合同法》第82条第1款的规定，从用人单位未签订书面劳动合同之日起超过一个月满起算，计算至满一年，共计11个月的二倍工资差额。第二种观点认为，应参照《劳动合同法》第82条第2款的规定，从用人单位未签订书面劳动合同之日起算，计算至补签劳动合同前一日，不受11个月的限制。

未签订劳动合同的二倍工资不是劳动报酬，是法律对用人单位不与劳动者订立书面劳动合同的一种惩罚性赔偿，因此，未订立书面劳动合同的二倍工资应当适用《劳动争议调解仲裁法》第27条第1款规定的一年仲裁时效，但对于时效的适用有两种观点。第一种观点认为，因用人单位与劳动者未签订书面劳动合同的行为处于持续状态，双方劳动关系解除之日起一年内申请仲裁的，不论未签订书面劳动合同的时间有多久，都应赔偿二倍工资。第二种观点认为，如劳动者在超过一年的时间内未要求用人单位与其签订劳动合同，劳动者仅能要求支付双方劳动关系解除之日往前计算一年的二倍工资，一年之前二倍工资的请求因已过仲裁时效而得不到支持。

从案件数量上来看，多数案件支持劳动合同到期未续签继续用工情况下无需向劳动者支付二倍工资。笔者认为，裁判者更多考虑的是劳动者权益是否受到损害，以及在未签订书面劳动合同情况下，用人单位的违法风险和成本不宜极度放大，其试图在两者之间找到平衡。

法条链接

1.《劳动合同法》

第十条 建立劳动关系，应当订立书面劳动合同。

已建立劳动关系，未同时订立书面劳动合同的，应当自用工之日起一个月内订立书面劳动合同。

用人单位与劳动者在用工前订立劳动合同的，劳动关系自用工之日起建立。

第十六条 劳动合同由用人单位与劳动者协商一致，并经用人单位与劳动者在劳动合同文本上签字或者盖章生效。

劳动合同文本由用人单位和劳动者各执一份。

第八十二条 用人单位自用工之日起超过一个月不满一年未与劳动者订立书面劳动合同的，应当向劳动者每月支付二倍的工资。

用人单位违反本法规定不与劳动者订立无固定期限劳动合同的，自应当订立无固定期限劳动合同之日起向劳动者每月支付二倍的工资。

2.《劳动合同法实施条例》

第六条 用人单位自用工之日起超过一个月不满一年未与劳动者订立书面劳动合同的，应当依照劳动合同法第八十二条的规定向劳动者每月支付两倍的工资，并与劳动者补订书面劳动合同；劳动者不与用人单位订立书面劳动合同的，用人单位应当书面通知劳动者终止劳动关系，并依照劳动合同法

第四十七条的规定支付经济补偿。

前款规定的用人单位向劳动者每月支付两倍工资的起算时间为用工之日起满一个月的次日，截止时间为补订书面劳动合同的前一日。

3.《劳动争议调解仲裁法》

第二十七条　劳动争议申请仲裁的时效期间为一年。仲裁时效期间从当事人知道或者应当知道其权利被侵害之日起计算。

前款规定的仲裁时效，因当事人一方向对方当事人主张权利，或者向有关部门请求权利救济，或者对方当事人同意履行义务而中断。从中断时起，仲裁时效期间重新计算。

因不可抗力或者有其他正当理由，当事人不能在本条第一款规定的仲裁时效期间申请仲裁的，仲裁时效中止。从中止时效的原因消除之日起，仲裁时效期间继续计算。

劳动关系存续期间因拖欠劳动报酬发生争议的，劳动者申请仲裁不受本条第一款规定的仲裁时效期间的限制；但是，劳动关系终止的，应当自劳动关系终止之日起一年内提出。

4.《最高人民法院关于审理劳动争议案件适用法律问题的解释（一）》

第三十四条　劳动合同期满后，劳动者仍在原用人单位工作，原用人单位未表示异议的，视为双方同意以原条件继续履行劳动合同。一方提出终止劳动关系的，人民法院应予支持。

根据劳动合同法第十四条规定，用人单位应当与劳动者签订无固定期限劳动合同而未签订的，人民法院可以视为双方之间存在无固定期限劳动合同关系，并以原劳动合同确定双方的权利义务关系。

8 分公司与员工签订的劳动合同有效吗？

有效。	
法条依据	《劳动合同法实施条例》第四条　劳动合同法规定的用人单位设立的分支机构，依法取得营业执照或者登记证书的，可以作为用人单位与劳动者订立劳动合同；未依法取得营业执照或者登记证书的，受用人单位委托可以与劳动者订立劳动合同。

⚖ 基本案情

2015年6月16日，某集团公司设立某集团公司分公司。2016年1月1日，张某与某集团公司分公司签订劳动合同，合同期限自2016年1月1日起至2018年12月31日止。2016年8月2日，该分公司办理注销登记，并停止向张某发放工资。张某向某劳动人事争议仲裁院申请仲裁，仲裁裁决后张某不服向法院起诉，请求判决某集团公司继续履行劳动合同并支付欠付工资。

☞ 裁判结果

法院经审理认为，张某与某集团公司分公司签订的劳动合同合法有效，双方均应依法履行劳动合同。某集团公司分公司于2016年8月2日办理注销登记，依照《公司法》第14条第1款"公司可以设立分公司。设立分公司，应当向公司登记机关申请登记，领取营业执照。分公司不具有法人资格，其民事责任由公司承担"的规定，其注销后的权利义务应由总公司即某集团公司承担。因此，张某与某集团公司分公司签订的劳动合同应由某集团公司继续履行，法院遂支持了张某的诉讼请求。

律师提示

集团型企业通常有很多子公司和分公司，子公司作为独立法人主体和员工签订劳动合同自无争议，但分公司能否与员工直接签订劳动合同，该劳动合同如何履行等问题却常常困扰企业，笔者试着对大家关心的法律问题给予解答。

1.分公司能否直接与员工签订劳动合同？

依据《劳动合同法实施条例》第4条之规定，劳动合同法规定的用人单位设立的分支机构，依法取得营业执照或者登记证书的，可以作为用人单位与劳动者订立劳动合同；未依法取得营业执照或者登记证书的，受用人单位委托可以与劳动者订立劳动合同。可见，合法设立的分公司可以直接以分公司名义与劳动者签订劳动合同。实务中，分公司与员工签订劳动合同并购买社会保险非常常见，已然是无需争论的问题。

2.分公司能否作为劳动争议的当事人？

根据《最高人民法院关于适用〈中华人民共和国民事诉讼法〉的解释》第52条之规定，分公司属于《民事诉讼法》规定的其他组织，分公司虽不具有独立法人资格，但可以作为民事诉讼的当事人。要注意的是，如员工要求确认劳动关系，笔者认为应依据事实直接确认和分公司具备劳动关系；如员工要求赔偿，可以将总公司作为共同被告要求承担连带责任。

3.分公司注销后员工如何维权？

分公司注销后，不再具备诉讼主体资格，因此员工不能再将分公司作为被告进行起诉。根据《公司法》"分公司不具有法人资格，其民事责任由公司承担"之规定,员工可将总公司作为被告进行起诉。本案中判决由总公司继续履行与员工的劳动合同,依据的就是前述法律规定。但笔者认为,分公司注销导致用工主体丧失,而用工主体丧失则分公司与员工之间的劳动合同终止,合同无法继续履行。《劳动合同法》与《民事诉讼法》之间出现"断档",需从立法层面予以解决。

综上所述,分公司可以作为用人单位与劳动者订立劳动合同,分公司有其独立财产的可以独立承担法律责任。分公司注销或财产不足以承担债务的,其民事责任由总公司承担。

法条链接

1.《民事诉讼法》

第五十一条 公民、法人和其他组织可以作为民事诉讼的当事人。

法人由其法定代表人进行诉讼。其他组织由其主要负责人进行诉讼。

2.《民法典》

第七十四条 法人可以依法设立分支机构。法律、行政法规规定分支机构应当登记的,依照其规定。

分支机构以自己的名义从事民事活动,产生的民事责任由法人承担;也可以先以该分支机构管理的财产承担,不足以承担的,由法人承担。

3.《劳动合同法实施条例》

第四条 劳动合同法规定的用人单位设立的分支机构,依法取得营业执照或者登记证书的,可以作为用人单位与劳动者订立劳动合同;未依法取得营业执照或者登记证书的,受用人单位委托可以与劳动者订立劳动合同。

4.《最高人民法院关于适用〈中华人民共和国民事诉讼法〉的解释》

第五十二条 民事诉讼法第五十一条规定的其他组织是指合法成立、有一定的组织机构和财产,但又不具备法人资格的组织,包括:

(一)依法登记领取营业执照的个人独资企业;

(二)依法登记领取营业执照的合伙企业;

（三）依法登记领取我国营业执照的中外合作经营企业、外资企业；

（四）依法成立的社会团体的分支机构、代表机构；

（五）依法设立并领取营业执照的法人的分支机构；

（六）依法设立并领取营业执照的商业银行、政策性银行和非银行金融机构的分支机构；

（七）经依法登记领取营业执照的乡镇企业、街道企业；

（八）其他符合本条规定条件的组织。

9 劳动合同与规章制度不一致时如何处理？

以劳动合同约定为准。	
法条依据	《最高人民法院关于审理劳动争议案件适用法律问题的解释（一）》第五十条第二款　用人单位制定的内部规章制度与集体合同或者劳动合同约定的内容不一致，劳动者请求优先适用合同约定的，人民法院应予支持。

⚖ 基本案情

2018年3月22日，张某入职某公司，双方签订期限自2018年3月22日至2021年3月21日的《劳动合同书》，张某月工资为20000元，工作岗位为产品经理。《劳动合同书》第9条第2款载明："乙方每年可获得14个月薪酬。"2019年1月8日，某公司通过电子邮件向张某发送《员工福利手册》，载明："薪资采用13个月薪水，12个月为正常月薪，1个月均等拆分4部分，为目标季度奖金，按季度发放。公司有权利对所有奖金计划做出调整，并享有最终解释权。"2019年3月26日，张某以公司未足额支付劳动报酬为由提出离职，双方均确认劳动关系于2019年4月2日解除。张某向某劳动人事争议仲裁院申请仲裁，仲裁裁决后张某不服向法院起诉，请求判决某公司支付其在职期间14薪差额40000元。

裁判结果

法院经审理认为，《最高人民法院关于审理劳动争议案件适用法律若干问题的解释（二）》第16条①规定："用人单位制定的内部规章制度与集体合同或者劳动合同约定的内容不一致，劳动者请求优先适用合同约定的，人民法院应予支持。"本案中，《员工福利手册》载明执行13薪，且第13薪的获得需要按季度进行考核，属于某公司单方制定的规章制度，并非针对某一特定人员；劳动合同中约定张某每年可获得14薪，属于某公司与张某基于协商而达成的特别约定。且现有证据不能证明双方按照规章制度内容变更了劳动合同的约定，故张某主张其适用劳动合同约定的14薪标准，具有事实和法律依据。法院遂支持了张某的诉讼请求。

律师提示

劳动合同是劳动者和用人单位双方协商一致订立的协议，依法制定并向劳动者公示的规章制度具有单方性，但可以作为用人单位管理员工的依据。企业规章制度规定和劳动合同约定冲突的情况并不鲜见。

根据《最高人民法院关于审理劳动争议案件适用法律问题的解释（一）》第50条第1款的规定，用人单位通过民主程序制定的规章制度，不违反国家法律、行政法规及政策规定，并已向劳动者公示的，可以作为确定双方权利义务的依据。因此，不符合前述规定的规章制度当然不能适用于劳动者，也不存在与劳动合同约定冲突的问题，依法只能依据劳动合同确定双方的权利和义务。

规章制度制定在前，劳动合同签订在后，适用劳动合同约定一般无争议。实务中，争议较大的是劳动合同签订在前，规章制度制定在后，两者冲突时

---

① 现为《最高人民法院关于审理劳动争议案件适用法律问题的解释（一）》第50条第2款。

如何适用的问题。笔者通过案例整理分析，发现有些法院仍支持依法制定并公示的规章制度优先于劳动合同约定，因此，有必要在此文中进一步探讨《最高人民法院关于审理劳动争议案件适用法律问题的解释（一）》第50条第2款的理解，即对"用人单位制定的内部规章制度与集体合同或者劳动合同约定的内容不一致，劳动者请求优先适用合同约定的，人民法院应予支持"的理解。

前述司法解释表达了两层意思：一是规章制度若作为确定公司与员工权利义务的依据，应该符合经民主程序制定，不违反国家法律、行政法规及政策规定和向员工公示三个要件。二是依法制定并公示的规章制度与劳动合同不一致时，赋予员工选择权，由员工决定优先适用规章制度还是劳动合同。因此，如果依法制定并公示的规章制度与劳动合同约定内容不一致时，应毫无疑问地依据员工请求适用劳动合同的约定，法院在裁判时不应回避这个问题。

当然，对于用人单位来讲，应避免规章制度和劳动合同约定不一致。笔者建议用人单位可将规章制度约定为劳动合同附件，或者对某些事项对应指引到适用规章制度内容，以免给用人单位带来不必要的麻烦和损失。

🗨 法条链接

1.《劳动合同法》

第四条　用人单位应当依法建立和完善劳动规章制度，保障劳动者享有劳动权利、履行劳动义务。

用人单位在制定、修改或者决定有关劳动报酬、工作时间、休息休假、劳动安全卫生、保险福利、职工培训、劳动纪律以及劳动定额管理等直接涉及劳动者切身利益的规章制度或者重大事项时，应当经职工代表大会或者全体职工讨论，提出方案和意见，与工会或者职工代表平等协商确定。

在规章制度和重大事项决定实施过程中，工会或者职工认为不适当的，有权向用人单位提出，通过协商予以修改完善。

用人单位应当将直接涉及劳动者切身利益的规章制度和重大事项决定公示，或者告知劳动者。

第三十五条 用人单位与劳动者协商一致，可以变更劳动合同约定的内容。变更劳动合同，应当采用书面形式。

变更后的劳动合同文本由用人单位和劳动者各执一份。

2.《最高人民法院关于审理劳动争议案件适用法律问题的解释（一）》

第五十条 用人单位根据劳动合同法第四条规定，通过民主程序制定的规章制度，不违反国家法律、行政法规及政策规定，并已向劳动者公示的，可以作为确定双方权利义务的依据。

用人单位制定的内部规章制度与集体合同或者劳动合同约定的内容不一致，劳动者请求优先适用合同约定的，人民法院应予支持。

📝 文书链接

《劳动合同书》补充协议

甲方（用人单位）：＿＿＿＿＿＿＿＿＿＿

乙方（劳动者）：＿＿＿＿＿＿＿＿＿　身份证号码：＿＿＿＿＿＿＿＿＿＿

　　根据《中华人民共和国劳动法》《中华人民共和国劳动合同法》和国家有关法律法规之规定，遵循合法、公平、平等自愿、协商一致、诚实守信的原则，甲、乙双方订立此协议，作为《劳动合同书》（合同编号：＿＿＿＿＿＿＿）的补充条款以期共同遵守，并确认为解决双方争议时的依据。

乙方的保证和承诺

1.乙方愿意成为甲方员工，乙方承诺已和其他公司依法解除劳动合同，不对其他公司负有竞业禁止等法定义务，并具备完全民事行为能力，能够订立本合同。

2.甲方已告知乙方工作内容、工作条件、工作地点、职业危害、安全生产状况、劳动报酬、规章制度以及乙方要求了解的其他情况。

3.乙方知晓其工作内容、工作条件、工作地点、职业危害、安全生产状况、劳动报酬、规章制度、录用条件、岗位要求以及其他相关情况。

4.乙方保证其向甲方提供的与应聘有关的材料信息的真实性、合法性，并保证其执照、证件或资格在受雇期间的合法有效。

一、劳动合同期限

1.《劳动合同书》约定的试用期限包含在劳动合同期限之内。试用期满，同时符合以下条件，予以录用：符合甲方规章制度的规定，且满足甲方对乙方的业务能力考核要求和符合录用条件。

2.甲方根据乙方在试用期内的表现，有权在试用期限届满之前提前结束试用期正式聘用乙方。在这种情况下，试用期届满之日以甲方通知乙方正式聘用之日为准。

3.在试用期内，不论乙方是否达到上述要求，只要有以下情形之一的，甲方就有权将其视为不符合录用条件：（1）提供虚假身份证明、学历、学位、技术资格等各种文书、资料、证明；（2）隐瞒病历；（3）隐瞒与其仍存续或未终止、未解除的劳动关系；（4）不完成工作，或不能达成工作目标，或绩效考核达不到公司要求；（5）有任何违反规章制度的行为；（6）患精神病或其他病症（包括新发病症和原有病症发作）；（7）非因工伤原因不能提供正常出勤；（8）拒绝完成主管交办的其他工作；（9）双方约定或者公司规章制度规定的其他情形。

二、工作内容和工作地点

1.甲方因工作需要，在合法的前提下有权对乙方工作岗位和工作地点进行适当调整，乙方应当服从。

2.甲方根据工作需要，可以临时（期限不超过3个月）调整乙方的工作岗位，乙方应当服从，双方无需重新签订新的劳动合同。

3.根据乙方的工作业绩等各方面的能力和表现，乙方经甲方考核不胜任原工作岗位的，甲方可以调整乙方的工作岗位，乙方应当服从，否则，甲方可根据劳动合同法及甲方规章制度依法视乙方为旷工，直至解除劳动合同。

调整工作岗位后，工资待遇亦根据岗位实际作相应调整。

三、劳动保护、劳动条件和职业危害防护

甲方有为乙方提供学习条件的义务，负责对乙方进行职业道德、业务技术、劳动安全、劳动纪律和甲方规章制度的教育；乙方有义务参加甲方提供的各项培训，以提升自身素养与职业技能。乙方自愿参加甲方提供的培训，正常工作时间外安排的培训不计入加班时间。

四、工作时间和休息休假

1.乙方依照甲方规章制度享有婚假、产假、丧假、带薪年休假等，甲方在法定节假日、休息日期间应安排劳动者休息休假。确因工作需要加班的应依法支付加班费或安排补休。甲方安排乙方加班时，向乙方下发书面加班通知，乙方因工作需要确需加班的，应当填写书面加班申请，说明加班的理由和时间，经主管负责人批准后，方视为加班，享受加班待遇。乙方未履行规定的审批程序，未经甲方相关负责人的批准，乙方在甲方办公场所滞留不属于加班，乙方无权主张加班待遇和劳动法上的其他权利。

2.乙方因故请假的，须提前填写假条由乙方的上级主管负责人审查签字批准后方可生效，并按乙方请假天数相应扣除乙方工资。

3.甲方根据乙方出勤情况支付每月工资。迟到、早退、旷工、请假等特殊情况下的扣款或工资标准，按照公司规章制度执行。鉴于甲方采用电子考勤，乙方应每日及时上网核对考勤情况，如有异议应按照甲方规章制度规定的期限和方式提出，且最迟应在每月甲方支付工资后三日内以书面方式向甲方提出异议并予以核实，否则视为乙方对甲方的电子考勤记录没有异议。

五、劳动报酬

1.劳动报酬确定后，甲方可根据乙方的技术水平、熟练程度的提高、贡献大小以及生产经营的变化适时调整乙方的工资水平。乙方的劳动报酬可随工作地点、工种、岗位、职级的变化而改变。具体按照甲方的薪酬制度相应调整，无需另行协商。

2.乙方每月领款时应对本月应发工资（包含基本工资、加班工资、绩效工资、提成工资及其他各项应得款项在内）核对无误后签字认可，如有异议

应当场提出，经核实无误后再签字确认。没有签领工资的，乙方在每月收到甲方付款或转账的工资后，对于发放数额如有异议应在三日内向甲方书面提出。乙方在工资单上签名，或者未在收取现金或银行进账后三日内提出书面异议的，均视为乙方对本月应得各项劳动报酬均已结清没有异议，甲方未拖欠乙方任何劳动报酬。

3.乙方涉嫌违法犯罪被有关机关收容审查、拘留或逮捕的，或者因为其他非甲方原因未能按照劳动合同约定提供劳动的，甲方可与其停止劳动合同的履行。停止履行劳动合同期间，甲方不承担劳动合同规定的支付报酬等所有义务，可以办理社会保险账户暂停结算或封存手续（如因社会保险机构原因无法办理暂停结算或封存手续的，甲方在此期间缴纳的社会保险费用应由乙方向甲方全额支付，甲方有权在乙方的工资中予以扣除），且该期间不计入乙方在甲方的工作时间，乙方不得据此要求延长劳动合同期限。

六、社会保险和福利待遇

1.甲、乙双方在合同期内依法参加社会保险，缴纳社会保险费。乙方应在入职后七日内将先前劳动关系解除/终止证明、社会保险转移证明、失业证、符合要求的数字照片以及办理社会保险所需的其他资料提交甲方。否则由此导致的社会保险不能及时办理的责任，由乙方自行承担。

2.乙方离职后，由于乙方原因或者社会保险机构政策及行政原因，导致甲方无法及时办理停保手续的，离职当日之后产生的社会保险费用应由乙方承担，如甲方已经向社会保险机构缴纳的，可向乙方追偿，并可从乙方离职结算后的工资或补偿中予以扣除，乙方对此不持异议。

七、劳动合同的解除、终止和续订

（一）乙方任意解除劳动合同

乙方在试用期内提前三日书面通知甲方，可以解除劳动合同。试用期满后，乙方应当提前三十日以书面形式通知甲方，可以解除劳动合同。双方签订保密协议的，其通知期另行约定。甲方接到前述通知后，可以要求乙方在通知期内继续上班，也可以缩短通知期限免除乙方上班义务并随时要求乙方办理离职手续。此种情况仍为乙方单方主动提出解除合同，不得解释为甲方提出解除合同。

（二）甲方即时解除劳动合同

乙方有下列情形之一的，甲方可以随时解除劳动合同，且无需支付解除劳动合同的经济补偿：

1.在试用期间被证明不符合录用条件的。

2.累计旷工（消极怠工、停工视为旷工）三日及以上，或者其他严重违反甲方规章制度情形的（不积极完成本职工作或者上级领导交办事项的，视为消极怠工）。

3.严重失职，徇私舞弊，给甲方造成重大损害的（损失数额在人民币2000元或者以上）。

4.乙方同时与其他用人单位建立劳动关系或者其他兼职关系（包括各种全日制、非全日制、提成制、合作或者其他任何形式的劳动关系和劳务关系），对完成甲方的工作任务造成严重影响，或者经甲方提出，拒不改正的；或者自营或与他人合作经营与公司业务相同或者近似或者存在竞争关系的业务的。

5.因乙方过错致使劳动合同无效的。

6.被依法追究刑事责任（含缓刑）的。

7.拒不服从甲方岗位调整及工作安排，或者不接受、不配合考核，或者不参加甲方组织的会议或集体活动，或者扰乱甲方生产、工作秩序的。

8.违反关于保守商业秘密规定的。

9.以欺诈、胁迫手段或者趁人之危，使甲方在违背真实意思的情况下订立或者变更劳动合同的。

10.应聘时以及在劳动合同存续期间提供虚假证件、虚假陈述或者提供不完整、不真实的资料或者证明文件的。

11.生活作风不端正或者因酒驾等原因受到治安处罚，或者存在其他对公司形象产生不良影响言行的。

12.顶撞上级，或者打架、酗酒滋事或恐吓、威胁、逼迫同事或其他有危害他人行为的。

13.伪造或变造上级主管或者同事签字，或者盗用印章或涂改公司文件的。

14.散播不利于公司之言论，或者挑拨劳资双方感情，或者组织、煽动员工怠工、停工、罢工的。

15.法律法规或企业规章制度规定的其他情形。

（三）依据劳动合同可以解除劳动合同的其他情形。

（四）无论何种原因解除或终止本合同，乙方均应按照甲方的规定做好工作移交，另外还需办理借款、证件、资料、财物等方面的移交和归还手续。如有遗失或者损坏应按原价赔偿，赔偿款从工资或者经济补偿中扣除（不得视为克扣工资），不足部分乙方另行支付。凡未按规定办理，给甲方造成损失的，乙方应承担赔偿责任。在前述交接手续完成之后，甲方才开始支付经济补偿（如有），并在扣除乙方欠款以及赔偿后实际支付。

（五）乙方在提前三十日向甲方递交解除劳动合同（辞职）书面报告后，应继续在甲方履行岗位职责，遵守甲方规章制度，不得擅自不来上班或强行离职。如乙方违反本条约定，甲方可按严重违纪予以解除劳动合同，同时可追究乙方赔偿擅自离职给甲方造成的经济损失，包括但不限于律师费、公告费等费用支出，以及因乙方脱岗给甲方造成的损失（双方约定该项损失的计算方法以乙方离职前一个月劳动报酬/21.75天×300%计算，甲方举证证明实际损失大于该数额的，以实际损失为准）。

（六）劳动合同期限届满，甲、乙双方均有权选择是否续订合同。乙方应在劳动合同期满前三十日书面告知甲方是否续签劳动合同，截至劳动合同期满之日，仍无书面明确告知甲方续订劳动合同意向的，视为乙方不同意以原合同约定条件续订劳动合同。

（七）本劳动合同期满经甲、乙双方协商一致同意续签劳动合同的，可以另行签订书面劳动合同。双方未能另行签订新的书面劳动合同的，或者劳动合同期限届满之后乙方继续为甲方工作而甲方未提出反对意见的，视为双方同意按照原合同约定条件继续履行，原劳动合同期限自动顺延一年，乙方无权提出双倍工资差额赔偿。

八、保密

对因签订和履行本协议知悉的对方的任何保密信息，甲、乙双方均负有保密的义务。否则违约方应向对方支付违约金_____元，如给对方造成损失大于前述违约金，违约方仍应赔偿。本条规定不因协议终止或解除而失效。

九、其他约定事项

1.送达情形约定

（1）以下地址为甲、乙双方公认的送达地址

甲方地址：_____ 收件人：_____

电话：_____ 微信号：_____

乙方地址：_____ 收件人：_____

电话：_____ 微信号：_____

（2）若地址及信息发生变化，应自变化之日起三日内书面通知对方，否则仍将原地址视为送达地址。

（3）甲方向乙方发送的书面文件，以实际签收之日为送达日；若未签收或以任何理由被邮局退回，则退回之日视为送达日；双方确认，一方可用向另一方以上载明的电话或微信号发送书面文件电子版的形式进行送达，一旦讯息发送均视为送达。

（4）上述送达地址持续适用于主合同履行期间、劳动仲裁、人民法院一审、二审、再审和执行期间。

2.乙方被证实确实违反甲方规章制度的，应在处理通知上签名确认，拒绝签名的，可由人事部门主管会同其上级、同事证明人签字，处理仍然生效，处理通知可按本条前述约定送达乙方，乙方认可上述方式的法律约束力。

3.本协议书与法律法规相抵触的，或者因法律法规的变更而不一致的，以现行有效的法律法规规定为准。

4.本协议由甲、乙双方签名或盖章后生效。

5.本协议一式两份,各份具有同等法律效力。

甲方(盖章)   乙方(签名)

法定代表人:

        年   月   日   年   月   日

10 无固定期限劳动合同是"铁饭碗"吗?

不是。	
法条依据	《劳动合同法》第三十九条　劳动者有下列情形之一的,用人单位可以解除劳动合同:(一)在试用期间被证明不符合录用条件的;(二)严重违反用人单位的规章制度的;(三)严重失职,营私舞弊,给用人单位造成重大损害的;(四)劳动者同时与其他用人单位建立劳动关系,对完成本单位的工作任务造成严重影响,或者经用人单位提出,拒不改正的;(五)因本法第二十六条第一款第一项规定的情形致使劳动合同无效的;(六)被依法追究刑事责任的。 第四十条　有下列情形之一的,用人单位提前三十日以书面形式通知劳动者本人或者额外支付劳动者一个月工资后,可以解除劳动合同:(一)劳动者患病或者非因工负伤,在规定的医疗期满后不能从事原工作,也不能从事由用人单位另行安排的工作的;(二)劳动者不能胜任工作,经过培训或者调整工作岗位,仍不能胜任工作的;(三)劳动合同订立时所依据的客观情况发生重大变化,致使劳动合同无法履行,经用人单位与劳动者协商,未能就变更劳动合同内容达成协议的。

基本案情

2008年9月1日，张某入职某公司工作，双方签订期限自2008年9月1日起至2013年8月31日止的劳动合同，合同约定张某工作岗位为驾驶员，执行综合工时工作制。劳动合同到期后，双方将劳动合同续签为无固定期限劳动合同。某公司《月度绩效管理办法》第1章第2条载明："驾驶员考核结果管理：（1）根据安全事故范围，驾驶员半年考核周期内，单次责任比例≥70%的，且安全事故达到3次及以上者，将给予开除处理……"该办法经民主程序并在公司公示栏进行了张贴公示。张某分别于2020年6月30日、2020年10月24日和2020年11月13日发生3次交通事故，根据交警部门出具的事故认定结论，张某均负全责。2020年11月19日，某公司以张某严重违反公司规章制度为由与张某解除劳动合同。张某认为某公司未能合理安排休息，连续长时间工作导致驾驶员疲劳驾驶是诱发事故的原因，且其与某公司是无固定期限劳动合同，某公司不得随意解除劳动合同。张某向某劳动人事争议仲裁院申请仲裁，请求裁决某公司向其支付违法解除劳动合同赔偿金15万余元。

裁判结果

仲裁院经审理认为，《最高人民法院关于审理劳动争议案件适用法律问题的解释（一）》第44条规定："因用人单位作出的开除、除名、辞退、解除劳动合同、减少劳动报酬、计算劳动者工作年限等决定而发生的劳动争议，用人单位负举证责任。"本案中，某公司向本院提交了《月度绩效管理办法》及民主制定并公示相关程序文件，证明了程序上已由工会向200名职工征询集体协商意见，后经职工代表大会讨论通过，并予以公示，给予了职工平等协商的权利；实体上，《月度绩效管理办法》内容亦不违反法律法规的强制性规定，合法有效。张某虽抗辩《月度绩效管理办法》制定程序违法，职工代表大会的召开系某公司伪造，但并未提供实质性证据佐证。本案中，张某分别于2020年6月30日、2020年10月24日和2020年11月13日发生3次交通事故，且负全责，符合《月度绩效管理办法》中规定的某公司可单方开除劳动者的条件。另外，某公司在解除与张某的劳动合同前已征询了工会意见，解除劳动合同的程序合法。综上，仲裁院认为某公司并不存在违法解除劳动合同的情形。仲裁院遂驳回了张某的仲裁请求。

律师提示

劳动合同分为固定期限劳动合同、无固定期限劳动合同和以完成一定工作任务为期限的劳动合同三种。固定期限劳动合同和以完成一定工作任务为期限的劳动合同到期不续签自然终止，无固定期限劳动合同是用人单位与劳动者约定无确定终止时间的劳动合同。

为构建长期稳定的用工关系，《劳动合同法》第14条规定了三种应当订立无固定期限劳动合同的情形，还规定了用人单位自用工之日起满一年不与劳动者订立书面劳动合同的，视为用人单位与劳动者已订立无固定期限劳动合同。《劳动法》与《劳动合同法》的特别规定，导致部分劳动者和用人单位对于无固定期限劳动合同存在误解，误以为无固定期限合同就代表着"铁饭碗"，用人单位无论如何都不能终止或解除。

劳动合同的期限与劳动合同的解除和终止是完全不相关的两个问题，不能混淆在一起。

不论是什么类型的劳动合同，存在《劳动合同法》规定情形的，用人单位均可以依法解除劳动合同。存在《劳动合同法》第39条规定的劳动者有过错情形的，用人单位可以单方解除劳动合同，且无需向劳动者支付任何经济补偿或赔偿；存在《劳动合同法》第40条规定的劳动者无过失三种情形的，或《劳动合同法》第41条规定的经济性裁员情形的，用人单位提前30天通知或支付代通金可以解除劳动合同，同时可能需要向劳动者支付经济补偿。

用人单位无法用无固定期限劳动合同"绑定"劳动者。不论是什么类型的劳动合同，只要劳动者按照《劳动合同法》第37条规定，提前30天通知用人单位均可以解除劳动合同。用人单位存在《劳动合同法》第38条规定的违法情形，劳动者有权单方解除劳动合同并要求用人单位承担经济补偿。用人单位对于劳动者的补偿或赔偿金额与签订什么类型劳动合同无关，只与劳动者的实际工作时长存在关联。反而是存在签订无固定期限劳动合同的法定情形，用人单位终止劳动合同不再续订，属于违法终止劳动合同，应当向劳动者支付违法终止劳动合同赔偿金。

综上所述，无固定期限劳动合同并不是"铁饭碗"，仅是立法者对于长期稳定劳动关系的倾向性规定。劳动合同期限与劳动合同的解除和终止是两个不同的体系，没有必然的关联性。

法条链接

《劳动合同法》

第十二条　劳动合同分为固定期限劳动合同、无固定期限劳动合同和以完成一定工作任务为期限的劳动合同。

第十三条　固定期限劳动合同，是指用人单位与劳动者约定合同终止时间的劳动合同。

用人单位与劳动者协商一致，可以订立固定期限劳动合同。

第十四条　无固定期限劳动合同，是指用人单位与劳动者约定无确定终止时间的劳动合同。

用人单位与劳动者协商一致，可以订立无固定期限劳动合同。有下列情形之一，劳动者提出或者同意续订、订立劳动合同的，除劳动者提出订立固定期限劳动合同外，应当订立无固定期限劳动合同：

（一）劳动者在该用人单位连续工作满十年的；

（二）用人单位初次实行劳动合同制度或者国有企业改制重新订立劳动合同时，劳动者在该用人单位连续工作满十年且距法定退休年龄不足十年的；

（三）连续订立二次固定期限劳动合同，且劳动者没有本法第三十九条和第四十条第一项、第二项规定的情形，续订劳动合同的。

用人单位自用工之日起满一年不与劳动者订立书面劳动合同的，视为用人单位与劳动者已订立无固定期限劳动合同。

第三十八条 用人单位有下列情形之一的，劳动者可以解除劳动合同：

（一）未按照劳动合同约定提供劳动保护或者劳动条件的；

（二）未及时足额支付劳动报酬的；

（三）未依法为劳动者缴纳社会保险费的；

（四）用人单位的规章制度违反法律、法规的规定，损害劳动者权益的；

（五）因本法第二十六条第一款规定的情形致使劳动合同无效的；

（六）法律、行政法规规定劳动者可以解除劳动合同的其他情形。

用人单位以暴力、威胁或者非法限制人身自由的手段强迫劳动者劳动的，或者用人单位违章指挥、强令冒险作业危及劳动者人身安全的，劳动者可以立即解除劳动合同，不需事先告知用人单位。

第三十九条 劳动者有下列情形之一的，用人单位可以解除劳动合同：

（一）在试用期间被证明不符合录用条件的；

（二）严重违反用人单位的规章制度的；

（三）严重失职，营私舞弊，给用人单位造成重大损害的；

（四）劳动者同时与其他用人单位建立劳动关系，对完成本单位的工作任务造成严重影响，或者经用人单位提出，拒不改正的；

（五）因本法第二十六条第一款第一项规定的情形致使劳动合同无效的；

（六）被依法追究刑事责任的。

第四十条 有下列情形之一的，用人单位提前三十日以书面形式通知劳动者本人或者额外支付劳动者一个月工资后，可以解除劳动合同：

（一）劳动者患病或者非因工负伤，在规定的医疗期满后不能从事原工作，也不能从事由用人单位另行安排的工作的；

（二）劳动者不能胜任工作，经过培训或者调整工作岗位，仍不能胜任工作的；

（三）劳动合同订立时所依据的客观情况发生重大变化，致使劳动合同无法履行，经用人单位与劳动者协商，未能就变更劳动合同内容达成协议的。

第四十一条 有下列情形之一，需要裁减人员二十人以上或者裁减不足二十人但占企业职工总数百分之十以上的，用人单位提前三十日向工会或者全体职工说明情况，听取工会或者职工的意见后，裁减人员方案经向劳动行政部门报告，可以裁减人员：

（一）依照企业破产法规定进行重整的；

（二）生产经营发生严重困难的；

（三）企业转产、重大技术革新或者经营方式调整，经变更劳动合同后，仍需裁减人员的；

（四）其他因劳动合同订立时所依据的客观经济情况发生重大变化，致使劳动合同无法履行的。

裁减人员时，应当优先留用下列人员：

（一）与本单位订立较长期限的固定期限劳动合同的；

（二）与本单位订立无固定期限劳动合同的；

（三）家庭无其他就业人员，有需要扶养的老人或者未成年人的。

用人单位依照本条第一款规定裁减人员，在六个月内重新招用人员的，应当通知被裁减的人员，并在同等条件下优先招用被裁减的人员。

第八十七条 用人单位违反本法规定解除或者终止劳动合同的，应当依照本法第四十七条规定的经济补偿标准的二倍向劳动者支付赔偿金。

11 两次签订固定期限劳动合同后，必须签订无固定期限劳动合同吗？

必须签订。	
法条依据	《劳动合同法》第十四条第二款　用人单位与劳动者协商一致，可以订立无固定期限劳动合同。有下列情形之一，劳动者提出或者同意续订、订立劳动合同的，除劳动者提出订立固定期限劳动合同外，应当订立无固定期限劳动合同：……（三）连续订立二次固定期限劳动合同，且劳动者没有本法第三十九条和第四十条第一项、第二项规定的情形，续订劳动合同的。

⚖ 基本案情

2008年9月1日，张某入职某公司工作，双方签订书面劳动合同，期限自2008年9月1日至2011年9月1日。前述劳动合同到期后，合同期限续订至2014年9月1日。某公司于2014年8月1日向张某下发了终止劳动合同通知书，载明于2014年9月1日起终止双方的劳动合同。张某因与某公司对赔偿事宜未达成一致，向某劳动人事争议仲裁院申请仲裁，仲裁裁决后张某不服向法院起诉，请求判决某公司向其支付违法解除劳动合同的赔偿金31000元和未签订无固定期限劳动合同的双倍工资差额12025元。

某公司辩称：双方并未解除劳动合同，而是劳动合同到期后自然终止。公司已经在劳动合同期限届满前书面通知张某不再续签劳动合同，张某也未提出要求签订无固定期限劳动合同的要求，因此，公司不应进行赔偿。

裁判结果

法院经审理认为，根据《劳动合同法》第14条第2款第3项的规定，张某与某公司已经连续订立二次固定期限劳动合同，且没有《劳动合同法》第39条和第40条第1项、第2项规定的情形，某公司应与张某签订无固定期限劳动合同。另根据《劳动合同法实施条例》第11条的规定，劳动者依照《劳动合同法》第14条第2款的规定，提出订立无固定期限劳动合同的，用人单位应当与其订立无固定期限劳动合同。根据《劳动合同法》第48条的规定，某公司违反本法规定解除或者终止劳动合同，应向张某支付赔偿金。关于二倍工资的诉讼请求，虽然某公司应当与张某签订无固定期限劳动合同，但某公司已于劳动合同期限届满时终止了劳动合同，张某亦未再向某公司提供劳动，故依法不予保护。

律师提示

无固定期限劳动合同，是指用人单位与劳动者约定无确定终止时间的劳动合同，无固定期限劳动合同可以保障劳动者长期的劳动权益。《劳动合同法》第14条对于订立无固定期限劳动合同的情形进行了规定，但大家对于连续订立二次固定期限劳动合同后，用人单位是否有权终止劳动合同存在不同理解。

根据《劳动合同法实施条例》第11条的规定，劳动者依照《劳动合同法》第14条第2款的规定，提出订立无固定期限劳动合同的，用人单位应当与其订立无固定期限劳动合同。根据前述规定，连续订立二次固定期限劳动合同后，除劳动者与用人单位协商一致订立固定期限劳动合同或者同意终止劳动合同外，用人单位均应续订劳动合同，而且是订立无固定期限劳动合同。笔者认为，用人单位在第二次固定期限劳动合同到期后有权决定是否续订劳动合同的观点是错误的。

根据前述分析可知，用人单位仅在第一次固定期限劳动合同到期时可合法终止劳动合同。因此，用人单位在签订劳动合同时，应慎重考虑劳动合同的期限问题，在第一次签订固定期限劳动合同时，应考虑较长的合同期限。为与劳动者最长试用期（6个月）相匹配，笔者建议一般签订3年及以上期限的劳动合同。

实务操作层面，对于用人单位来讲，连续订立二次固定期限劳动合同后应及时与劳动者协商，由劳动者提出订立固定期限劳动合同，用人单位可继续与劳动者订立固定期限劳动合同；对于劳动者来讲，连续订立二次固定期限劳动合同后，应及时向用人单位提出订立无固定期限劳动合同并保留证据，以免承担举证不利的后果。

综上所述，连续订立二次固定期限劳动合同后，用人单位一般应与劳动者续订劳动合同，而且是订立无固定期限劳动合同，否则用人单位将承担违法解除或终止劳动合同的法律后果。

💬 法条链接

1.《劳动合同法》

第十四条 无固定期限劳动合同，是指用人单位与劳动者约定无确定终止时间的劳动合同。

用人单位与劳动者协商一致，可以订立无固定期限劳动合同。有下列情形之一，劳动者提出或者同意续订、订立劳动合同的，除劳动者提出订立固定期限劳动合同外，应当订立无固定期限劳动合同：

（一）劳动者在该用人单位连续工作满十年的；

（二）用人单位初次实行劳动合同制度或者国有企业改制重新订立劳动合同时，劳动者在该用人单位连续工作满十年且距法定退休年龄不足十年的；

（三）连续订立二次固定期限劳动合同，且劳动者没有本法第三十九条和

第四十条第一项、第二项规定的情形，续订劳动合同的。

用人单位自用工之日起满一年不与劳动者订立书面劳动合同的，视为用人单位与劳动者已订立无固定期限劳动合同。

第三十九条　劳动者有下列情形之一的，用人单位可以解除劳动合同：

（一）在试用期间被证明不符合录用条件的；

（二）严重违反用人单位的规章制度的；

（三）严重失职，营私舞弊，给用人单位造成重大损害的；

（四）劳动者同时与其他用人单位建立劳动关系，对完成本单位的工作任务造成严重影响，或者经用人单位提出，拒不改正的；

（五）因本法第二十六条第一款第一项规定的情形致使劳动合同无效的；

（六）被依法追究刑事责任的。

第四十条　有下列情形之一的，用人单位提前三十日以书面形式通知劳动者本人或者额外支付劳动者一个月工资后，可以解除劳动合同：

（一）劳动者患病或者非因工负伤，在规定的医疗期满后不能从事原工作，也不能从事由用人单位另行安排的工作的；

（二）劳动者不能胜任工作，经过培训或者调整工作岗位，仍不能胜任工作的；

（三）劳动合同订立时所依据的客观情况发生重大变化，致使劳动合同无法履行，经用人单位与劳动者协商，未能就变更劳动合同内容达成协议的。

第四十八条　用人单位违反本法规定解除或者终止劳动合同，劳动者要求继续履行劳动合同的，用人单位应当继续履行；劳动者不要求继续履行劳动合同或者劳动合同已经不能继续履行的，用人单位应当依照本法第八十七条规定支付赔偿金。

2.《劳动合同法实施条例》

第十一条　除劳动者与用人单位协商一致的情形外，劳动者依照劳动合同法第十四条第二款的规定，提出订立无固定期限劳动合同的，用人单位应当与其订立无固定期限劳动合同。对劳动合同的内容，双方应当按照合法、公平、平等自愿、协商一致、诚实信用的原则协商确定；对协商不一致的内容，依照劳动合同法第十八条的规定执行。

12 未签无固定期限劳动合同需支付双倍工资吗？

	需要。
法条依据	《劳动合同法》第八十二条第二款　用人单位违反本法规定不与劳动者订立无固定期限劳动合同的，自应当订立无固定期限劳动合同之日起向劳动者每月支付二倍的工资。

⚖ 基本案情

　　2008年9月1日，张某入职某公司，双方签订期限自2008年9月2日起至2009年9月1日止的劳动合同，岗位为销售经理，工作地点为云南。合同期满后双方又签订期限自2009年9月2日起至2010年9月1日止的劳动合同。张某自2010年8月23日起陆续向某公司邮寄要求订立无固定期限劳动合同的EMS邮件。后双方又签订劳动合同补充协议，将合同期限续订至2013年9月1日。2012年11月23日，张某不服劳动仲裁裁决起诉至法院，请求：（1）某公司与其签订自2010年9月2日起的无固定期限劳动合同；（2）某公司向其支付未签订无固定期限劳动合同的二倍工资差额21万余元。

　　某公司辩称：2010年9月1日劳动合同期满，双方协商一致将劳动合同期限续延至2013年9月1日，在此期间张某均没有提出与用人单位订立无固定期限劳动合同的请求,且未签订劳动合同的双倍工资属于赔偿金不属于劳动报酬,已经超过一年的仲裁时效,因此,公司不应进行赔偿。

裁判结果

法院经审理认为,根据《劳动合同法》第14条第2款第3项的规定,张某至2010年9月2日时,已与某公司连续订立二次固定期限劳动合同,且没有《劳动合同法》第39条和第40条第1项、第2项规定的情形,某公司应与张某自2010年9月2日起签订无固定期限劳动合同。根据《劳动合同法》第82条第2款"用人单位违反本法规定不与劳动者订立无固定期限劳动合同的,自应当订立无固定期限劳动合同之日起向劳动者每月支付二倍的工资"的规定,某公司应当向张某支付自2010年9月2日起至2012年11月23日停止劳动时的二倍工资差额。某公司关于支付二倍工资诉讼请求已经超过时效的抗辩主张,由于张某自2010年8月23日起陆续向某公司提出签订无固定期限劳动合同的请求,故不能成立。法院遂支持了张某的诉讼请求。

律师提示

根据《劳动合同法》第14条第2款的规定,除劳动者提出订立固定期限劳动合同外,应当订立无固定期限劳动合同的法定情形有三种:(1)劳动者在该用人单位连续工作满十年的;(2)用人单位初次实行劳动合同制度或者国有企业改制重新订立劳动合同时,劳动者在该用人单位连续工作满十年且距法定退休年龄不足十年的;(3)连续订立二次固定期限劳动合同,且劳动者没有《劳动合同法》第39条和第40条第1项、第2项规定的情形,续订劳动合同的。

根据《劳动合同法》第82条第2款的规定,用人单位违反规定不与劳动者订立无固定期限劳动合同的,自应当订立无固定期限劳动合同之日起向劳动者每月支付二倍的工资。因用人单位自用工之日起满一年不与劳动者订立书面劳动合同的，视为用人单位与劳动者已订立无固定期限劳动合同，劳动者入职后用人单位一直未与其订立劳动合同时，二倍工资给付时长为11个月。但是，应当订立无固定期限劳动合同而没有订立的，二倍工资给付没有时间限制，也就是应一直支付到补订时为止。

因仲裁时效为一年，如果用人单位应当订立无固定期限劳动合同而没有订立的期限超过12个月，而在这个期间劳动者没有要求用人单位签订无固定期限合同的，因仲裁时效的限制，仅能支持12个月的二倍工资。在本案中，因劳动者持续要求签订无固定期限劳动合同，仲裁时效中断，因此，法院支持了全部期限的二倍工资。

用人单位和劳动者两次订立固定期限劳动合同，第三次仍订立固定期限劳动合同，是否需要支付双倍工资呢？一般认定为双方协商一致签订了固定期限劳动合同，用人单位无需支付二倍工资。但有的法院认为，在符合订立无固定期限劳动合同的情形下，仅凭双方订立固定期限劳动合同的事实不能得出用人单位与劳动者协商一致订立固定期限劳动合同的结论，用人单位仍应支付双倍工资差额。

实际上，与无固定期限劳动合同相比，固定期限劳动合同仅是多了一次合法的劳动合同终止权（且用人单位仍应支付经济补偿），而对于劳动合同履行、变更、解除以及经济补偿、赔偿等事项，两者并没有区别。因此，企业大可不必排斥签订无固定期限劳动合同。

💬 法条链接

1.《劳动合同法》

第十四条 无固定期限劳动合同，是指用人单位与劳动者约定无确定终止时间的劳动合同。

用人单位与劳动者协商一致，可以订立无固定期限劳动合同。有下列情形之一，劳动者提出或者同意续订、订立劳动合同的，除劳动者提出订立固定期限劳动合同外，应当订立无固定期限劳动合同：

（一）劳动者在该用人单位连续工作满十年的；

（二）用人单位初次实行劳动合同制度或者国有企业改制重新订立劳动合同时，劳动者在该用人单位连续工作满十年且距法定退休年龄不足十年的；

（三）连续订立二次固定期限劳动合同，且劳动者没有本法第三十九条和第四十条第一项、第二项规定的情形，续订劳动合同的。

用人单位自用工之日起满一年不与劳动者订立书面劳动合同的，视为用人单位与劳动者已订立无固定期限劳动合同。

第八十二条　用人单位自用工之日起超过一个月不满一年未与劳动者订立书面劳动合同的，应当向劳动者每月支付二倍的工资。

用人单位违反本法规定不与劳动者订立无固定期限劳动合同的，自应当订立无固定期限劳动合同之日起向劳动者每月支付二倍的工资。

2.《劳动合同法实施条例》

第十一条　除劳动者与用人单位协商一致的情形外，劳动者依照劳动合同法第十四条第二款的规定，提出订立无固定期限劳动合同的，用人单位应当与其订立无固定期限劳动合同。对劳动合同的内容，双方应当按照合法、公平、平等自愿、协商一致、诚实信用的原则协商确定；对协商不一致的内容，依照劳动合同法第十八条的规定执行。

3.《劳动争议调解仲裁法》

第二十七条　劳动争议申请仲裁的时效期间为一年。仲裁时效期间从当事人知道或者应当知道其权利被侵害之日起计算。

前款规定的仲裁时效，因当事人一方向对方当事人主张权利，或者向有关部门请求权利救济，或者对方当事人同意履行义务而中断。从中断时起，仲裁时效期间重新计算。

因不可抗力或者有其他正当理由，当事人不能在本条第一款规定的仲裁时效期间申请仲裁的，仲裁时效中止。从中止时效的原因消除之日起，仲裁时效期间继续计算。

劳动关系存续期间因拖欠劳动报酬发生争议的，劳动者申请仲裁不受本条第一款规定的仲裁时效期间的限制；但是，劳动关系终止的，应当自劳动关系终止之日起一年内提出。

13　双重劳动关系合法吗？

合法。	
法条依据	《劳动合同法》第七条　用人单位自用工之日起即与劳动者建立劳动关系。用人单位应当建立职工名册备查。

⚖ 基本案情

　　2015年9月1日，张某与某咨询公司签订无固定期限劳动合同，某咨询公司为张某购买社会保险。2017年12月1日，张某进入某科技公司工作，双方未订立书面劳动合同，月工资1万元。因某科技公司欠付工资，2018年8月，张某向某劳动人事争议仲裁院申请仲裁，请求裁决确认其与某科技公司2017年12月1日至2018年7月31日存在劳动关系，由某科技公司支付欠付工资3万元和双倍工资差额8万元。

　　某科技公司辩称：张某作为我公司股东，双方是为了共同争取某项目的劳务合作关系，不是劳动关系，张某一直在某咨询公司工作，工作时间为标准工时制，不可能再在我公司处全职工作。

👈 裁判结果

　　仲裁院经审理认为，本案的争议焦点为张某与某科技公司之间是否形成合法有效的劳动合同关系。《劳动合同法》第7条规定，用人单位自用工之日起即与劳动者建立劳动关系。且某科技公司制定的各项规章制度适用于张某，张某受某科技公司的劳动管理，从事某科技公司安排的有报酬的劳动，张某提供的劳动是某科技公司业务的组成部分，故双方的权利义务内容不符合劳务合同的法律特征，应当认定本案合同性质为劳动合同。虽然张某在与某科技公司形成劳动关系之前，即与某咨询公司签订了劳动合同，但张某未实际为某咨询公司提供劳动，张某有条件为某科技公司提供劳动。仲裁院遂支持了张某的仲裁请求。

👆 律师提示

双重劳动关系一般指在同一时间段内，与两家用人单位存在劳动关系（多重劳动关系不再赘述）。在实务中，有以下几种典型的双重劳动关系：

1.企业停薪留职人员、未达到法定退休年龄的内退人员、下岗待岗人员以及企业经营性停产放长假人员可与新用人单位建立劳动关系。

2.在不影响原用人单位工作的前提下，或者得到前用人单位同意，从事非全日制用工或全日制用工的劳动者与新用人单位建立劳动关系。

3.两家用人单位用工管理不规范，劳动者未与前用人单位解除劳动合同，但不再为前用人单位提供劳动，与新用人单位建立劳动关系。

前述第一种情形是《最高人民法院关于审理劳动争议案件适用法律问题的解释（一）》第32条第2款明确规定的情形，在实务中认定双重劳动关系不存在争议。第二种和第三种情形在实务中容易引起争议，因为第二重劳动关系中存在劳动合同无法备案、社会保险无法购买的问题，且劳动者并未向前用人单位提供劳动，发生劳动争议或工伤时，用人单位间可能相互推诿。

笔者认为，劳动关系以实际用工为标志，第二重劳动关系符合《关于确立劳动关系有关事项的通知》第1条规定的用工均属于劳动关系，不论是否签订劳动合同或者签订的是劳务合同等其他合同。从法律规定来看，法律法规也并未禁止建立双重劳动关系。但是，在实务中确实存在无法备案劳动合同和无法购买社会保险等客观障碍，用人单位规范双重劳动关系显得极为重要。

用人单位应从以下方面着手，规避双重劳动关系的风险：

1.审查劳动者是否与前用人单位解除劳动关系，确保劳动者劳动关系的唯一性。否则，用人单位招用与其他用人单位尚未解除或者终止劳动合同的劳动者，给其他用人单位造成损失的，应当承担连带赔偿责任。

2.如确需招用未与前用人单位解除劳动关系的劳动者，建议与前用人单位建立员工指派关系，确认劳动者劳动关系的唯一性及指派期间的权利和义务，不建议仅与劳动者签订劳务合同。

3.如确需与劳动者建立第二重劳动关系，应签订书面劳动合同以避免双倍工资赔偿风险，同时应为劳动者购买工伤保险或者雇主责任险以避免工伤风险。

综上所述，双重劳动关系具有合法性，但因存在制度设计缺陷和实务操作障碍，各方用工主体应从自身角度出发选择合适的用工方案。

💬 法条链接

1.《劳动合同法》

第七条　用人单位自用工之日起即与劳动者建立劳动关系。用人单位应当建立职工名册备查。

第三十九条　劳动者有下列情形之一的，用人单位可以解除劳动合同：

（一）在试用期间被证明不符合录用条件的；

（二）严重违反用人单位的规章制度的；

（三）严重失职，营私舞弊，给用人单位造成重大损害的；

（四）劳动者同时与其他用人单位建立劳动关系，对完成本单位的工作任务造成严重影响，或者经用人单位提出，拒不改正的；

（五）因本法第二十六条第一款第一项规定的情形致使劳动合同无效的；

（六）被依法追究刑事责任的。

第六十九条　非全日制用工双方当事人可以订立口头协议。

从事非全日制用工的劳动者可以与一个或者一个以上用人单位订立劳动合同;但是,后订立的劳动合同不得影响先订立的劳动合同的履行。

第九十一条　用人单位招用与其他用人单位尚未解除或者终止劳动合同的劳动者,给其他用人单位造成损失的,应当承担连带赔偿责任。

2.《实施〈中华人民共和国社会保险法〉若干规定》

第九条　职工(包括非全日制从业人员)在两个或者两个以上用人单位同时就业的,各用人单位应当分别为职工缴纳工伤保险费。职工发生工伤,由职工受到伤害时工作的单位依法承担工伤保险责任。

3.《最高人民法院关于审理劳动争议案件适用法律问题的解释(一)》

第三十二条　用人单位与其招用的已经依法享受养老保险待遇或者领取退休金的人员发生用工争议而提起诉讼的,人民法院应当按劳务关系处理。

企业停薪留职人员、未达到法定退休年龄的内退人员、下岗待岗人员以及企业经营性停产放长假人员,因与新的用人单位发生用工争议而提起诉讼的,人民法院应当按劳动关系处理。

14 招聘条件等于录用条件吗?

	不等于。
法条依据	《劳动合同法》第三十九条　劳动者有下列情形之一的,用人单位可以解除劳动合同:(一)在试用期间被证明不符合录用条件的;……

基本案情

某公司是销售型企业,为打开市场需招聘一名销售顾问,招聘条件是"学历不限、有两年以上服务行业从业经验、吃苦耐劳、有较强的市场开拓能力的帅哥、美女均可"。参加面试的张某基本符合招聘条件,并且号称有很强的人脉资源。公司人力资源部门在考察后与张某签订了3年期的劳动合同,试用期为3个月,月工资为5000元加提成。试用期即将届满时,张某连公司要求的基本销售额都没有完成,某公司便以张某在试用期不符合公司要求为由不批准其转正申请,并与张某解除了劳动合同。张某向某劳动人事争议仲裁院申请仲裁,请求裁决某公司向其支付违法解除合同的赔偿金。

裁判结果

仲裁院经审理认为,根据《劳动合同法》第39条第1项的规定,劳动者在试用期间被证明不符合录用条件的,用人单位可以解除劳动合同。本案中,某公司未在录用张某时设置过录用条件,而且解除劳动合同的理由也并非张某在试用期内被证明不符合录用条件。张某虽然在工作中连基本销售额都没有完成,但并未构成严重违纪的情形。用人单位以此为由解除劳动合同缺乏法律依据,系违法解除,张某要求支付违法解除劳动合同赔偿金,应予支持。仲裁院遂支持了张某的仲裁请求。

🖐 律师提示

根据《劳动合同法》的相关规定,劳动者在试用期内被证明不符合录用条件的,用人单位可以解除劳动合同。但部分用人单位在招聘员工时未对招聘条件和录用条件进行区分,为后期的人事管理埋下了隐患。

大部分用人单位在招聘时都设置有招聘条件,但招聘条件和录用条件不能等同。招聘广告中的招聘条件针对的是不特定的应聘者,一般明确的是应聘者的初步资格、基本条件,包括学历、经历、职称、技术资格等条件。而录用条件则可更进一步考察应聘者是否符合工作岗位的具体要求,如符合可转正,如不符合,用人单位可在试用期结束前解聘劳动者。没有约定录用条件,则用人单位无权解聘劳动者。

需特别注意的是,用人单位应制定明确、可操作的录用条件,并作为劳动合同附件或者另行由劳动者签字确认,用人单位才能以不符合录用条件为由解除劳动合同。用人单位在试用期内解除劳动合同的,应当在试用期内作出并向劳动者说明理由,超过试用期再以该理由提出解除劳动合同的将不能得到支持。

劳动者具备《劳动合同法》第39条规定情形之一的,用人单位可以解除劳动合同。在试用期内被证明不符合录用条件就是其中一种情形,劳动者在试用期内存在严重违反用人单位的规章制度或严重失职,营私舞弊,给用人单位造成重大损害等其他情形的,用人单位也可以解除劳动合同。用人单位在试用期间与劳动者解除劳动关系,也习惯用"劳动者不能胜任工作"的理由，但在实务中，用人单位的证明责任非常大，且不能胜任工作，依法应经过培训或者调整工作岗位仍不能胜任工作的，才能解除劳动合同，而不能直接解除劳动合同。

综上所述，用人单位要想真正把试用期考察劳动者的作用发挥出来，就必须与劳动者约定录用条件，将录用条件作为员工试用期转正的条件，否则试用期形同虚设。

法条链接

《劳动合同法》

第二十一条 在试用期中，除劳动者有本法第三十九条和第四十条第一项、第二项规定的情形外，用人单位不得解除劳动合同。用人单位在试用期解除劳动合同的，应当向劳动者说明理由。

第三十九条 劳动者有下列情形之一的，用人单位可以解除劳动合同：

（一）在试用期间被证明不符合录用条件的；

（二）严重违反用人单位的规章制度的；

（三）严重失职，营私舞弊，给用人单位造成重大损害的；

（四）劳动者同时与其他用人单位建立劳动关系，对完成本单位的工作任务造成严重影响，或者经用人单位提出，拒不改正的；

（五）因本法第二十六条第一款第一项规定的情形致使劳动合同无效的；

（六）被依法追究刑事责任的。

第四十条 有下列情形之一的，用人单位提前三十日以书面形式通知劳动者本人或者额外支付劳动者一个月工资后，可以解除劳动合同：

（一）劳动者患病或者非因工负伤，在规定的医疗期满后不能从事原工作，也不能从事由用人单位另行安排的工作的；

（二）劳动者不能胜任工作，经过培训或者调整工作岗位，仍不能胜任工作的；

（三）劳动合同订立时所依据的客观情况发生重大变化，致使劳动合同无法履行, 经用人单位与劳动者协商, 未能就变更劳动合同内容达成协议的。

第四十八条 用人单位违反本法规定解除或者终止劳动合同, 劳动者要求继续履行劳动合同的, 用人单位应当继续履行; 劳动者不要求继续履行劳动合同或者劳动合同已经不能继续履行的, 用人单位应当依照本法第八十七条规定支付赔偿金。

第八十七条 用人单位违反本法规定解除或者终止劳动合同的, 应当依照本法第四十七条规定的经济补偿标准的二倍向劳动者支付赔偿金。

📝 文书链接

员工录用条件确认书

公司: ＿＿＿＿＿＿＿＿＿＿＿＿＿＿＿

姓名: ＿＿＿＿＿＿＿＿＿＿＿＿＿＿＿

部门: ＿＿＿＿＿＿＿＿＿＿＿＿＿＿＿

岗位: ＿＿＿＿＿＿＿＿＿＿＿＿＿＿＿

入职时间: ＿＿＿＿年＿＿月＿＿日

鉴于:

1.您与公司已经签订了书面劳动合同, 约定试用期为＿＿＿＿年＿＿月＿＿日至＿＿＿＿年＿＿月＿＿日。试用期是您与公司之间相互了解的时间。因我公司的录用条件系以员工的学识、能力、品格、体格、技能均适合其所从事岗位的工作需要为准, 为便于您了解我公司的录用条件, 现特向您出具本告知书, 将相关录用条件予以告知和说明。

2.在试用期间, 如果您认为公司的实际状况、发展机会与您的预期有较大差距, 或者由于其他原因决定解除劳动关系的, 可以提前3天以书面形式向公司提出辞职申请, 并按公司规定办理离职手续; 同样, 如果您在试用期存在如下情形的, 视为不符合公司的录用条件, 公司有权解除与您的劳动关系,并不支付任何经济补偿。

员工不符合公司录用条件情形如下：

1.未经公司书面许可而延期报到或到岗的。

2.提供虚假、伪造的身份证、学历、学位证书、职称证书、获奖证书、工作简历和个人信息等材料、证明、证件、履历的或者在应聘、入职及订立劳动合同过程中有其他欺骗、隐瞒或其他不诚实行为的。

3.个人简历、入职登记表等所列内容与真实情况不符的或填写虚假体检信息的。

4.患有精神病或按国家法律法规应禁止工作的传染病的，或者身体健康条件不符合工作岗位要求的。

5.试用期内员工患病或非因工负伤累计达10天，医疗期届满属于不符合录用条件。

6.经试用期考核评分80分以下的。

7.工作服务态度差，责任心不强，遭到客户投诉两次及以上的。

8.职业技能考察、考核不合格，不符合所从事岗位工作的要求。

9.不能按照所从事岗位的职责完成劳动和工作任务。

10.不能完成试用期业绩要求的，业绩要求为：＿＿＿＿＿＿＿＿＿＿＿＿＿。

11.拒绝接受领导交办的工作任务，不能胜任本职工作又拒绝接受重新安排工作的。

12.试用期内无故缺勤（旷工）2天（含）以上的或迟到/早退累计超过4次以上的。

13.存在违反《中华人民共和国治安管理处罚法》行为，被行政拘留的。

14.被公安机关通缉在案或被取保候审、监视居住的。

15.与其他用人/用工单位存在未了劳动争议或诉讼纠纷的。

16.从其他用人/用工单位离职，尚未解除劳动关系的。

17.虽与其他用人/用工单位解除劳动关系，但入职公司将违反竞业限制义务的。

18.入职后不按公司规定和法律规定签订书面劳动合同的。

19.因个人原因导致公司无法办理招工录用或缴交社保手续的。

20.不具备政府规定的就业手续的。

本人确认有以上情形之一的，即为试用期不符合录用条件。同时，本人接受公司在试用期内对本人进行考核，如考核结果80分以下即为不符合录用条件；该考核需要参考上级或同事意见，具有相当程度上的主观因素，本人认可公司作出的考核结果。

本人已认真仔细阅读了本公司的《员工录用条件确认书》，并完全知悉和理解该告知书的内容及其法律含义。

特此确认。

确认人（签名）：

年　　月　　日

15 违法约定试用期有什么法律后果？

	由劳动行政部门责令改正或按已经履行的超过法定试用期的期间向劳动者支付赔偿金。
法条依据	《劳动合同法》第八十三条　用人单位违反本法规定与劳动者约定试用期的，由劳动行政部门责令改正；违法约定的试用期已经履行的，由用人单位以劳动者试用期满月工资为标准，按已经履行的超过法定试用期的期间向劳动者支付赔偿金。

基本案情

2015年5月10日，张某入职某公司，双方签订书面劳动合同，约定劳动合同期限为1年，试用期为6个月，试用期工资为转正后工资的80%，即2400元。因张某和某公司老板发生争议，于2015年10月9日离职。张某向某劳动人事争议仲裁院申请仲裁，仲裁裁决后张某不服向法院起诉，请求判决某公司补足超过法定试用期3个月的工资差额1800元和赔偿金9000元。

裁判结果

法院经审理认为，根据《劳动合同法》第19条"劳动合同期限三个月以上不满一年的，试用期不得超过一个月，劳动合同期限一年以上不满三年的，试用期不得超过二个月"的规定，双方劳动合同期限为1年，约定的试用期最多为2个月。某公司与张某约定6个月试用期的行为违反了法律规定，根据《劳动合同法》第83条"用人单位违反本法规定与劳动者约定试用期的，由劳动行政部门责令改正；违法约定的试用期已经履行的，由用人单位以劳动者试用期满月工资为标准，按已经履行的超过法定试用期的期间向劳动者支付赔偿金"的规定，张某实际工作时间为5个月，某公司应当向张某赔偿超过法定试用期3个月的赔偿金9000元。另外，某公司应依法按照转正后的工资标准，补足超过法定试用期3个月的工资差额1800元。法院遂支持了张某的诉讼请求。

律师提示

很多企业希望灵活管理新进员工，只愿签订短期劳动合同，并约定较长的试用期。但实际上，《劳动合同法》对于试用期长短是有明确规定的，违法约定试用期则需要承担经济赔偿等法律后果。

根据《劳动合同法》第19条的规定，劳动合同期限3个月以上不满1年的，试用期不得超过1个月；劳动合同期限1年以上不满3年的，试用期不得超过2个月；3年以上固定期限和无固定期限的劳动合同，试用期不得超过6个月。以完成一定工作任务为期限的劳动合同或者劳动合同期限不满3个月的，不得约定试用期，违反前述规定约定试用期的均属于违法。另外，同一用人单位与同一劳动者只能约定一次试用期，试用期满考核不合格应予以辞退，延长试用期或者另行约定试用期均属于违法。

违法约定试用期且劳动者已经实际履行的，用人单位应按照已经履行的超过法定试用期的期间向劳动者支付赔偿金，对于劳动者尚未履行的期间，用人单位则不需要支付赔偿金，且赔偿金需要由用人单位另行支付，不能以已发放的工资进行抵扣。赔偿金的标准是试用期满的月工资，即转正后的工资数额。

根据《劳动合同法》第20条的规定，劳动者在试用期的工资不得低于本单位相同岗位最低档工资或者劳动合同约定工资的80%，并不得低于用人单位所在地的最低工资标准。因此，用人单位超过法定试用期用工的还应补足20%的工资差额。如用人单位只约定了转正工资，而实际发放的试用期工资低于转正工资80%的，则有补足所有差额部分工资的风险。

综上所述，试用期不能随意约定，而应根据劳动合同期限来依法确定。笔者建议，用人单位与劳动者签订的第一份劳动合同期限应为3年以上，试用期可在6个月以内自由约定。

法条链接

《劳动合同法》

第十九条　劳动合同期限三个月以上不满一年的，试用期不得超过一个月；劳动合同期限一年以上不满三年的，试用期不得超过二个月；三年以上固定期限和无固定期限的劳动合同，试用期不得超过六个月。

同一用人单位与同一劳动者只能约定一次试用期。

以完成一定工作任务为期限的劳动合同或者劳动合同期限不满三个月的，不得约定试用期。

试用期包含在劳动合同期限内。劳动合同仅约定试用期的，试用期不成立，该期限为劳动合同期限。

第二十条　劳动者在试用期的工资不得低于本单位相同岗位最低档工资或者劳动合同约定工资的百分之八十，并不得低于用人单位所在地的最低工资标准。

第八十三条　用人单位违反本法规定与劳动者约定试用期的，由劳动行政部门责令改正；违法约定的试用期已经履行的，由用人单位以劳动者试用期满月工资为标准，按已经履行的超过法定试用期的期间向劳动者支付赔偿金。

16 签订劳务合同就不是劳动关系吗？

符合劳动关系特征的仍是劳动关系。	
法条依据	《关于确立劳动关系有关事项的通知》一、用人单位招用劳动者未订立书面劳动合同，但同时具备下列情形的，劳动关系成立。（一）用人单位和劳动者符合法律、法规规定的主体资格；（二）用人单位依法制定的各项劳动规章制度适用于劳动者，劳动者受用人单位的劳动管理，从事用人单位安排的有报酬的劳动；（三）劳动者提供的劳动是用人单位业务的组成部分。

⚖ 基本案情

2015年11月1日，张某进入某公司工作，任保安一职，某公司与张某签订《劳务合同》，约定：劳务期限自2015年11月1日起至2016年10月31日止，某公司每月按出勤天数或计件数量计发报酬，张某报酬为70—90元/天，某公司每月30日前支付张某上一个月的报酬；劳务合同还约定了关于请假、解除或终止合同等其他事项。2016年8月，张某以公司未为其购买社会保险为由离职。张某向某区劳动人事争议仲裁委员会申请仲裁，主张经济补偿金和加班工资等并获部分支持。某公司认为双方系劳务关系，非劳动关系。某公司不服仲裁裁决向法院起诉，请求判决该公司无需向张某支付经济补偿。

裁判结果

法院经审理认为，劳动关系，是指用人单位招用劳动者为其成员，劳动者在用人单位的管理下提供有报酬的劳动而产生的权利义务关系。《关于确认劳动关系有关事项的通知》第1条规定了成立劳动关系应满足的相关条件。从涉案劳务合同内容来看，有用人单位的名称、劳动者的姓名、工作时间、劳务报酬等的约定，符合订立劳动合同的基本要件；从案件事实来看，张某接受公司的工作安排及日常管理，按月领取劳动报酬，符合劳动关系的本质特征。故双方签订的劳务合同，实为劳动合同，张某依据《劳动合同法》第38条第1款第3项规定解除劳动合同，某公司应依据《劳动合同法》第46条规定向张某支付经济补偿。法院遂驳回了某公司的诉讼请求。

律师提示

很多企业老板都想通过签订劳务合同的方式来规避劳动关系的法律风险，达到降低用工成本的目的，但实际上很难如愿。

用人单位与劳动者签订合同的名称不重要，重要的是合同内容，具备劳动合同核心要素的合同应认定为劳动合同。另外，实质上符合以下三点的都是劳动关系：（1）用人单位和劳动者符合法律、法规规定的主体资格；（2）用人单位依法制定的各项劳动规章制度适用于劳动者，劳动者受用人单位的劳动管理，从事用人单位安排的有报酬的劳动；（3）劳动者提供的劳动是用人单位业务的组成部分。劳务关系则是指劳动者为被服务方提供特定的劳动服务，被服务方依照约定支付报酬所产生的法律关系。劳务关系具有临时性、短期性等特点，双方主体之间是平等的合同关系，不存在管理与被管理、指挥与被指挥的隶属关系。

劳务合同由《民法典》调整，是平等主体之间的民事合同关系。那什么才是合法劳务合同关系呢？实务中，实习人员和离退休人员等人员可与公司建立劳务合同，个人与不具备劳动关系主体资格的个人之间可建立劳务合同，身兼数职的自由职业者与公司也可建立劳务合同。其他只要符合劳动关系条件的情形，均不被认定为劳务关系。

承揽关系，是指承揽人按照定作人的要求完成工作，交付劳动成果，定作人给付报酬的权利义务关系。承揽合同中，可约定公司可将某项业务承包给个人，个人对业务成果负责，公司不对个人进行管理和考核，从而行之有效地避免在个人与公司之间产生劳动关系。

综上所述，用人单位与劳动者是否成立劳动关系，与签订何种合同没有关系，核心在于用人单位是否实际用工，是否对劳动者进行管理，是否与劳动者建立长期稳定的用工关系。

🗨 法条链接

1.《劳动合同法》

第七条　用人单位自用工之日起即与劳动者建立劳动关系。用人单位应当建立职工名册备查。

第三十八条　用人单位有下列情形之一的，劳动者可以解除劳动合同：

（一）未按照劳动合同约定提供劳动保护或者劳动条件的；

（二）未及时足额支付劳动报酬的；

（三）未依法为劳动者缴纳社会保险费的；

（四）用人单位的规章制度违反法律、法规的规定，损害劳动者权益的；

（五）因本法第二十六条第一款规定的情形致使劳动合同无效的；

（六）法律、行政法规规定劳动者可以解除劳动合同的其他情形。

用人单位以暴力、威胁或者非法限制人身自由的手段强迫劳动者劳动的，或者用人单位违章指挥、强令冒险作业危及劳动者人身安全的，劳动者可以立即解除劳动合同，不需事先告知用人单位。

第四十六条　有下列情形之一的，用人单位应当向劳动者支付经济补偿：

（一）劳动者依照本法第三十八条规定解除劳动合同的；

（二）用人单位依照本法第三十六条规定向劳动者提出解除劳动合同并与劳动者协商一致解除劳动合同的；

（三）用人单位依照本法第四十条规定解除劳动合同的；

（四）用人单位依照本法第四十一条第一款规定解除劳动合同的；

（五）除用人单位维持或者提高劳动合同约定条件续订劳动合同，劳动者不同意续订的情形外，依照本法第四十四条第一项规定终止固定期限劳动合同的；

（六）依照本法第四十四条第四项、第五项规定终止劳动合同的；

（七）法律、行政法规规定的其他情形。

2.《民法典》

第七百七十条 承揽合同是承揽人按照定作人的要求完成工作，交付工作成果，定作人支付报酬的合同。

承揽包括加工、定作、修理、复制、测试、检验等工作。

第七百七十二条 承揽人应当以自己的设备、技术和劳力，完成主要工作，但是当事人另有约定的除外。

承揽人将其承揽的主要工作交由第三人完成的，应当就该第三人完成的工作成果向定作人负责；未经定作人同意的，定作人也可以解除合同。

3.《关于确立劳动关系有关事项的通知》

一、用人单位招用劳动者未订立书面劳动合同，但同时具备下列情形的，劳动关系成立。

（一）用人单位和劳动者符合法律、法规规定的主体资格；

（二）用人单位依法制定的各项劳动规章制度适用于劳动者，劳动者受用人单位的劳动管理，从事用人单位安排的有报酬的劳动；

（三）劳动者提供的劳动是用人单位业务的组成部分。

17 准毕业生与用人单位是否构成劳动关系？

不一定。	
法条依据	《关于确立劳动关系有关事项的通知》一、用人单位招用劳动者未订立书面劳动合同，但同时具备下列情形的，劳动关系成立。（一）用人单位和劳动者符合法律、法规规定的主体资格；（二）用人单位依法制定的各项劳动规章制度适用于劳动者，劳动者受用人单位的劳动管理，从事用人单位安排的有报酬的劳动；（三）劳动者提供的劳动是用人单位业务的组成部分。

⚖ 基本案情

张某是某大学应届毕业生，于2020年7月1日毕业。2020年4月5日，张某进入某公司从事技术员工作，双方未签订书面劳动合同，亦未办理社会保险，张某工资为打卡发放。2020年11月16日，张某向某公司提出辞职申请并离职。张某向某劳动人事争议仲裁院申请仲裁，仲裁裁决后张某不服向法院起诉，请求判决某公司向其支付2020年5月5日至2020年11月16日的二倍工资差额18000元。

裁判结果

法院经审理认为，张某于2020年4月5日进入某公司工作，至2020年11月16日离开某公司的事实双方无异议，本院予以确认。原劳动部《关于贯彻执行〈中华人民共和国劳动法〉若干问题的意见》第12条规定："在校生利用业余时间勤工助学，不视为就业，未建立劳动关系，可以不签订劳动合同。"2020年4月5日至2020年7月1日张某属于在校学生，不视为就业，与某公司之间未建立劳动关系。张某于2020年7月1日毕业，自2020年7月2日起可视为就业，可以建立劳动关系，可以签订劳动合同。本案中，2020年7月2日至2020年11月16日期间某公司向张某支付相关的工资报酬，同时张某在劳动过程中接受某公司的管理和指挥，故张某与某公司依法成立劳动关系。根据《劳动合同法》第82条第1款之规定，用人单位自用工之日起超过1个月不满1年未与劳动者订立书面劳动合同的，应当向劳动者每月支付二倍的工资。因此，某公司应向张某支付二倍工资差额9600元。

律师提示

由于准毕业生（指已基本完成学业面临毕业的中专生、大专生、大学生等）用工成本低廉，不少中小企业喜欢招用准毕业生。准毕业生临近毕业前一段时间在用人单位工作，是否构成劳动关系？

否定观点认为，根据原劳动部《关于贯彻执行〈中华人民共和国劳动法〉若干问题的意见》第12条的规定，在校生利用业余时间勤工助学，不视为就业，未建立劳动关系，可以不签订劳动合同。另外，准毕业生还未取得毕业证，档案管理和身份关系仍在学校，用人单位无法与准毕业生签订劳动合同和缴纳社会保险。因此，多数法院对准毕业生与用人单位建立劳动关系持否定态度。

肯定观点认为，原劳动部《关于贯彻执行〈中华人民共和国劳动法〉若干问题的意见》第12条规定的是在校生利用业余时间勤工助学的行为，勤工助学或实习是以获取社会经验为目的，不领取工资或仅领取低于工资标准的实习补贴。16岁以上的公民即具备劳动者资格，前述规定仅适用于在校学生勤工助学的行为，并不能推定出在校生不具备劳动关系的主体资格。准毕业生以就业为目的，将为用人单位劳动作为自己比较固定的生活收入来源或者自己谋生的职业手段，应认定为劳动关系。档案或社会保险关系等属于行政管理问题，均不影响劳动关系的建立。

　　笔者认为，准毕业生与用人单位是否建立劳动关系，应依据《关于确立劳动关系有关事项的通知》的相关规定来确认。如双方具有建立劳动关系的意愿，准毕业生接受用人单位规章制度管理，从事用人单位安排的工作，用人单位向准毕业生发放工资报酬，形成稳定、紧密的依附关系，则应认定为劳动关系。在司法实践中，没有签订书面劳动合同时，由于证据千差万别，各方对用人单位与准毕业生是否存在劳动关系存在较大争议，如用人单位与准毕业生签订实习协议、三方协议、劳务协议或劳动合同，各方对于用人单位与准毕业生之间的法律关系性质争议较小。

　　准毕业生与用人单位不构成劳动关系，则属于劳务关系，双方的权利和义务按照《民法典》相关规定处理。双方存在劳动关系，用人单位应为准毕业生购买社会保险，发生人身意外按照工伤进行处理，用人单位还有未签订劳动合同双倍工资赔偿、经济补偿等风险。双方之间是劳务关系，则用人单位仅需发放劳务费用，发生人身意外按照侵权责任进行处理。

　　综上所述，准毕业生与用人单位是否建立劳动关系应根据是否符合劳动关系特征来确定，用人单位应根据实际情况与准毕业生签订书面协议，以避免法律风险。

法条链接

1.《劳动合同法》

第十条　建立劳动关系，应当订立书面劳动合同。

已建立劳动关系，未同时订立书面劳动合同的，应当自用工之日起一个月内订立书面劳动合同。

用人单位与劳动者在用工前订立劳动合同的，劳动关系自用工之日起建立。

第八十二条 用人单位自用工之日起超过一个月不满一年未与劳动者订立书面劳动合同的，应当向劳动者每月支付二倍的工资。

用人单位违反本法规定不与劳动者订立无固定期限劳动合同的，自应当订立无固定期限劳动合同之日起向劳动者每月支付二倍的工资。

2.《关于贯彻执行〈中华人民共和国劳动法〉若干问题的意见》

12．在校生利用业余时间勤工助学，不视为就业，未建立劳动关系，可以不签订劳动合同。

3.《关于确立劳动关系有关事项的通知》

一、用人单位招用劳动者未订立书面劳动合同，但同时具备下列情形的，劳动关系成立。

（一）用人单位和劳动者符合法律、法规规定的主体资格；

（二）用人单位依法制定的各项劳动规章制度适用于劳动者，劳动者受用人单位的劳动管理，从事用人单位安排的有报酬的劳动；

（三）劳动者提供的劳动是用人单位业务的组成部分。

18 劳动合同无效，员工和公司还存在劳动关系吗？

存在。	
法条依据	《劳动合同法》第七条　用人单位自用工之日起即与劳动者建立劳动关系。用人单位应当建立职工名册备查。

⚖ 基本案情

　　2006年12月，张某冒用其表弟赵某的身份到某公司工作，岗位为井下矿工，其向某公司提供的入职信息为：赵某，身份证号：……某公司按张某提供的信息与其签订劳动合同，并办理了社会保险。2017年7月21日，张某在工作中不慎受伤，造成大腿骨折。某公司在准备为张某申报工伤时，发现张某冒用赵某名义签订劳动合同，遂依据公司相关制度规定，于2017年8月10日解除与张某的劳动合同，张某此后未在某公司上班。2017年10月，张某向某劳动人事争议仲裁院申请仲裁，仲裁裁决后张某不服向法院起诉，请求判决确认张某与某公司自2006年12月至2017年8月存在事实劳动关系。

裁判结果

法院经审理认为，张某于2006年12月至2017年8月在某公司工作，张某在入职时假冒赵某名义与某公司签订劳动合同，根据《劳动法》第18条及《劳动合同法》第26条的规定，采用欺诈手段订立的劳动合同无效，故张某和某公司之间的劳动合同为无效合同。虽然张某入职时提供了虚假的身份信息，导致双方之间的劳动合同无效，但张某作为井下矿工，为某公司工作十余年，双方已经形成了事实劳动关系，故对张某要求确认双方存在事实劳动关系的请求，法院予以支持。法院遂支持了张某的诉讼请求。

律师提示

根据《劳动合同法》第26条的规定，劳动者入职时，未履行如实说明义务，采用欺诈手段使用人单位在违背真实意思情况下订立的劳动合同应属无效。劳动合同无效的情况下，如劳动者发生工伤事故等情形，是否仍存在劳动关系显得非常关键。

根据《劳动合同法》第7条的规定，用人单位自用工之日起即与劳动者建立劳动关系。根据《关于确立劳动关系有关事项的通知》的相关规定，劳动关系是用人单位与劳动者之间基于依附性体力、脑力付出而产生的社会关系，劳动者受用人单位的劳动管理，从事用人单位安排的有报酬的劳动，双方就具有劳动关系。用人单位与劳动者没有签订劳动合同，根据相关证据可以认定事实劳动关系。

劳动合同的效力与是否存在劳动关系不具有必然关联性，劳动关系是一种客观事实，不存在效力问题。劳动合同仅是劳动关系的辅助证明材料，没有劳动合同或者劳动合同无效均不能否认劳动关系这一事实的存在。根据《劳动合同法》第28条的规定，劳动合同被确认无效，劳动者已付出劳动的，用人单位应当向劳动者支付劳动报酬，这也从另外一个侧面肯定了劳动合同无效时劳动关系仍然存在。

综上所述，劳动关系以用工事实为判断标准，劳动合同无效不必然否定劳动关系。劳动合同无效可能会导致劳动者无法享有双倍工资赔偿等权利，但不会影响工伤认定、经济补偿和社会保险待遇等权益。

法条链接

1.《劳动合同法》

第七条　用人单位自用工之日起即与劳动者建立劳动关系。用人单位应当建立职工名册备查。

第八条　用人单位招用劳动者时，应当如实告知劳动者工作内容、工作条件、工作地点、职业危害、安全生产状况、劳动报酬，以及劳动者要求了解的其他情况；用人单位有权了解劳动者与劳动合同直接相关的基本情况，劳动者应当如实说明。

第二十六条　下列劳动合同无效或者部分无效：

（一）以欺诈、胁迫的手段或者乘人之危，使对方在违背真实意思的情况下订立或者变更劳动合同的；

（二）用人单位免除自己的法定责任、排除劳动者权利的；

（三）违反法律、行政法规强制性规定的。

对劳动合同的无效或者部分无效有争议的，由劳动争议仲裁机构或者人民法院确认。

第二十七条　劳动合同部分无效，不影响其他部分效力的，其他部分仍然有效。

第二十八条　劳动合同被确认无效，劳动者已付出劳动的，用人单位应当向劳动者支付劳动报酬。劳动报酬的数额，参照本单位相同或者相近岗位劳动者的劳动报酬确定。

第八十六条　劳动合同依照本法第二十六条规定被确认无效，给对方造成损害的，有过错的一方应当承担赔偿责任。

2.《最高人民法院关于审理劳动争议案件适用法律问题的解释（一）》

第四十一条 劳动合同被确认为无效，劳动者已付出劳动的，用人单位应当按照劳动合同法第二十八条、第四十六条、第四十七条的规定向劳动者支付劳动报酬和经济补偿。

由于用人单位原因订立无效劳动合同，给劳动者造成损害的，用人单位应当赔偿劳动者因合同无效所造成的经济损失。

19 一级至四级工伤职工与用人单位必须保留劳动关系吗？

	保留。
法条依据	《工伤保险条例》第三十五条第一款　职工因工致残被鉴定为一级至四级伤残的，保留劳动关系，退出工作岗位，享受以下待遇：……

⚖ 基本案情

2009年9月1日，张某与某公司签订劳动合同，期限为2009年9月1日至2019年8月31日，从事井下采煤工作。张某在从事某公司指派工作时，导致右眼失明，后张某受伤被认定为工伤，劳动能力鉴定结论为五级伤残。2016年9月9日，张某与某公司签订《离职及工伤赔偿协议》，约定某公司一次性支付张某14万余元以了结工伤事故纠纷，劳动关系于协议签订时解除。因伤情发生变化，张某申请了劳动能力复查鉴定，鉴定结论为四级伤残。张某向某劳动人事争议仲裁院申请仲裁，某劳动人事争议仲裁院出具不予受理通知书。2019年3月11日，张某向某人民法院提起诉讼，请求判决撤销2016年9月9日签订的《离职及工伤赔偿协议》，确认其与某公司存在劳动关系，享受四级工伤保险待遇。

裁判结果

法院经审理认为，依据《合同法》第54条"下列合同，当事人一方有权请求人民法院或者仲裁机构变更或者撤销：（一）因重大误解订立的；……"本案中，张某与某公司所签的《离职及工伤赔偿协议》是在张某相信自己是工伤五级伤残而不知自己是工伤四级伤残的情况下订立的，存在重大误解，故于2016年9月9日所签订的《离职及工伤赔偿协议》应予撤销。张某与某公司双方从2016年9月6日之后至2019年8月31日仍存在劳动关系，张某应享受四级伤残工伤待遇。又依据《山西省实施〈工伤保险条例〉办法》第22条第1款"工伤职工经复查鉴定，伤残等级发生变化的，以复查鉴定结论为依据，享受相应的工伤保险待遇，但不包括一次性伤残补助金"之规定，张某已按工伤五级伤残领取的一次性伤残补助金不再变更。张某应退还某公司从原享受五级伤残待遇变更为现享受四级伤残待遇而多领取的各项费用。法院遂支持了张某的诉讼请求。

律师提示

职工因工致残被鉴定为一级至四级伤残的，根据《工伤保险条例》第35条的规定，应保留劳动关系，退出工作岗位，享受相关工伤待遇。当出现特殊情形时，用人单位与职工之间的劳动关系如何处理值得探讨。

职工能否与用人单位解除劳动关系？职工要求解除劳动关系的目的均是要求一次性支付依法应按月支付的伤残津贴，在用人单位已为职工购买工伤保险时，司法机关一般不予支持。用人单位没有为职工购买工伤保险时，部分司法观点认为，职工无法从工伤保险基金中按月领取伤残津贴，其达到退休年龄后也不能享受基本养老保险待遇，只能由用人单位承担支付责任，但由于用人单位缺乏相应的支付保障，为最大限度保护劳动者的合法权益，可以支持劳动者一次性主张伤残津贴。根据《劳动合同法》第38条第1款第3项的规定，用人单位未依法为劳动者缴纳社会保险费的，职工有权要求解除劳动合同。

用人单位能否与职工解除或终止劳动关系？根据《工伤保险条例》第35条的规定，职工因工致残被鉴定为一级至四级伤残的，应保留劳动关系。因此，用人单位一般不得解除与职工的劳动关系，如被非法解除劳动关系，职工可要求恢复劳动关系。用人单位决议提前解散公司时，依法可以终止与职工的劳动关系，但应对一级至四级伤残职工进行妥善安置，对劳动关系终止后职工的伤残津贴发放以及医疗、养老保障等作出安排，否则，职工有权在用人单位注销前要求恢复劳动关系，在用人单位注销后要求股东承担法律责任。

职工与用人单位在劳动能力鉴定前协商一致解除劳动关系或在初次劳动能力鉴定后解除劳动关系，但伤残情况发生变化经劳动能力复查鉴定为一级至四级伤残，能否恢复劳动关系？根据《民法典》的相关规定，如民事法律行为存在重大误解或显失公平情形，职工有权请求人民法院或者仲裁机构予以撤销，恢复与用人单位的劳动关系，按照工伤一级至四级的标准享受工伤待遇。

综上所述，一级至四级伤残职工的劳动关系问题实质上是职工工伤保险待遇如何享受的问题。一般情况下，用人单位与职工应保留劳动关系，不得解除劳动合同，由职工一次性享受按月发放的伤残津贴。用人单位未为职工购买工伤保险情形下，能否解除劳动合同则存在争议。

法条链接

1.《民法典》

第一百四十七条　基于重大误解实施的民事法律行为，行为人有权请求人民法院或者仲裁机构予以撤销。

第一百五十一条　一方利用对方处于危困状态、缺乏判断能力等情形，致使民事法律行为成立时显失公平的，受损害方有权请求人民法院或者仲裁机构予以撤销。

2.《工伤保险条例》

第二十八条 自劳动能力鉴定结论作出之日起1年后，工伤职工或者其近亲属、所在单位或者经办机构认为伤残情况发生变化的，可以申请劳动能力复查鉴定。

第三十五条 职工因工致残被鉴定为一级至四级伤残的，保留劳动关系，退出工作岗位，享受以下待遇：

（一）从工伤保险基金按伤残等级支付一次性伤残补助金，标准为：一级伤残为27个月的本人工资，二级伤残为25个月的本人工资，三级伤残为23个月的本人工资，四级伤残为21个月的本人工资；

（二）从工伤保险基金按月支付伤残津贴，标准为：一级伤残为本人工资的90%，二级伤残为本人工资的85%，三级伤残为本人工资的80%，四级伤残为本人工资的75%。伤残津贴实际金额低于当地最低工资标准的，由工伤保险基金补足差额；

（三）工伤职工达到退休年龄并办理退休手续后，停发伤残津贴，按照国家有关规定享受基本养老保险待遇。基本养老保险待遇低于伤残津贴的，由工伤保险基金补足差额。

职工因工致残被鉴定为一级至四级伤残的，由用人单位和职工个人以伤残津贴为基数，缴纳基本医疗保险费。

第六十二条 用人单位依照本条例规定应当参加工伤保险而未参加的，由社会保险行政部门责令限期参加，补缴应当缴纳的工伤保险费，并自欠缴之日起，按日加收万分之五的滞纳金；逾期仍不缴纳的，处欠缴数额1倍以上3倍以下的罚款。

依照本条例规定应当参加工伤保险而未参加工伤保险的用人单位职工发生工伤的，由该用人单位按照本条例规定的工伤保险待遇项目和标准支付费用。

用人单位参加工伤保险并补缴应当缴纳的工伤保险费、滞纳金后，由工伤保险基金和用人单位依照本条例的规定支付新发生的费用。

20 已达退休年龄的进城务工人员与公司是否存在劳动关系？

	存在。
法条依据	《劳动合同法》第四十四条 有下列情形之一的，劳动合同终止：……（二）劳动者开始依法享受基本养老保险待遇的；……

🏛 基本案情

张某（女）是进城务工人员，2013年4月经人介绍到某餐饮公司工作。张某在工作期间，工资按月通过转账发放，未与某餐饮公司签订劳动合同。2017年11月，张某在工作过程中不慎摔伤，公司不予赔偿。张某受伤时已年满56岁，未享受养老保险待遇。张某欲向某餐饮公司主张工伤待遇赔偿，遂向某劳动人事争议仲裁院申请仲裁，某劳动人事争议仲裁院以张某已达退休年龄为由不予受理。张某不服向法院起诉，请求判决确认某餐饮公司与其具有劳动关系。

☞ 裁判结果

法院经审理认为，用人单位自用工之日起即与劳动者建立劳动关系。

张某和某餐饮公司符合法律、法规规定的主体资格。张某从事有报酬的劳动，其提供的劳动是某餐饮公司业务的组成部分。虽张某受伤时已年满50周岁，但根据最高人民法院行政审判庭《关于超过法定退休年龄的进城务工农民因工伤亡的，应否适用〈工伤保险条例〉请示的答复》的答复意见："用人单位聘用的超过法定退休年龄的务工农民，在工作时间内、因工作原因伤亡的，应当适用《工伤保险条例》的有关规定进行工伤认定"。因此，应认定张某与某餐饮公司之间具备劳动关系。法院遂支持了张某的诉讼请求。

律师提示

进城务工人员吃苦耐劳且用工成本低（一般不要求签订书面劳动合同和购买社会保险），因此，在餐饮、物业管理和建筑施工等企业从业的不在少数。那么，达到退休年龄的进城务工人员是否与公司存在劳动关系呢？

《劳动合同法》第44条规定："有下列情形之一的，劳动合同终止：……（二）劳动者开始依法享受基本养老保险待遇的；……"《劳动合同法实施条例》第21条规定："劳动者达到法定退休年龄的，劳动合同终止。"这也是为什么产生以上争议的原因。

笔者认为，确认劳动者与用人单位之间是否存在劳动关系，应考察劳动者与用人单位是否具有主体资格，是否存在劳动法上的隶属关系。根据国务院《关于工人退休、退职的暂行办法》等法律法规的规定，法定退休年龄为男年满60周岁，女工人年满50周岁，女干部年满55周岁。达到退休年龄，但用人单位未为其办理退休手续，劳动者继续在用人单位工作的，一般仍应按劳动关系处理。《劳动法》第15条第1款规定："禁止用人单位招用未满十六周岁的未成年人。"但法律、法规对劳动者的年龄上限并未作强制性规定，因此，达到退休年龄的进城务工人员具有劳动关系上的主体资格，其在用人单位的管理下从事劳动，用人单位向其支付劳动报酬的，可认定形成事实劳动关系。

《最高人民法院关于审理劳动争议案件适用法律问题的解释（一）》第32条第1款规定："用人单位与其招用的已经依法享受养老保险待遇或者领取退休金的人员发生用工争议而提起诉讼的，人民法院应当按劳务关系处理。"但如果劳动者未享受养老保险待遇或领取退休金的，一般仍应按劳动关系处理。

在司法实践中，达到退休年龄的进城务工人员要求确认劳动关系的目的多数为向用人单位主张工伤待遇赔偿。因此，达到退休年龄的劳动者与用人单位之间的劳动关系也一般不按照完全劳动关系处理，而是作为劳动关系特殊情形处理。劳动者请求享受劳动相关法律规定的劳动报酬、劳动保护、劳动条件、工作时间、休息休假、职业危害防护、福利待遇的应予支持；但劳动者请求签订无固定期限劳动合同、支付二倍工资、经济补偿、赔偿金的一般不予支持。

综上，为保障进城务工人员的合法权益，司法机关倾向性认为已达退休年龄的进城务工人员与用人单位存在劳动关系。用人单位招用已达退休年龄的进城务工人员的，核心风险是工伤赔偿责任，笔者建议购买雇主责任保险以规避风险和损失。

法条链接

1.《劳动合同法》

第四十四条 有下列情形之一的，劳动合同终止：

（一）劳动合同期满的；

（二）劳动者开始依法享受基本养老保险待遇的；

（三）劳动者死亡，或者被人民法院宣告死亡或者宣告失踪的；

（四）用人单位被依法宣告破产的；

（五）用人单位被吊销营业执照、责令关闭、撤销或者用人单位决定提前解散的；

（六）法律、行政法规规定的其他情形。

2.《劳动合同法实施条例》

第二十一条 劳动者达到法定退休年龄的，劳动合同终止。

3.《最高人民法院关于审理劳动争议案件适用法律问题的解释（一）》

第三十二条 用人单位与其招用的已经依法享受养老保险待遇或者领取退休金的人员发生用工争议而提起诉讼的，人民法院应当按劳务关系处理。

企业停薪留职人员、未达到法定退休年龄的内退人员、下岗待岗人员以及企业经营性停产放长假人员，因与新的用人单位发生用工争议而提起诉讼的，人民法院应当按劳动关系处理。

4.《关于执行〈工伤保险条例〉若干问题的意见（二）》

二、达到或超过法定退休年龄，但未办理退休手续或者未依法享受城镇职工基本养老保险待遇，继续在原用人单位工作期间受到事故伤害或患职业病的，用人单位依法承担工伤保险责任。

用人单位招用已经达到、超过法定退休年龄或已经领取城镇职工基本养老保险待遇的人员，在用工期间因工作原因受到事故伤害或患职业病的，如招用单位已按项目参保等方式为其缴纳工伤保险费的，应适用《工伤保险条例》。

5.《关于工人退休、退职的暂行办法》

第一条 全民所有制企业、事业单位和党政机关、群众团体的工人，符合下列条件之一的，应该退休。

（一）男年满六十周岁，女年满五十周岁，连续工龄满十年的。

（二）从事井下、高空、高温、特别繁重体力劳动或者其他有害身体健康的工作，男年满五十五周岁，女年满四十五周岁，连续工龄满十年的。

本项规定也适用于工作条件与工人相同的基层干部。

（三）男年满五十周岁，女年满四十五周岁，连续工龄满十年的，由医院证明，并经劳动鉴定委员会确认，完全丧失劳动能力的。

（四）因工致残，由医院证明，并经劳动鉴定委员会确认，完全丧失劳动能力的。

6.《最高人民法院行政审判庭关于超过法定退休年龄的进城务工农民因工伤亡的，应否适用〈工伤保险条例〉请示的答复》

山东省高级人民法院：

你院报送的《关于超过法定退休年龄的进城务工农民工作时间内受伤是否适用〈工伤保险条例〉的请示》收悉。经研究，原则同意你院的倾向性意见。即：用人单位聘用的超过法定退休年龄的务工农民，在工作时间内、因工作原因伤亡的，应当适用《工伤保险条例》的有关规定进行工伤认定。

此复。

在职管理

21 员工请虚假病假该如何处理?

解除劳动合同。	
法条依据	《劳动合同法》第三条 订立劳动合同,应当遵循合法、公平、平等自愿、协商一致、诚实信用的原则。依法订立的劳动合同具有约束力,用人单位与劳动者应当履行劳动合同约定的义务。

基本案情

2019年4月26日,张某入职某公司,双方签订劳动合同,张某工作岗位为行政经理,月工资为15000元。2019年7月9日,张某向某公司提出病假申请,同时提交了门诊病历及休假证明书,休假证明书载明腰椎间盘突出,建议卧床全休一个月。后某公司发现,张某于2019年7月11日至2019年7月20日期间出国旅游。2019年8月2日,某公司以张某存在严重违反公司规章制度、劳动纪律或职业道德的行为为由,解除与张某之间的劳动合同。张某向某劳动人事争议仲裁院申请仲裁,仲裁裁决后张某不服向法院起诉,请求判决某公司支付违法解除劳动合同赔偿金15000元。

🖐 裁判结果

法院经审理认为，用人单位与劳动者应当按照劳动合同的约定，全面履行各自的义务。劳动者在劳动合同履行过程中违背诚信原则、严重违反规章制度的，用人单位可以依法解除劳动合同。劳动法律法规和用人单位规章制度虽未对劳动者休假地点作出限定，但劳动者休假期间的行为应与其请假事由相符。本案中，张某提供的休假证明书载明腰椎间盘突出，建议卧床全休一个月，说明病情较为严重，但张某病假休息期间出国旅游与伤情相悖，某公司据此解除劳动合同合法。法院遂驳回了张某的诉讼请求。

🖐 律师提示

生病可停止工作治病休息是劳动者的合法权利，但有部分劳动者利用法律规定或规章制度漏洞恶意"泡病假"，通过事假按病假请假、小病大养等方式逃避劳动义务，这类情形在劳动者和用人单位发生矛盾冲突时更为突出。

面对员工请虚假病假行为，企业应该如何处理？笔者根据司法实践，提出以下建议：

1.规范病假申请流程

用人单位应在规章制度中明确病假申请流程和要求，建议应包括以下内容：（1）员工请病假应提前申请，如遇特殊情况应在特殊情况消除后及时申请，否则视为旷工；（2）申请病假应填写病假申请单，提交符合规定医院的医生开具的病假证明、病历本、医药费单据等，必要时附注医生的姓名和联系方式；（3）用人单位有权对员工病假进行复核，要求员工复查。

2.建立岗位调整机制

根据《企业职工患病或非因工负伤医疗期规定》的相关规定，员工生病需要停止工作医疗时，根据本人实际参加工作年限和在本单位工作年限，给予3个月到24个月的医疗期。在医疗期内，用人单位不得与员工解除劳动合同，但员工长期病休，岗位空缺则会影响用人单位的正常生产或工作秩序。因此，用人单位可规定员工病假时间超过一定时限时，用人单位有权对员工进行合理调岗。

3.调整病假工资制度

《关于贯彻执行〈中华人民共和国劳动法〉若干问题的意见》第59条规定，病假工资不能低于最低工资标准的80%，因此，用人单位不宜制定过高的病假工资标准。同时，用人单位应完善工资结构，并规定病假时间超过一定时限时，用人单位可不予发放绩效工资或年终奖等浮动工资。

4.完善劳动合同解除条件

员工"泡病假"的常见方式为开具虚假病假证明、事假当病假申请、请病假但却私自出去游玩等，用人单位可将前述情形明确列为不符合试用期录用条件或严重违反公司规章制度的行为，用人单位可据此解除劳动合同，以最严厉的手段威慑请虚假病假员工。

法条链接

1.《劳动合同法》

第三条　订立劳动合同，应当遵循合法、公平、平等自愿、协商一致、诚实信用的原则。

依法订立的劳动合同具有约束力，用人单位与劳动者应当履行劳动合同约定的义务。

第三十九条　劳动者有下列情形之一的，用人单位可以解除劳动合同：

（一）在试用期间被证明不符合录用条件的；

（二）严重违反用人单位的规章制度的；

（三）严重失职，营私舞弊，给用人单位造成重大损害的；

（四）劳动者同时与其他用人单位建立劳动关系，对完成本单位的工作任务造成严重影响，或者经用人单位提出，拒不改正的；

（五）因本法第二十六条第一款第一项规定的情形致使劳动合同无效的；

（六）被依法追究刑事责任的。

2.《企业职工患病或非因工负伤医疗期规定》

第三条 企业职工因患病或非因工负伤，需要停止工作医疗时，根据本人实际参加工作年限和在本单位工作年限，给予三个月到二十四个月的医疗期：

（一）实际工作年限十年以下的，在本单位工作年限五年以下的为三个月；五年以上的为六个月。

（二）实际工作年限十年以上的，在本单位工作年限五年以下的为六个月；五年以上十年以下的为九个月；十年以上十五年以下的为十二个月；十五年以上二十年以下的为十八个月；二十年以上的为二十四个月。

3.《关于贯彻执行〈中华人民共和国劳动法〉若干问题的意见》

59.职工患病或非因工负伤治疗期间，在规定的医疗期间内由企业按有关规定支付其病假工资或疾病救济费，病假工资或疾病救济费可以低于当地最低工资标准支付，但不能低于最低工资标准的80%。

4.《关于加强企业伤病长休职工管理工作的通知》

二、要坚持和完善企业伤病职工的休假和复工制度。职工因伤病需要休假的，应凭企业医疗机构或指定医院开具的疾病诊断证明，并由企业审核批准。伤病职工需要转入长休的，根据企业医疗机构或指定医院开具的疾病诊断证明，由企业劳动鉴定委员会（小组）作出鉴定，经企业行政批准。要建立定期家访制度，及时了解长休职工的伤、病、残情况变化，及时通知已恢复劳动能力的职工按时复工；根据劳动能力恢复情况，安排一定的试工期或调换适当工作；要加强企业劳动纪律，对逾期不复工或不服从工作安排的，可停发伤病保险待遇，并按旷工处理。

文书链接

病情复查通知书

致：

身份证号：

　　您自_____年____月____日起开始休病假，经公司审查您提交的病假材料，认为需进一步了解您患病的病情严重程度，现根据公司规章制度相关规定，通知您于_____年____月____日，由公司指派专人陪同您到_____医院复查，请予以配合。

　　若您拒绝配合公司进行病情复查，公司对您病休期间将按旷工处置。

公司（盖章）：

经办人（签名）：

年　　月　　日

签收回执

　　本人_____于_____年____月____日收到本通知书，本人知晓其内容并自愿承担相应法律后果。

签收人（签名）：

年　　月　　日

22 员工可以拒绝加班吗？

可以。	
法条依据	《劳动合同法》第三十一条 用人单位应当严格执行劳动定额标准，不得强迫或者变相强迫劳动者加班。用人单位安排加班的，应当按照国家有关规定向劳动者支付加班费。

⚖ 基本案情

　　某公司因交货期较紧，安排员工张某等人连续加班。2017年11月11日，张某不服从加班安排，在加班时间离开工作岗位回家休息。2017年11月13日，某公司以张某不服从领导安排工作，且擅自离开工作岗位并下班，属严重违反公司管理规定为由，给予张某辞退处理。2018年1月15日，张某向某劳动人事争议仲裁院申请仲裁，请求裁决某公司支付违法解除劳动合同赔偿金及加班工资。

裁判结果

　　仲裁院经审理认为，《劳动法》第41条规定："用人单位由于生产经营需要，经与工会和劳动者协商后可以延长工作时间，一般每日不得超过一小时；因特殊原因需要延长工作时间的，在保障劳动者身体健康的条件下延长工作时间每日不得超过三小时，但是每月不得超过三十六小时。"某公司系因生产任务紧迫要求劳动者加班，不属于《劳动法》第42条规定的特殊情形和紧急任务，某公司在未与劳动者协商的情况下要求张某加班，不属于合理调遣，其以此为由作出解除劳动合同的行为违反法律规定。仲裁院遂支持了张某的诉讼请求。

律师提示

根据《劳动法》第36条的规定，国家实行劳动者每日工作时间不超过8小时、平均每周工作时间不超过44小时的标准工时制度。在前述法定工作时间外工作的属于加班，现在网络流行"996""777"工作制说法，加班似乎成了工作常态。

用人单位根据工作、生产经营需要，可否单方面安排员工加班？根据《劳动合同法》第31条的规定，用人单位应当严格执行劳动定额标准，不得强迫或者变相强迫劳动者加班。如确实由于生产经营需要，用人单位也必须与工会和员工协商一致后才可以安排加班，且加班时间一般每日不得超过1小时，特殊情况下每日不得超过3小时，但是每月不得超过36小时。因此，一般情况下，用人单位不得未经协商一致单方面安排员工加班，员工可以拒绝加班。

根据《劳动法》第42条的规定，如遇特殊情况，用人单位可不经协商直接安排员工加班。这些特殊情况是指出现紧急事件，不及时处理将危害公共安全和公众利益的情况，如发生自然灾害、事故，生产设备、交通运输线路、公共设施发生故障，必须紧急处理或抢修等情形。但是，如不加班则无法完成生产订单，导致合同违约等情形，笔者认为不能构成必须加班的特殊理由。

另外，根据《女职工劳动保护特别规定》的相关规定，对怀孕7个月以上和哺乳未满1周岁婴儿的女职工，用人单位不得延长劳动时间或者安排夜班劳动。前述禁止性规定，是国家对女职工作出的特别保护。

综上所述，除特殊情况外，用人单位不得单方面安排员工加班，员工可以拒绝用人单位的加班要求，用人单位不得因此对员工进行处分或解除劳动合同。经员工同意加班的，加班时间应符合法律规定，用人单位应支付加班工资或调休。

法条链接

1.《劳动法》

第三十六条 国家实行劳动者每日工作时间不超过八小时、平均每周工作时间不超过四十四小时的工时制度。

第四十一条 用人单位由于生产经营需要，经与工会和劳动者协商后可以延长工作时间，一般每日不得超过一小时；因特殊原因需要延长工作时间的，在保障劳动者身体健康的条件下延长工作时间每日不得超过三小时，但是每月不得超过三十六小时。

第四十二条 有下列情形之一的，延长工作时间不受本法第四十一条规定的限制：

（一）发生自然灾害、事故或者因其他原因，威胁劳动者生命健康和财产安全，需要紧急处理的；

（二）生产设备、交通运输线路、公共设施发生故障，影响生产和公众利益，必须及时抢修的；

（三）法律、行政法规规定的其他情形。

第四十三条 用人单位不得违反本法规定延长劳动者的工作时间。

2.《劳动合同法》

第三十一条 用人单位应当严格执行劳动定额标准，不得强迫或者变相强迫劳动者加班。用人单位安排加班的，应当按照国家有关规定向劳动者支付加班费。

3.《关于贯彻执行〈中华人民共和国劳动法〉若干问题的意见》

71.协商是企业决定延长工作时间的程序（劳动法第四十二条和《劳动部贯彻〈国务院关于职工工作时间的规定〉的实施办法》第七条规定除外），企业确因生产经营需要，必须延长工作时间时，应与工会和劳动者协商。协商后，企业可以在劳动法限定的延长工作时数内决定延长工作时间，对企业违反法律、法规强迫劳动者延长工作时间的，劳动者有权拒绝。若由此发生劳动争议，可以提请劳动争议处理机构予以处理。

4.《女职工劳动保护特别规定》

第六条　女职工在孕期不能适应原劳动的，用人单位应当根据医疗机构的证明，予以减轻劳动量或者安排其他能够适应的劳动。

对怀孕7个月以上的女职工，用人单位不得延长劳动时间或者安排夜班劳动，并应当在劳动时间内安排一定的休息时间。

怀孕女职工在劳动时间内进行产前检查，所需时间计入劳动时间。

第九条　对哺乳未满1周岁婴儿的女职工，用人单位不得延长劳动时间或者安排夜班劳动。

用人单位应当在每天的劳动时间内为哺乳期女职工安排1小时哺乳时间；女职工生育多胞胎的，每多哺乳1个婴儿每天增加1小时哺乳时间。

23 周末单休需要支付加班费吗？

	需要。
法条依据	《劳动法》第四十四条 有下列情形之一的，用人单位应当按照下列标准支付高于劳动者正常工作时间工资的工资报酬：……（二）休息日安排劳动者工作又不能安排补休的，支付不低于工资的百分之二百的工资报酬；……

⚖ 基本案情

2018年7月19日，张某入职某公司，双方签订《聘用合同》，约定合同期限自2018年6月19日至2019年6月19日，工作岗位为财务总监，工资为每月8000元；工作时间为每周周一至周六正常上班，每天工作8小时。由于某公司将张某工资由8000元调整为3000元，张某于2019年1月2日提出离职，完成工作交接不在某公司上班。张某向某劳动人事争议仲裁院申请仲裁，请求裁决某公司支付其经济补偿8000元和周六加班工资3500元。

👆 裁判结果

仲裁院经审理认为，某公司未经协商一致降低张某工资待遇，张某以此为由提出解除劳动合同符合《劳动合同法》第38条的规定，某公司应支付经济补偿8000元。根据《劳动法》第36条"国家实行劳动者每日工作时间不超过八小时、平均每周工作时间不超过四十四小时的工时制度"和《劳动法》第38条"用人单位应当保证劳动者每周至少休息一日"的规定,本院认为张某存在加班情形,但不宜认定张某周六上班即为系休息日加班,根据每周不超过44个小时工作时间(即每月不超过176个小时)的规定,结合张某2018年11月的工作时间183小时27分钟,确定张某加班时间为7小时23分钟。根据张某2018年11月的工资数额7910元,计算出小时工资为45.46元〔7910元÷(21.75天×8小时)〕,故某公司支付张某延长劳动时间的加班工资共计503.48元。

律师提示

很多企业在劳动合同或规章制度中规定,员工周六正常上班,即大家常说的"做六休一""单休制"或"每月休息四天"。这种情况下是否需要支付加班费呢?

根据《劳动法》第38条的规定,用人单位应当保证劳动者每周至少休息一日,另根据国务院《关于职工工作时间的规定》第7条第2款的规定,企业可以根据实际情况灵活安排周休息日,因此,用人单位安排劳动者周六上班并不违反法律规定。但根据《劳动法》第44条第2项的规定,休息日安排劳动者工作又不能安排补休的,支付不低于工资的200%的工资报酬。周六为休息日,用人单位安排劳动者工作又不能安排补休的,一般应向劳动者支付加班费。

周六安排加班,是否一律按照周六加班实际时长对应工资200%的标准发放?根据国务院《关于职工工作时间的规定》第3条的规定,职工每日工作8小时、每周工作40小时。如果每日的实际工作时间短于8小时,工作5天的工作时长不足40小时,则每周超出40小时工作时长可认定为加班时间。部分裁判机构认为,《劳动法》第36条规定:"国家实行劳动者每日工作时间不超过八小时、平均每周工作时间不超过四十四小时的工时制度。"因此,每周工作时间超过44小时才算加班时间，笔者认为该观点错误，该条文应理解为即使用人单位支付加班费，劳动者的工作时间也不能超过44小时的法定延长工作时间上限。

为规避支付加班工资的法律风险，部分企业在劳动合同或规章制度中规定周六正常上班，或者要求劳动者自愿放弃周六加班工资，或者采用包薪制约定加班费已包含在工资里。虽然用人单位有依法制定薪酬制度的自主权，但薪酬制度的制定和执行须符合相关法律的规定，前述行为剥夺了劳动者依法享有的休息休假及获得劳动报酬的权利，违反了《劳动法》的强制性规定，且不合理地排除了劳动者的主要权利，属于无效约定。

劳动者请求加班工资的，应就加班事实承担举证责任。如无法举证，部分裁判机构不支持加班费，也有部分裁判机构依据原劳动部《工资支付暂行规定》第6条用人单位须保存工资记录2年以上备查的规定，支持用人单位支付两年的加班工资。加班工资属于劳动报酬，适用特别仲裁时效，即劳动关系存续期间拖欠加班费的仲裁时效不受"知道或者应当知道权利被侵害之日起一年"的限制，劳动者自劳动关系终止或解除之日起1年内请求救济的不超过仲裁时效。

综上所述，周末单休通常属于劳动者休息日加班，用人单位不能安排补休的，应按照200%支付加班工资，且用人单位不能通过制度规定、劳动者放弃加班工资等方式规避法律风险。笔者建议，用人单位可通过调整工资结构方式予以规范。

💬 法条链接

1.《劳动法》

第三十六条　国家实行劳动者每日工作时间不超过八小时、平均每周工作时间不超过四十四小时的工时制度。

第三十八条　用人单位应当保证劳动者每周至少休息一日。

第四十四条　有下列情形之一的，用人单位应当按照下列标准支付高于

劳动者正常工作时间工资的工资报酬:

（一）安排劳动者延长工作时间的,支付不低于工资的百分之一百五十的工资报酬;

（二）休息日安排劳动者工作又不能安排补休的,支付不低于工资的百分之二百的工资报酬;

（三）法定休假日安排劳动者工作的,支付不低于工资的百分之三百的工资报酬。

第四十七条　用人单位根据本单位的生产经营特点和经济效益,依法自主确定本单位的工资分配方式和工资水平。

2.《劳动合同法》

第二十六条　下列劳动合同无效或者部分无效:

（一）以欺诈、胁迫的手段或者乘人之危,使对方在违背真实意思的情况下订立或者变更劳动合同的;

（二）用人单位免除自己的法定责任、排除劳动者权利的;

（三）违反法律、行政法规强制性规定的。

对劳动合同的无效或者部分无效有争议的,由劳动争议仲裁机构或者人民法院确认。

第三十一条　用人单位应当严格执行劳动定额标准,不得强迫或者变相强迫劳动者加班。用人单位安排加班的,应当按照国家有关规定向劳动者支付加班费。

3.《劳动争议调解仲裁法》

第二十七条　劳动争议申请仲裁的时效期间为一年。仲裁时效期间从当事人知道或者应当知道其权利被侵害之日起计算。

前款规定的仲裁时效,因当事人一方向对方当事人主张权利,或者向有关部门请求权利救济,或者对方当事人同意履行义务而中断。从中断时起,仲裁时效期间重新计算。

因不可抗力或者有其他正当理由,当事人不能在本条第一款规定的仲裁时效期间申请仲裁的,仲裁时效中止。从中止时效的原因消除之日起,仲裁时效期间继续计算。

劳动关系存续期间因拖欠劳动报酬发生争议的，劳动者申请仲裁不受本条第一款规定的仲裁时效期间的限制；但是，劳动关系终止的，应当自劳动关系终止之日起一年内提出。

4.《关于职工工作时间的规定》

第三条 职工每日工作8小时、每周工作40小时。

第七条 国家机关、事业单位实行统一的工作时间，星期六和星期日为周休息日。

企业和不能实行前款规定的统一工作时间的事业单位，可以根据实际情况灵活安排周休息日。

5.《最高人民法院关于审理劳动争议案件适用法律问题的解释（一）》

第四十二条 劳动者主张加班费的，应当就加班事实的存在承担举证责任。但劳动者有证据证明用人单位掌握加班事实存在的证据，用人单位不提供的，由用人单位承担不利后果。

24 在单位就餐的时间算加班吗？

不一定。	
法条依据	《关于职工工作时间的规定》第三条 职工每日工作8小时、每周工作40小时。

基本案情

2019年6月1日，张某进入某公司工作，双方签订《劳动合同书》，合同期限从2019年6月1日起至2021年5月31日止，工作岗位为包装工，月工资为基本工资1800元加绩效，加班工资按有关法律法规规定执行。某公司根据其生产情况安排张某实行四班三运作的作息制度，各班次按每两班一轮后休息两天，即两天早班，两天中班，两天夜班，两天休息，每八天为一个周期，各班次就餐时间为半小时。2020年5月22日，张某以邮政特快专递向某公司发出《解除劳动合同通知书》，以未依法支付加班加点工资为由通知某公司解除双方之间的劳动合同。随后，张某向某劳动人事争议仲裁院申请劳动仲裁，仲裁裁决后张某不服向法院起诉，请求判决某公司支付加班工资5000余元和经济补偿金6000元。

裁判结果

法院认为，张某主张某公司未足额发放延时加班工资，系基于对半小时的工作餐时间是否属工作时间的不同理解。鉴于某公司实行四班三运作的作息制度，即每工作六天休息两天，工作期间某公司虽为每班次出勤员工提供免费工作餐，就餐时间确定为半小时，但就餐时间内员工仍须保持机器正常运作，工作处于连续的状态，故在此情形下的员工的就餐时间应认定为工作时间。张某的每周工作时间为42小时，超过了每周40小时的法定工作时间2小时，2019年6月至2020年5月期间张某在正常四班三运作的作息制度下共因延长工作时间加班208.6小时（365×2÷7×2），故相应的加班工资2350元应由某公司支付。某公司未依法支付加班费违反《劳动合同法》第38条相关规定，对张某请求支付经济补偿金的诉讼请求予以支持。

律师提示

判断就餐时间是否属于加班的前提是确认就餐时间是否属于工作时间。如果就餐时间属于工作时间，就餐时间和常规的工作时间总和超过法定工作时间，则就餐时间就属于加班。

工作时间简称工时，是指劳动者根据法律法规的规定在用人单位完成本职工作所需的时间。工时制度的主要表现形式是工作日，是指劳动者在一昼夜内的法定工作时间长度。工作时间不限于实际作业时间，还包括劳动者自身的生理需要而必须中断正常工作的时间，以及为完成作业的准备和结束所消耗的时间等。在工作期间上厕所、补充水分等行为时间视为工作时间应无异议，但是对于就餐时间是否为工作时间则存在争议。

实践中，用人单位规章制度或者劳动合同通常规定两种作息制度，举例：第一种是09：00—17：00，朝九晚五共计8小时；第二种是上午09：00—12：00、下午13：00—18：00，中午休息1小时共计8小时。这两种作息制度都有可能在中午安排工作餐时间，第一种就餐时间算工作时间，第二种就餐时间不算工作时间，究竟哪种才是正确的？在有规章制度规定或劳动合同约定的情况下，两种作息制度都能得到司法实践的认可。

　　用人单位规章制度或者劳动合同对作息制度无规定，而考勤制度为上午上班打卡，中午不打卡，下午下班打卡时，就餐时间是否为工作时间争议较大。司法机关通常认为中午肯定会用餐，因此，在计算工作时间时会扣除就餐时间，但扣除的就餐时间长短不一，一般以一小时居多。保安、流水线工人等特殊岗位，其对就餐时间其实不能自由支配，而是必须在就餐的同时履行岗位职责，此种情况下，不论规章制度或劳动合同是否有约定，均应将就餐时间计算为工作时间。总工作时间超出法定工作时间的，则应属于加班。

　　综上所述，在考勤期间内存在就餐时间的，笔者建议用人单位应将工作时间分段约定，明确就餐时间由劳动者自由支配，就餐时间不计入工作时间。对于就餐时间仍需履行岗位职责的特殊岗位，则应确保工作时间的合法性。

法条链接

1.《劳动法》

第三十六条　国家实行劳动者每日工作时间不超过八小时、平均每周工作时间不超过四十四小时的工时制度。

第四十四条　有下列情形之一的，用人单位应当按照下列标准支付高于劳动者正常工作时间工资的工资报酬：

（一）安排劳动者延长工作时间的，支付不低于工资的百分之一百五十的工资报酬；

（二）休息日安排劳动者工作又不能安排补休的，支付不低于工资的百分之二百的工资报酬；

（三）法定休假日安排劳动者工作的，支付不低于工资的百分之三百的工资报酬。

2.《劳动合同法》

第三十一条　用人单位应当严格执行劳动定额标准，不得强迫或者变相强迫劳动者加班。用人单位安排加班的，应当按照国家有关规定向劳动者支付加班费。

3.《关于职工工作时间的规定》

第三条 职工每日工作8小时、每周工作40小时。

25 未履行加班审批手续算加班吗？

	不一定。
法条依据	《工资支付暂行规定》第十三条第一款　用人单位在劳动者完成劳动定额或规定的工作任务后，根据实际需要安排劳动者在法定标准工作时间以外工作的，应按以下标准支付工资：……

⚖ **基本案情**

2015年5月15日，张某入职某公司，从事客户经理销售岗位，双方签订无固定期限劳动合同。劳动合同约定张某实行标准工时制，每周工作5天，每日工作8小时，每周工作40小时，具体工作时间按照某公司规定执行。某公司《考勤休假管理办法》第10条规定："因工作需要安排加班时，应提前通过OA填写《加班申请单》，经分管领导审批、人力资源部审核、人力资源分管领导复核、报总经理批准后知会人力资源部。经审批后可享受加班薪资待遇，未履行加班审批手续的视为员工自愿加班不享受加班薪资待遇。"2017年11月2日，张某通过邮政EMS向某公司邮寄一份《解除劳动合同通知书》，称"因用人单位经常加班不付加班报酬，因领导个人业绩喜好罚款，依据劳动合同法第三十八条的有关规定，提出解除劳动关系"，并从某公司离职。张某向某劳动人事争议仲裁院申请仲裁，仲裁裁决后张某不服向法院起诉，请求判决某公司向其支付加班费8650元。

裁判结果

法院经审理认为，根据《最高人民法院关于审理劳动争议案件适用法律若干问题的解释（三）》第9条^①的规定，劳动者主张加班费的，应当就加班事实的存在承担举证责任。但劳动者有证据证明用人单位掌握加班事实存在的证据，用人单位不提供的，由用人单位承担不利后果。张某主张依据其提交的手机微信工作群聊天记录和考勤表，可以证明每个月的前两周周六加班及工作日加班的事实。某公司主张根据《考勤休假管理办法》第10条规定，延长加班工作时间需填写《加班申请单》并经审批流程后才能确认加班事实。某公司虽主张一直按照《考勤休假管理办法》执行加班申请制度，但在微信群中已经明确要求劳动者加班的情况下，仍然苛求劳动者按照加班申请制度提前提交加班申请有违事实且不合理。法院遂支持了张某的诉讼请求。

律师提示

超过法定工作时间，受用人单位安排从事额外工作属于加班。为规范加班管理，很多企业设置了加班审批流程，那么，劳动者超时工作未履行审批手续，是否能认定为加班，企业是否需要支付加班费呢？

根据《最高人民法院关于审理劳动争议案件适用法律问题的解释（一）》第42条的规定，劳动者主张加班费的，应当就加班事实的存在承担举证责任。加班事实如何举证？单独的考勤打卡记录只能证明劳动者在标准工作时间外停留在用人单位，但劳动者对于停留是由于私人原因还是工作原因仍需举证。因此，用人单位存在加班申请审批程序，且该审批制度正常施行，单独的考勤打卡记录无法证明劳动者加班，需有同事证人证言、加班补贴或饭补等予

---

① 现为《最高人民法院关于审理劳动争议案件适用法律问题的解释（一）》第42条。

以佐证。

根据《劳动法》第44条及《工资支付暂行规定》第13条的规定，用人单位在劳动者完成劳动定额或规定的工作任务后，根据实际需要安排劳动者在法定标准工作时间以外工作时应支付加班工资。前述法律规定没有明确加班审批对于加班事实认定的影响，而是强调了符合"法定标准工作时间以外工作""用人单位安排"情形，用人单位应当依法支付劳动者加班费。因此，用人单位安排劳动者超时工作是认定加班事实的核心关键点，是否有加班审批制度仅是佐证，不论劳动者是否履行加班审批流程，用人单位安排劳动者超时工作就足以认定加班事实。

笔者经对加班费争议判例梳理，发现支持劳动者加班费的极少。究其原因，首先，劳动者证据意识淡薄，合法权益被侵害时无法主动提供维权事实依据。其次，用人单位利用优势地位，制定限制劳动者权益的规章制度，且在实践中差别性实施管理行为，侵害劳动者合法权益。最后，由于加班的普遍存在，裁判者审查劳动者加班证据非常严格，而适用"劳动者有证据证明用人单位掌握加班事实存在的证据，用人单位不提供的，由用人单位承担不利后果"规定的社会压力非常大，无形中压缩了支持加班费的司法空间。

综上所述，劳动者未实际履行加班审批手续不会实质性影响加班的认定，是否用人单位安排劳动者超时工作才是认定加班事实的核心关键点。

法条链接

1.《劳动法》

第三十六条　国家实行劳动者每日工作时间不超过八小时、平均每周工作时间不超过四十四小时的工时制度。

第四十四条　有下列情形之一的，用人单位应当按照下列标准支付高于劳动者正常工作时间工资的工资报酬：

（一）安排劳动者延长工作时间的，支付不低于工资的百分之一百五十的工资报酬；

（二）休息日安排劳动者工作又不能安排补休的，支付不低于工资的百分之二百的工资报酬；

（三）法定休假日安排劳动者工作的，支付不低于工资的百分之三百的工资报酬。

2.《工资支付暂行规定》

第十三条 用人单位在劳动者完成劳动定额或规定的工作任务后，根据实际需要安排劳动者在法定标准工作时间以外工作的，应按以下标准支付工资：

（一）用人单位依法安排劳动者在日法定标准工作时间以外延长工作时间的，按照不低于劳动合同规定的劳动者本人小时工资标准的150%支付劳动者工资；

（二）用人单位依法安排劳动者在休息日工作，而又不能安排补休的，按照不低于劳动合同规定的劳动者本人日或小时工资标准的200%支付劳动者工资；

（三）用人单位依法安排劳动者在法定休假节日工作的，按照不低于劳动合同规定的劳动者本人日或小时工资标准的300%支付劳动者工资。

实行计件工资的劳动者，在完成计件定额任务后，由用人单位安排延长工作时间的，应根据上述规定的原则，分别按照不低于其本人法定工作时间计件单价的150%、200%、300%支付其工资。

经劳动行政部门批准实行综合计算工时工作制的，其综合计算工作时间超过法定标准工作时间的部分，应视为延长工作时间，并应按本规定支付劳动者延长工作时间的工资。

实行不定时工时制度的劳动者，不执行上述规定。

3.《最高人民法院关于审理劳动争议案件适用法律问题的解释（一）》

第四十二条 劳动者主张加班费的，应当就加班事实的存在承担举证责任。但劳动者有证据证明用人单位掌握加班事实存在的证据，用人单位不提供的，由用人单位承担不利后果。

26 加班费计算基数如何确定？

	有约定按约定，没有约定的，加班费计算基数一般为劳动者每月正常工作时间的固定工资收入。
法条依据	《关于贯彻执行〈中华人民共和国劳动法〉若干问题的意见》第五十三条 劳动法中的"工资"是指用人单位依据国家有关规定或劳动合同的约定，以货币形式直接支付给本单位劳动者的劳动报酬，一般包括计时工资、计件工资、奖金、津贴和补贴、延长工作时间的工资报酬以及特殊情况下支付的工资等。……

⚖ 基本案情

2017年3月13日，张某入职某公司，岗位为工程师，执行标准工时制，某公司与张某签订劳动合同并缴纳了社会保险。某公司通过银行转账的形式发放张某工资。2020年5月20日，某公司与张某解除劳动关系。张某在职期间存在延时、休息日及法定节假日加班，其认为某公司按某市最低工资标准计算加班费，不符合法律规定，某公司没有足额支付加班费。因协商无果，张某向某劳动人事争议仲裁院申请劳动仲裁，仲裁裁决后张某不服向法院起诉，请求判决某公司支付延时、休息日及法定节假日加班工资差额80000余元。

🔨 裁判结果

　　法院经审理认为，当事人对自己提出的主张，有责任提供证据加以证明。对于加班类型及时长，某公司认可张某提交的考勤记录、加班审批表的真实性，故法院对张某主张的加班情况予以采信。对于加班费计算基数，应当按照法定工作时间内劳动者提供正常劳动应得工资确定。劳动合同没有明确约定工资数额，或者合同约定不明确时，应当以实际发放的工资作为计算基数。以实际发放的工资作为加班费计算基数时，加班费、伙食补助等应当扣除，不能列入计算基数范围。本案中，某公司与张某在劳动合同中未明确约定工资数额，故以实际发放的工资作为加班费计算基数，但应扣除已付加班费。根据工薪单、工资表显示，某公司已支付张某部分加班费，经计算扣除已支付加班费后的差额应由某公司支付。

👆 律师提示

　　用人单位违反国家工时制度，要求劳动者超时加班，损害劳动者休息休假权益，影响劳动关系和谐与社会稳定。加班费作为劳动者在规定工作时间之外继续生产劳动或者工作所获得的劳动报酬，其计算基数认定在实务中争议很大。

　　从法律规定层面来看，加班费计算基数，在《劳动法》第44条中表述为"工资"，在《工资支付暂行规定》第13条中表述为"劳动合同规定的劳动者本人日或小时工资标准"。根据《关于贯彻执行〈中华人民共和国劳动法〉若干问题的意见》第53条的规定，劳动法中的"工资"是指用人单位依据国家有关规定或劳动合同的约定，以货币形式直接支付给本单位劳动者的劳动报酬，一般包括计时工资、计件工资、奖金、津贴和补贴、延长工作时间的工资报酬以及特殊情况下支付的工资等。各地的地方性规范对加班费计算基数则有着不同的规定。

　　司法实践中，存在按照最低工资标准、实际发放工资、基本工资、离职前12个月平均工资等确定加班费计算基数的各类情形。总体来看，裁判机关允许用人单位和劳动者对加班费计算基数作出约定，约定标准原则上应为劳动者每月正常工作时间的固定工资收入，但不等于应发工资。在实行结构工资制的企业，应包括基本工资和岗位工资。劳动者实际发放的工资高于约定工资的，加班费基数应按照实际工资确定，非常规性奖金、绩效、津贴、补贴等福利一般不计入加班费基数。

　　在部分加班安排较多且时间相对固定的行业中，存在用人单位与劳动者在劳动合同中约定打包支付加班费的情形。虽然用人单位有依法制定内部薪酬分配制度的自主权，但内部薪酬分配制度的制定和执行须符合相关法律的规定。如加班费打包支付标准明显不合常理，用人单位存在恶意规避或者减少承担支付加班费法定责任的情况，则裁判机关有权参照实发工资标准对加班费的计算和支付进行调整。

　　综上所述，加班费计算基数一般为劳动者每月正常工作时间的固定工资收入，包括基本工资和岗位工资，非常规性奖金、绩效、津贴、补贴等福利一般不计入加班费基数。为避免争议，笔者建议用人单位与劳动者对加班费计算基数事先进行约定。

法条链接

1.《劳动法》

　　第三十六条　国家实行劳动者每日工作时间不超过八小时、平均每周工作时间不超过四十四小时的工时制度。

　　第四十四条　有下列情形之一的，用人单位应当按照下列标准支付高于劳动者正常工作时间工资的工资报酬：

　　（一）安排劳动者延长工作时间的，支付不低于工资的百分之一百五十的工资报酬；

（二）休息日安排劳动者工作又不能安排补休的，支付不低于工资的百分之二百的工资报酬；

（三）法定休假日安排劳动者工作的，支付不低于工资的百分之三百的工资报酬。

第四十八条　国家实行最低工资保障制度。最低工资的具体标准由省、自治区、直辖市人民政府规定，报国务院备案。

用人单位支付劳动者的工资不得低于当地最低工资标准。

2.《工资支付暂行规定》

第十三条　用人单位在劳动者完成劳动定额或规定的工作任务后，根据实际需要安排劳动者在法定标准工作时间以外工作的，应按以下标准支付工资：

（一）用人单位依法安排劳动者在日法定标准工作时间以外延长工作时间的，按照不低于劳动合同规定的劳动者本人小时工资标准的150%支付劳动者工资；

（二）用人单位依法安排劳动者在休息日工作，而又不能安排补休的，按照不低于劳动合同规定的劳动者本人日或小时工资标准的200%支付劳动者工资；

（三）用人单位依法安排劳动者在法定休假节日工作的，按照不低于劳动合同规定的劳动者本人日或小时工资标准的300%支付劳动者工资。

实行计件工资的劳动者，在完成计件定额任务后，由用人单位安排延长工作时间的，应根据上述规定的原则，分别按照不低于其本人法定工作时间计件单价的150%、200%、300%支付其工资。

经劳动行政部门批准实行综合计算工时工作制的，其综合计算工作时间超过法定标准工作时间的部分，应视为延长工作时间，并应按本规定支付劳动者延长工作时间的工资。

实行不定时工时制度的劳动者，不执行上述规定。

3.《关于贯彻执行〈中华人民共和国劳动法〉若干问题的意见》

53.劳动法中的"工资"是指用人单位依据国家有关规定或劳动合同的约定，以货币形式直接支付给本单位劳动者的劳动报酬，一般包括计时工资、计件工资、奖金、津贴和补贴、延长工作时间的工资报酬以及特殊情况下支付的工资等。"工资"是劳动者劳动收入的主要组成部分。

劳动者的以下劳动收入不属于工资范围：

（1）单位支付给劳动者个人的社会保险福利费用，如丧葬抚恤救济费、生活困难补助费、计划生育补贴等；

（2）劳动保护方面的费用，如用人单位支付给劳动者的工作服、解毒剂、清凉饮料费用等；

（3）按规定未列入工资总额的各种劳动报酬及其他劳动收入，如根据国家规定发放的创造发明奖、国家星火奖、自然科学奖、科学技术进步奖、合理化建议和技术改进奖、中华技能大奖等，以及稿费、讲课费、翻译费等。

文书链接

加班工资基数确认书

致：_____公司

1.经与公司自愿协商一致，本人在职期间的加班工资计算基数标准为_____，公司按照不低于本标准计发加班工资即为足额支付劳动报酬。

2.在签订本确认书时，本人已对国家相关法律法规和自身权益均有清晰认识，因此，本人确认上述计算标准为双方所自愿协商之数额，若与法定数额有所出入，乃为一方自愿对其合法权利进行的适当处分，故任何一方不得以存在重大误解或协商数额显失公平等为由主张撤销本约定或确认本约定无效。

3.公司执行加班审批制度，为保证高效率工作，公司原则上不提倡加班。如遇特殊情况需加班，须提前填写加班申请，经公司批准后，方可认定为加班，本人对此不持异议。

特此确认。

确认人（签名）：

年　　月　　日

27 未休年休假工资计算基数如何确定？

	未休年休假工资计算基数为职工在用人单位支付其未休年休假工资报酬前12个月剔除加班工资后的月平均工资。
法条依据	《企业职工带薪年休假实施办法》第十一条第一款、第二款 计算未休年休假工资报酬的日工资收入按照职工本人的月工资除以月计薪天数（21.75天）进行折算。 前款所称月工资是指职工在用人单位支付其未休年休假工资报酬前12个月剔除加班工资后的月平均工资。在本用人单位工作时间不满12个月的，按实际月份计算月平均工资。

基本案情

2017年10月1日，张某入职某公司，工作岗位为维修工，双方签订期限自2017年10月1日起至2020年9月30日止的书面劳动合同。2019年12月2日，某公司以张某专业技术无法满足现有工作需要，在工作时间内拒绝履行维修工作义务，与同事工作相处行为言语出格，经上级领导指出拒不改正，张某的行为严重违反公司管理制度为由与张某解除劳动合同。2018年10月2日至2019年12月2日某公司未安排张某休年休假。张某向某劳动人事争议仲裁院申请仲裁，仲裁裁决后张某不服向法院起诉，请求判决某公司支付违法解除劳动合同的赔偿金23515元和未休带薪年休假工资2162元。

🖐 裁判结果

法院经审理认为，关于违法解除劳动合同赔偿金问题，某公司并未举证证实张某存在不能胜任工作、拒不履职等事实，其解除与张某的劳动关系违法，应当按照《劳动合同法》第87条及第47条的规定向张某支付违法解除劳动关系的赔偿金。关于带薪年休假工资问题，某公司未安排张某2018年10月2日至2019年12月2日休年休假，应根据《职工带薪年休假条例》第3条第1款、《企业职工带薪年休假实施办法》第10条第1款等规定支付张某未休年休假工资2162元（4703元/月÷21.75天×5×200%）。某公司主张应按双方合同约定的工资1570元/月计算张某未休年休假工资，有违《企业职工带薪年休假实施办法》第11条规定，某公司亦未举证证实其发放张某的工资中含加班工资的事实，故对某公司的主张法院不予采纳。法院遂支持了张某的诉讼请求。

👆 律师提示

为了维护职工休息休假权利，调动职工工作积极性，国家设立带薪年休假制度。用人单位未安排年休假，应按照劳动者日工资收入的300%支付未休年休假工资报酬，如何确定劳动者工资成为重要的实务问题。

从法律规定来看，《企业职工带薪年休假实施办法》第11条第1款和第2款明确规定，计算未休年休假工资报酬的日工资收入按照职工本人的月工资除以月计薪天数（21.75天）进行折算。月工资是指职工在用人单位支付其未休年休假工资报酬前12个月剔除加班工资后的月平均工资。在本用人单位工作时间不满12个月的，按实际月份计算月平均工资。

根据《关于工资总额组成的规定》第4条和《关于贯彻执行〈中华人民共和国劳动法〉若干问题的意见》第53条的规定，工资的具体范围包括基本工资、绩效、计时工资、计件工资、奖金、津贴和补贴、延长工作时间的工资报酬以及特殊情况下支付的工资等，即劳动者的应发工资剔除延长工作时间的工资报酬（加班工资），就是未休年休假工资的计算基数。因用人单位和劳动者一般在解除劳动关系时才发生未休年休假工资报酬纠纷，因此，未休年休假工资的计算基数与经济补偿金计算基数算法基本相同，最大的区别是经济补偿金计算基数包含加班工资。

实践中，很多企业通过规章制度及劳动合同约定，职工未休年休假工资计算基数为基本工资、固定工资或当地最低工资标准，这种约定不符合法律规定。根据《职工带薪年休假条例》第2条的规定，职工在年休假期间享受与正常工作期间相同的工资收入。因此，不能通过约定方式确定未休带薪年休假工资的计算基数。

综上所述，未休年休假工资计算基数为用人单位支付职工未休年休假工资报酬前12个月剔除加班工资后的月平均工资，该工资为应发工资，一般不允许通过约定方式确定该计算基数的金额。

法条链接

1.《职工带薪年休假条例》

第二条　机关、团体、企业、事业单位、民办非企业单位、有雇工的个体工商户等单位的职工连续工作1年以上的，享受带薪年休假（以下简称年休假）。单位应当保证职工享受年休假。职工在年休假期间享受与正常工作期间相同的工资收入。

2.《企业职工带薪年休假实施办法》

第十条　用人单位经职工同意不安排年休假或者安排职工年休假天数少于应休年休假天数，应当在本年度内对职工应休未休年休假天数，按照其日工资收入的300%支付未休年休假工资报酬，其中包含用人单位支付职工正常工作期间的工资收入。

第十一条　计算未休年休假工资报酬的日工资收入按照职工本人的月工资除以月计薪天数（21.75天）进行折算。

前款所称月工资是指职工在用人单位支付其未休年休假工资报酬前12个

月剔除加班工资后的月平均工资。在本用人单位工作时间不满12个月的，按实际月份计算月平均工资。

职工在年休假期间享受与正常工作期间相同的工资收入。实行计件工资、提成工资或者其他绩效工资制的职工，日工资收入的计发办法按照本条第一款、第二款的规定执行。

3.《关于工资总额组成的规定》

第四条 工资总额由下列六个部分组成：

（一）计时工资；

（二）计件工资；

（三）奖金；

（四）津贴和补贴；

（五）加班加点工资；

（六）特殊情况下支付的工资。

4.《关于贯彻执行〈中华人民共和国劳动法〉若干问题的意见》

53.劳动法中的"工资"是指用人单位依据国家有关规定或劳动合同的约定，以货币形式直接支付给本单位劳动者的劳动报酬，一般包括计时工资、计件工资、奖金、津贴和补贴、延长工作时间的工资报酬以及特殊情况下支付的工资等。"工资"是劳动者劳动收入的主要组成部分。

劳动者的以下劳动收入不属于工资范围：

（1）单位支付给劳动者个人的社会保险福利费用，如丧葬抚恤救济费、生活困难补助费、计划生育补贴等；

（2）劳动保护方面的费用，如用人单位支付给劳动者的工作服、解毒剂、清凉饮料费用等；

（3）按规定未列入工资总额的各种劳动报酬及其他劳动收入，如根据国家规定发放的创造发明奖、国家星火奖、自然科学奖、科学技术进步奖、合理化建议和技术改进奖、中华技能大奖等，以及稿费、讲课费、翻译费等。

28 经济补偿金计算基数如何确定？

经济补偿金计算基数为劳动者应得工资。	
法条依据	《劳动合同法实施条例》第二十七条 劳动合同法第四十七条规定的经济补偿的月工资按照劳动者应得工资计算，包括计时工资或者计件工资以及奖金、津贴和补贴等货币性收入。劳动者在劳动合同解除或者终止前12个月的平均工资低于当地最低工资标准的，按照当地最低工资标准计算。劳动者工作不满12个月的，按照实际工作的月数计算平均工资。

⚖ 基本案情

2000年8月，张某入职某公司，工作岗位为计算机和网络维护，双方一直签订有劳动合同，自2014年1月1日起双方签订无固定期限劳动合同。因某公司对张某进行调岗和降薪，2018年11月2日，张某向某公司邮寄《解除劳动合同通知书》称："鉴于贵公司未与本人协商，强行调岗，不足额发放相应薪酬，违反了《中华人民共和国劳动合同法》第三十八条第（一）、（二）项规定，本人现提出于2018年10月30日与公司解除劳动合同，并要求补足发放相应工资及支付解除劳动关系经济补偿金。"因协商无果，张某向某劳动人事争议仲裁院申请劳动仲裁，仲裁裁决后张某不服向法院起诉，请求判决某公司支付经济补偿金65000元。

📌 裁判结果

法院经审理认为，某公司存在调岗行为，张某依据《劳动合同法》第38条规定于2018年10月30日解除劳动合同，某公司应依据《劳动合同法》第46条第1项和第47条规定向张某支付解除劳动合同经济补偿金。依照《关于工资总额组成的规定》第4条的规定，工资总额包括计时工资、计件工资、奖金、津贴和补贴、加班加点工资和特殊情况下支付的工资。张某主张解除劳动合同经济补偿金计算基数为：实发月工资的平均数＋月缴公积金＋月伙食补贴＋月话费补贴＋月均奖金。张某公积金是从其应发工资中扣除，属于工资；某公司于2018年2月6日向张某发放年终绩效18000元，有奖金性质，属于工资。伙食补贴和话费补贴均由某公司直接发至就餐卡和手机卡，而非现金补助，故不属于工资范畴。经计算，张某解除劳动合同前12个月的月平均工资为3181.72元。张某2000年8月至2018年10月在某公司处工作18年零3个月。因此，某公司应向张某支付解除劳动合同的经济补偿18.5个月的工资标准58861.82元。

👆 律师提示

根据《劳动合同法》第47条的规定，经济补偿金计算基数"月工资"为劳动者在劳动合同解除或终止前12个月的平均工资。实务中，劳动者对月工资标准构成一知半解，司法机关对月工资标准的认定也存在差异，给企业HR造成困扰。

劳动者的工资有基本工资、应发工资、实发工资等表述。基本工资通常是用人单位给劳动者设定的底薪，一般未包括奖金、福利待遇等。应发工资是指劳动者提供正常劳动按照法律规定应当获得的全部工资，包括了基本工资、加班工资、奖金、津贴等。实发工资是劳动者每月实际拿到的工资，是应发工资扣减社会保险费、个人所得税、伙食费、缺勤扣款等后，劳动者实际到手的工资金额。根据《劳动合同法实施条例》第27条的规定，《劳动合同法》第47条规定的经济补偿的月工资按照劳动者应得工资计算,包括计时工资或者计件工资以及奖金、津贴和补贴等货币性收入。可见,经济补偿金的计算基数应为劳动者应发工资。

劳动者应发工资是否包括社会保险、公积金、个人所得税、加班工资、奖金、绩效、补助是经常产生争议的实务问题。社会保险和公积金均分为个人缴纳部分和单位缴纳部分,个人缴纳部分仅由用人单位履行代扣代缴义务,实质上属于劳动者应发工资,单位缴纳部分不属于劳动者应发工资;个人所得税属于劳动者应发工资,亦由用人单位代扣代缴;根据《关于工资总额组成的规定》第4条和《关于贯彻执行〈中华人民共和国劳动法〉若干问题的意见》第53条的规定,加班工资属于劳动者应发工资;奖金和绩效也属于劳动者应发工资,年终奖和季度奖应分摊到每个月来计算经济补偿金基数;根据《关于工资总额组成的规定》第11条的规定,出差伙食补助费、误餐补助、劳动合同解除时由企业支付的医疗补助费和生活补助费等不属于劳动者应发工资。

根据《劳动合同法》第47条第2款的规定,劳动者月工资高于用人单位所在直辖市、设区的市级人民政府公布的本地区上年度职工月平均工资3倍的,向其支付经济补偿的标准按职工月平均工资3倍的数额支付,向其支付经济补偿的年限最高不超过12年。因《违反和解除劳动合同的经济补偿办法》已失效,劳动者工作年限跨越2008年1月1日(《劳动合同法》实施时间),经济补偿年限是否连续计算在司法实践中存在差异,多数观点支持连续计算。另外,月工资应是劳动者正常工作状态下12个月的平均工资,不包括医疗期等非正常工作期间。

综上所述,经济补偿金计算基数为劳动者劳动合同解除或者终止前,正常工作状态下12个月的月平均工资,该工资为劳动者应发工资。

🗨 法条链接

1.《劳动合同法》

第四十七条 经济补偿按劳动者在本单位工作的年限,每满一年支付一个月工资的标准向劳动者支付。六个月以上不满一年的，按一年计算；不满六个月的，向劳动者支付半个月工资的经济补偿。

劳动者月工资高于用人单位所在直辖市、设区的市级人民政府公布的本地区上年度职工月平均工资三倍的，向其支付经济补偿的标准按职工月平均工资三倍的数额支付，向其支付经济补偿的年限最高不超过十二年。

本条所称月工资是指劳动者在劳动合同解除或者终止前十二个月的平均工资。

2.《劳动合同法实施条例》

第二十七条 劳动合同法第四十七条规定的经济补偿的月工资按照劳动者应得工资计算，包括计时工资或者计件工资以及奖金、津贴和补贴等货币性收入。劳动者在劳动合同解除或者终止前12个月的平均工资低于当地最低工资标准的，按照当地最低工资标准计算。劳动者工作不满12个月的，按照实际工作的月数计算平均工资。

3.《关于贯彻执行〈中华人民共和国劳动法〉若干问题的意见》

53.劳动法中的"工资"是指用人单位依据国家有关规定或劳动合同的约定，以货币形式直接支付给本单位劳动者的劳动报酬，一般包括计时工资、计件工资、奖金、津贴和补贴、延长工作时间的工资报酬以及特殊情况下支付的工资等。"工资"是劳动者劳动收入的主要组成部分。

劳动者的以下劳动收入不属于工资范围：

（1）单位支付给劳动者个人的社会保险福利费用，如丧葬抚恤救济费、生活困难补助费、计划生育补贴等；

（2）劳动保护方面的费用，如用人单位支付给劳动者的工作服、解毒剂、清凉饮料费用等；

（3）按规定未列入工资总额的各种劳动报酬及其他劳动收入，如根据国家规定发放的创造发明奖、国家星火奖、自然科学奖、科学技术进步奖、合理化建议和技术改进奖、中华技能大奖等，以及稿费、讲课费、翻译费等。

4.《关于工资总额组成的规定》

第四条 工资总额由下列六个部分组成：

（一）计时工资；

（二）计件工资；

（三）奖金；

（四）津贴和补贴；

（五）加班加点工资；

（六）特殊情况下支付的工资。

第十一条　下列各项不列入工资总额的范围：

（一）根据国务院发布的有关规定颁发的发明创造奖、自然科学奖、科学技术进步奖和支付的合理化建议和技术改进奖以及支付给运动员、教练员的奖金；

（二）有关劳动保险和职工福利方面的各项费用；

（三）有关离休、退休、退职人员待遇的各项支出；

（四）劳动保护的各项支出；

（五）稿费、讲课费及其他专门工作报酬；

（六）出差伙食补助费、误餐补助、调动工作的旅费和安家费；

（七）对自带工具、牲畜来企业工作职工所支付的工具、牲畜等的补偿费用；

（八）实行租赁经营单位的承租人的风险性补偿收入；

（九）对购买本企业股票和债券的职工所支付的股息（包括股金分红）和利息；

（十）劳动合同制职工解除劳动合同时由企业支付的医疗补助费、生活补助费等；

（十一）因录用临时工而在工资以外向提供劳动力单位支付的手续费或管理费；

（十二）支付给家庭工人的加工费和按加工订货办法支付给承包单位的发包费用；

（十三）支付给参加企业劳动的在校学生的补贴；

（十四）计划生育独生子女补贴。

29 员工请事假，公司可以不批准吗？

可以。	
法条依据	《劳动合同法》第二十九条　用人单位与劳动者应当按照劳动合同的约定，全面履行各自的义务。

⚖️ 基本案情

　　2019年10月21日，张某与某公司签订劳动合同，合同期限自2019年10月21日起至2022年10月20日止。2020年8月10日，张某向某公司申请事假后未再上班，某公司未批准张某事假申请。2020年8月18日，某公司向张某发出《解除劳动合同通知书》，以张某连续旷工7日属于严重违反公司规章制度为由，根据《考勤管理办法》规定解除了与张某的劳动合同。张某向某劳动人事争议仲裁院申请仲裁，仲裁裁决后张某不服向法院起诉，请求判决某公司支付违法解除劳动合同的赔偿金3万元和补发克扣工资12000元。

👤 裁判结果

　　法院经审理认为，《劳动法》第3条第2款规定："劳动者应当完成劳动任务，提高职业技能，执行劳动安全卫生规程，遵守劳动纪律和职业道德。"张某在其请事假未获批准的情况下，自行决定停止提供劳动，不仅违反了公司规章制度，更不符合劳动纪律和职业道德，某公司以张某连续旷工7日违反《考勤管理办法》为由书面通知张某解除劳动合同符合法律规定，系合法解除，某公司不应当支付张某赔偿金。张某于2020年8月10日后未到岗上班，某公司无需发放此期间的工资。法院遂驳回了张某的诉讼请求。

👆 律师提示

事假没有明确的法律规定，一般是指劳动者因需处理私人事务不能向用人单位正常提供劳动，经用人单位批准可以不出勤的情形。公休日、法定节假日、婚丧假等法律规定的假期，用人单位应依法保障，那么，事假该如何处理呢？

用人单位具有是否批准事假的主动权。劳动者需遵守用人单位规章制度和劳动纪律，因处理私人事务不能向用人单位提供正常劳动，可以向用人单位请事假，但用人单位拥有事假的管理权限，可以根据规章制度自主决定是否同意。但是，用人单位在决定是否批准事假时应注意合理性问题，如因家属病重需要照顾等合情合理事由，用人单位一般应批准事假。

如劳动者未经用人单位批准擅自不到岗上班，或者虽经批准但逾期仍不到岗上班，用人单位可按旷工处理。劳动者旷工时间达到用人单位规章制度规定的标准时，根据《劳动合同法》第39条的规定，用人单位可以劳动者属于严重违反用人单位规章制度情形解除劳动合同。

用人单位可不发放劳动者事假期间工资。根据原劳动部《对〈工资支付暂行规定〉有关问题的补充规定》第3条的规定，因劳动者请事假等相应减发工资不属于克扣工资，即用人单位可扣发劳动者事假工资。根据《职工带薪年休假条例》第4条的规定，职工请事假累计20天以上且单位按照规定不扣工资的，将不再享有当年的年休假。因此，笔者建议用人单位应在规章制度中明确事假是否扣发工资，以免引起争议。

劳动者请事假，用人单位仅可扣发当天工资。根据《关于职工全年月平均工作时间和工资折算问题的通知》的规定，扣发标准按照月平均计薪天数

21.75天来折算，因此，用人单位事假一天扣发多于一天的工资是错误的。当然，用人单位可在规章制度中设置全勤奖、年终奖等与事假挂钩的制度，如有事假按照相关规定处理。

综上所述，用人单位可自主决定事假的审批，但应考虑合理性。笔者建议，用人单位应在规章制度中明确事假制度，对事假请假流程、事假工资处理、事假未批后果等作出明确规定，并保留相关证据，以降低用人单位处理事假员工的法律风险。

法条链接

1.《劳动合同法》

第二十九条 用人单位与劳动者应当按照劳动合同的约定，全面履行各自的义务。

2.《职工带薪年休假条例》

第四条 职工有下列情形之一的，不享受当年的年休假：

（一）职工依法享受寒暑假，其休假天数多于年休假天数的；

（二）职工请事假累计20天以上且单位按照规定不扣工资的；

（三）累计工作满1年不满10年的职工，请病假累计2个月以上的；

（四）累计工作满10年不满20年的职工，请病假累计3个月以上的；

（五）累计工作满20年以上的职工，请病假累计4个月以上的。

3.《对〈工资支付暂行规定〉有关问题的补充规定》

三、《规定》第十五条中所称"克扣"系指用人单位无正当理由扣减劳动者应得工资（即在劳动者已提供正常劳动的前提下用人单位按劳动合同规定的标准应当支付给劳动者的全部劳动报酬）。不包括以下减发工资的情况：（1）国家的法律、法规中有明确规定的；（2）依法签订的劳动合同中有明确规定的；（3）用人单位依法制定并经职代会批准的厂规、厂纪中有明确规定的；（4）企业工资总额与经济效益相联系，经济效益下浮时，工资必须下浮的（但支付给劳动者工资不得低于当地最低工资标准）；（5）因劳动者请事假等相应减发工资等。

4.《关于职工全年月平均工作时间和工资折算问题的通知》

二、日工资、小时工资的折算

按照《劳动法》第五十一条的规定，法定节假日用人单位应当依法支付工资，即折算日工资、小时工资时不剔除国家规定的11天法定节假日。据此，日工资、小时工资的折算为：

日工资：月工资收入 ÷ 月计薪天数

小时工资：月工资收入 ÷（月计薪天数 × 8小时）

月计薪天数 =（365天 –104天）÷ 12月 =21.75天

30 工资应按照20.83天还是21.75天核算？

21.75天。	
法条依据	《关于职工全年月平均工作时间和工资折算问题的通知》 二、……月计薪天数＝（365天－104天）÷12月＝21.75天

 基本案情

　　2011年12月26日，张某入职某公司，双方签订《劳动合同书》，约定工作岗位为房务部清洁工，工作时间为每日8小时，每周5天，月工资1150元。某公司对员工的工资计算周期为当月26日至下月25日为一个月。2012年3月5日，某公司以张某试用期表现不能达到岗位要求为由解除劳动合同。张某向某劳动人事争议仲裁院申请仲裁，仲裁裁决后张某不服向法院起诉，请求判决某公司支付被克扣的工资和加班费1087.6元。

　　张某认为，休息日加班工资计算方法为1150元÷20.83天×2天×2倍＝220.8元，节假日加班工资为1150元÷21.75天×1天×3倍＝158.6元，缺勤工资为1150元÷20.83天×8天＝441.7元。某公司辩称：张某按照20.83天计算加班工资和缺勤工资是错误的，会导致公司向张某多支付加班工资及少扣缺勤工资，应当全部按照21.75天计算。

裁判结果

法院经审理认为，张某的出勤情况为：2011年12月26日至2012年1月25日，缺勤工作日12月26日至31日（12月31日为元旦法定节假日调休）、1月4日至6日共9天，工作日上班13天，休息日加班2天，节假日加班1天；2012年1月26日至2月25日，休息日加班2天；2012年2月26日至3月5日，休息日加班2天，工作日上班6天。故张某3个月的工资分别为：（1150元÷21.75天×13天）+（1150元÷21.75天×2天×2倍）+（1150元÷21.75天×1天×3倍）=1057.47元；1150元+（1150÷21.75天×2天×2倍）=1361.49元；（1150元÷21.75天×6天）+（1150元÷21.75天×2天×2倍）=528.73元，张某入职后工资合计应为2947.69元，某公司已实际发放工资超过前述金额，不存在欠付工资的情况。法院遂驳回了张某的诉讼请求。

律师提示

基于劳动时间与工资数额成正比的常识，每月工作日不同，每月工资不应当相同。按照日薪核算工资不会产生争议，但用人单位通常采用固定月薪制，导致核算工资产生争议。在事假、病假、旷工、加班等情形下该如何核算工资，是按照20.83天还是21.75天来核算？

根据《关于职工全年月平均工作时间和工资折算问题的通知》，20.83天为全年月平均工作天数，计算公式为：［365天−104天（休息日）−11天（法定节假日）］÷12月=20.83天/月。21.75天为全年月计薪天数，计算公式为：（365天−104天）÷12月=21.75天。他们的区别在于，法定节假日为计薪天数，但是不计算在月平均工作天数内。

核算工资时，应以月计薪天数21.75天来核算日工资和小时工资，20.83天和计薪没有关系。但实际上，21.75天是月平均计薪天数，并不是每月实际的计薪天数，有些月份计薪天数可达23天，有些月份计薪天数只有20天。实际工资的计算公式应为：工资＝月薪÷当月计薪天数×当月出勤天数，按照该方式计算出来的每月累加的工资与按照21.75天计算的全年工资应大致相等，但每个月的工资会有差异。

那究竟如何核算工资呢？笔者认为，应按照"工资＝月薪÷当月计薪天数×当月出勤天数"的公式来计算。如采用21.75天核算工资，有缺勤或事假等扣工资事由时，有两种方式核算工资：一种是正算法：工资＝月薪÷21.75×出勤天数；另一种是倒算法：工资＝月薪－月薪÷21.75天×缺勤天数。笔者发现两种算法算出来的当月工资竟然不一样。经对司法案例的梳理和研究，笔者建议采用正算法来核算工资，法律风险相对较小。如采用倒算法，则绝对不能用20.83天来核算工资，否则明显导致多扣员工工资，司法机关可能认定用人单位未足额支付工资，进而要求支付经济补偿。

法条链接

1.《劳动法》

第三十六条 国家实行劳动者每日工作时间不超过八小时、平均每周工作时间不超过四十四小时的工时制度。

第四十四条 有下列情形之一的，用人单位应当按照下列标准支付高于劳动者正常工作时间工资的工资报酬：

（一）安排劳动者延长工作时间的，支付不低于工资的百分之一百五十的工资报酬；

（二）休息日安排劳动者工作又不能安排补休的，支付不低于工资的百分之二百的工资报酬；

（三）法定休假日安排劳动者工作的，支付不低于工资的百分之三百的工资报酬。

2.《工资支付暂行规定》

第七条 工资必须在用人单位与劳动者约定的日期支付。如遇节假日或休息日，则应提前在最近的工作日支付。工资至少每月支付一次，实行周、日、小时工资制的可按周、日、小时支付工资。

3.《关于职工全年月平均工作时间和工资折算问题的通知》

各省、自治区、直辖市劳动和社会保障厅(局):

根据《全国年节及纪念日放假办法》(国务院令第513号)的规定,全体公民的节日假期由原来的10天增设为11天。据此,职工全年月平均制度工作天数和工资折算办法分别调整如下:

一、制度工作时间的计算

年工作日:365天-104天(休息日)-11天(法定节假日)=250天

季工作日:250天÷4季=62.5天/季

月工作日:250天÷12月=20.83天/月

工作小时数的计算:以月、季、年的工作日乘以每日的8小时。

二、日工资、小时工资的折算

按照《劳动法》第五十一条的规定,法定节假日用人单位应当依法支付工资,即折算日工资、小时工资时不剔除国家规定的11天法定节假日。据此,日工资、小时工资的折算为:

日工资:月工资收入÷月计薪天数

小时工资:月工资收入÷(月计薪天数×8小时)

月计薪天数=(365天-104天)÷12月=21.75天

三、2000年3月17日劳动保障部发布的《关于职工全年月平均工作时间和工资折算问题的通知》(劳社部发〔2000〕8号)同时废止。

劳动和社会保障部

二〇〇八年一月三日

31 报销款是不是工资？

不一定。	
法条依据	《关于工资总额组成的规定》第四条　工资总额由下列六个部分组成：（一）计时工资；（二）计件工资；（三）奖金；（四）津贴和补贴；（五）加班加点工资；（六）特殊情况下支付的工资。

⚖ 基本案情

2012年5月，某公司与张某签订书面劳动合同，张某岗位为销售部经理，每月固定工资为5000元，同时，张某有权每月固定报销15000元的销售费用。此后，某公司每月从其对公账户向张某的工资卡转账5000元，其余15000元则以公司财务人员王某名义转账支付给张某。2015年12月，张某以某公司拖欠工资为由，向某劳动人事争议仲裁院申请仲裁，请求裁决其与某公司解除劳动合同并由某公司按照月工资2万元的标准向其支付经济补偿。某公司抗辩15000元为报销款项，不应计入工资总额并计算经济补偿。

裁判结果

仲裁院经审理认为，某公司财务人员王某账户给张某的汇款具有时间规律、金额稳定等特点，实质上是某公司对其工资的一种拆分，变换一种形式，将工资以报销款的名义发放。另外，某公司未提交公司财务报销制度及张某报销的完整凭证，故财务人员王某每月支付的15000元应为工资组成部分，张某的实际工资为2万元。因此，应按照月工资2万元的标准计算某公司应支付张某的经济补偿。仲裁院遂支持了张某的仲裁请求。

🖐️ 律师提示

报销款，是指员工因履行工作职责而实际支出的，员工凭相关票据向用人单位进行实报实销的款项，如员工出差产生的差旅费、伙食费、通话费和业务招待费等。

报销是企业对职工因履行工作职责而产生合理花费的核销。报销需具备两个条件：一为履行工作职责，二为应遵循企业有效的报销制度。一般情况下，如果用人单位能提供员工报销的票据，且票据金额与实际报销金额一致，报销发生时间不固定，报销款支付金额不固定，报销款一般不会被认定为工资。

如报销时间固定、报销金额固定，用人单位应制定合法有效的规章制度，对财务报销流程和方式作出明确规定，并对特定岗位的员工采用月度固定工作费用形式（报销款）作出明确规定。员工在报销时应提供相应票据，报销流程和方式符合劳动合同约定及规章制度规定。

笔者不建议采用无需提供票据，直接领取固定报销款的方式，此种情形下，报销款极易被认定为工资，从而被纳入经济补偿金计算基数范畴，并且存在非法避税的法律风险。企业在工资发放过程中，应严格区分报销款和工资，以免给公司造成不必要的经济损失。

另外，报销款是否被认定为工资，也涉及员工社会保险缴纳、经济补偿数额等切身利益，员工应拒绝用人单位将工资以报销款名义发放，或者保留相关证据以便维护自身合法权益。

法条链接

1.《劳动合同法》

第四十七条 经济补偿按劳动者在本单位工作的年限，每满一年支付一个月工资的标准向劳动者支付。六个月以上不满一年的，按一年计算；不满六个月的，向劳动者支付半个月工资的经济补偿。

劳动者月工资高于用人单位所在直辖市、设区的市级人民政府公布的本地区上年度职工月平均工资三倍的，向其支付经济补偿的标准按职工月平均工资三倍的数额支付，向其支付经济补偿的年限最高不超过十二年。

本条所称月工资是指劳动者在劳动合同解除或者终止前十二个月的平均工资。

2.《劳动合同法实施条例》

第二十七条 劳动合同法第四十七条规定的经济补偿的月工资按照劳动者应得工资计算，包括计时工资或者计件工资以及奖金、津贴和补贴等货币性收入。劳动者在劳动合同解除或者终止前12个月的平均工资低于当地最低工资标准的，按照当地最低工资标准计算。劳动者工作不满12个月的，按照实际工作的月数计算平均工资。

3.《关于工资总额组成的规定》

第四条 工资总额由下列六个部分组成：

（一）计时工资；

（二）计件工资；

（三）奖金；

（四）津贴和补贴；

（五）加班加点工资；

（六）特殊情况下支付的工资。

4.《关于贯彻执行〈中华人民共和国劳动法〉若干问题的意见》

53.劳动法中的"工资"是指用人单位依据国家有关规定或劳动合同的

约定，以货币形式直接支付给本单位劳动者的劳动报酬，一般包括计时工资、计件工资、奖金、津贴和补贴、延长工作时间的工资报酬以及特殊情况下支付的工资等。"工资"是劳动者劳动收入的主要组成部分。

劳动者的以下劳动收入不属于工资范围：（1）单位支付给劳动者个人的社会保险福利费用，如丧葬抚恤救济费、生活困难补助费、计划生育补贴等；（2）劳动保护方面的费用，如用人单位支付给劳动者的工作服、解毒剂、清凉饮料费用等；（3）按规定未列入工资总额的各种劳动报酬及其他劳动收入，如根据国家规定发放的创造发明奖、国家星火奖、自然科学奖、科学技术进步奖、合理化建议和技术改进奖、中华技能大奖等，以及稿费、讲课费、翻译费等。

32 年终奖该不该发？

不一定。	
法条依据	《关于工资总额组成的规定》第四条　工资总额由下列六个部分组成：（一）计时工资；（二）计件工资；（三）奖金；（四）津贴和补贴；（五）加班加点工资；（六）特殊情况下支付的工资。

⚖ 基本案情

　　2012年8月3日，张某经面试与某公司签订劳动合同，合同期限为3年，工作地点在云南省昆明市。合同到期后，张某继续在某公司工作，未续签劳动合同。某公司自2012年起，每年年初发放上一年度年终奖，奖金为3个月工资。但2016年年初和2017年年初，某公司均以张某年终考核不合格为由，未向张某发放年终奖。2017年4月10日，张某向某劳动人事争议仲裁院申请仲裁，请求裁决某公司向其支付2015年和2016年年终奖150600元。

　　根据张某提供的银行流水显示，某公司支付张某2012年年终奖32000元、2013年年终奖50195元、2014年年终奖65734.1元。某公司提交了张某2015年及2016年的评价表，显示2015年张某的得分为72，2016年得分为58。双方认可张某2012年至2014年均超额完成销售任务，2015年的业绩任务为1115000元，完成1089642元，2016年任务为1320000元，完成724822元。张某称其2016年1月至5月休产假，且某公司于2014年11月提高其任务额，导致其无法完成任务。

裁判结果

仲裁院经审理认为，张某与某公司无年终奖金发放的书面约定，某公司对此亦无书面的规章制度，但某公司历年均对职工进行考评并发放年终奖金，其2015年及2016年亦对张某提出了销售任务并进行了考评，因此支付年终奖金应视为双方的约定，某公司应当根据考评成绩向张某发放年终奖。2015年张某虽未完成销售任务，但其考评成绩为72，某公司于理应支付其年终奖。奖金的标准因某公司未提供相应的规章制度，应按交易明细显示的2012年至2014年收到奖金金额的平均值支付，金额为49309.7元。2016年张某未完成销售任务，且考评成绩为58，本院尊重某公司作为用工单位作出的不发放张某年终奖金的决定。仲裁院遂裁决由某公司支付张某年终奖49309.7元。

律师提示

每逢年末，年终奖都会成为热点话题。年终奖是企业对过去一年表现优异员工的物质奖励，是员工一年辛勤工作的回报，也体现了企业对员工的认同，是企业长期激励员工的有效手段。

根据《关于工资总额组成的规定》的相关规定，年终奖属于工资（劳动报酬）范畴。年终奖应适用劳动仲裁特殊时效制度，在职期间，员工申请仲裁要求支付年终奖不受一年仲裁时效的限制；劳动关系解除或终止后，员工应当自劳动关系解除或终止之日起1年内申请仲裁。

年终奖属于超额劳动报酬，不应理解为企业的福利。企业一般根据全年经营业绩和劳动者全年绩效考核结果自主决定是否向劳动者发放年终奖，年终奖发放不是用人单位的法定义务，发放时间、发放条件、发放标准均可自行决定。年终奖可以是固定的，也可以是浮动的；可以与劳动者个别约定，也可以是规章制度规定。如果企业有年终奖制度或者约定，企业应依法依约向员工支付。

　　为了企业长久健康地发展，企业应诚实守信地建立年终奖制度，避免争议。在企业年终奖无书面约定或约定不明时，员工主张年终奖的，应举证证明存在年终奖口头约定或发放年终奖惯例，且年终奖约定或惯例适用于员工本人。员工对前述事实的举证非常重要，大部分实务案例中员工败诉的原因就是无法举证证明用人单位应向其发放年终奖。

　　年底"十三薪"，也称"年底双薪"，一般是指用人单位按照其规定和程序在年底固定向劳动者多发放一个月工资的制度。如无特别约定，"十三薪"属于奖金范畴，可与年终奖兼得。从用人单位角度出发，应对"十三薪"制度及发放条件、标准和方式作出明确约定或规定，才能最大限度保障用人单位的合法权益。

　　企业与员工约定离职后不再发放年终奖是否有效？一种观点认为，在员工已完成自己的工作职责的情况下，企业就应贯彻同工同酬的原则，按比例向员工支付当年的年终奖；另一种观点认为，企业与员工约定离职后不发放年终奖并未违反法律规定，且发放年终奖不是企业的法定义务，因此企业无需发放年终奖。笔者认同第二个观点，企业对年终奖发放有自主决定权。

　　综上所述，笔者建议企业在规章制度或劳动合同中明确规定年终奖的发放对象、发放条件、发放标准、发放时间、不享受年终奖的情形等，标准要尽可能细化并诚信履行。员工应注重搜集年终奖是否应发放、发放标准以及自身是否符合发放标准等证据，以维护自身合法权益。

🗨 法条链接

1.《关于工资总额组成的规定》

第四条　工资总额由下列六个部分组成：

（一）计时工资；

（二）计件工资；

（三）奖金；

（四）津贴和补贴；

（五）加班加点工资；

（六）特殊情况下支付的工资。

第七条 奖金是指支付给职工的超额劳动报酬和增收节支的劳动报酬。包括：

（一）生产奖；

（二）节约奖；

（三）劳动竞赛奖；

（四）机关、事业单位的奖励工资；

（五）其他奖金。

2.《最高人民法院关于适用〈中华人民共和国民事诉讼法〉的解释》

第九十条 当事人对自己提出的诉讼请求所依据的事实或者反驳对方诉讼请求所依据的事实，应当提供证据加以证明，但法律另有规定的除外。

在作出判决前，当事人未能提供证据或者证据不足以证明其事实主张的，由负有举证证明责任的当事人承担不利的后果。

33 带薪年休假过期作废吗？

不作废。	
法条依据	《企业职工带薪年休假实施办法》第十条第二款　用人单位安排职工休年休假，但是职工因本人原因且书面提出不休年休假的，用人单位可以只支付其正常工作期间的工资收入。

⚖ 基本案情

2015年9月1日，张某与某公司订立了为期3年的劳动合同。2018年8月31日，劳动合同到期，某公司通知张某不再续签劳动合同。在办理离职手续时，张某提出在工作期间其从未享受过带薪年休假，故要求某公司支付年休假相应的工资待遇。2018年9月15日，与某公司协商未果后，张某向某劳动人事争议仲裁院申请仲裁，请求裁决某公司支付3年年休假15天200%的工资。

某公司辩称：按照公司规章制度规定，员工在每年12月31日之前未提出休年休假的，视为员工自动放弃当年年休假。张某因自身原因未提出休年休假，故我公司无需支付未休年休假的相关工资待遇。

裁判结果

仲裁院经审理认为,根据《企业职工带薪年休假实施办法》第9条的规定,用人单位应根据生产、工作的具体情况统筹安排职工年休假,用人单位确因工作需要不能安排职工休年休假的,经职工本人同意,可以不安排职工休年休假。本案中,虽然某公司规章制度中规定了自动放弃年休假的情形,但是无证据表明张某同意不休年休假,且规章制度违反了法律法规的规定,因此,某公司应支付相应年休假工资待遇。仲裁院遂支持了张某的仲裁请求。

律师提示

《职工带薪年休假条例》于2008年1月1日起施行,但能享受到带薪年休假的职工少之又少。随着近两年机关事业单位强制休假规定频繁发布,带薪年休假又引起了大家的关注。笔者结合实践,对带薪年休假相关问题进行介绍。

1.带薪年休假的期限有多长?

职工累计工作已满1年不满10年的,年休假5天;已满10年不满20年的,年休假10天;已满20年的,年休假15天。国家法定休假日、休息日不计入年休假的假期。职工累计工作满1年,不仅指在本单位,也包括在不同单位累计工作满1年,就可以享受带薪年休假。如员工在新工作单位处于试用期,累计工作满1年仍能享受带薪年休假。

2.有哪些情形员工不得享受当年年休假?

根据《职工带薪年休假条例》第4条之规定,职工有下列情形之一的,不享受当年的年休假:(1)职工依法享受寒暑假,其休假天数多于年休假天数的;(2)职工请事假累计20天以上且单位按照规定不扣工资的;(3)累计工作满1年不满10年的职工,请病假累计2个月以上的;(4)累计工作满10年不满20年的职工,请病假累计3个月以上的;(5)累计工作满20年以上的职工,请病假累计4个月以上的。员工已享受当年的年休假，年度内又出现以上（2）至（5）情形之一的，不享受下一年度的年休假。

3.公司不批准，员工能否强行休假？

员工提出休假申请时，公司在考虑员工意愿的情况下，可根据生产、工作情况统筹安排，未经用人单位批准，职工不能自行休假，即公司对于职工年休假申请有批准权，员工强行休假，公司可按照旷工处理。年休假一般不跨年度安排，如情况特殊可跨一年安排，否则公司应支付年休假工资。

4.员工因本人原因未休年休假，公司是否需要发放休假工资？

根据《企业职工带薪年休假实施办法》第10条的规定，公司应主动安排员工休假，如员工确因自身原因书面提出不愿意休假，才可以不安排职工休年休假，并不予支付休假待遇。公司需要证明已主动安排休假，且员工不愿意休假，否则应承担举证不利的后果。

5.员工能否以未支付休假工资为由解除劳动合同，并要求公司支付经济补偿？

这个命题的核心是休假工资是否属于劳动报酬，各地会有不同的司法观点。在云南省，司法机关认为休假工资是劳动报酬，因此，公司不发放年假工资视为未依法发放劳动报酬，员工以此为由解除劳动合同，公司应支付经济补偿金。另外，既然休假工资是劳动报酬，那么请求支付未休假工资应适用特别仲裁时效，员工离职后一年请求在职期间未休假工资的，司法机关均应予以支持。

综上所述，带薪年休假是劳动者休息休假权的重要体现。用人单位应做好带薪年休假管理，及时安排带薪年休假并对休假性质进行确认，否则将面临员工随时提出解除劳动合同并要求用人单位支付经济补偿的重大风险。

法条链接

1.《工资支付暂行规定》

第十一条 劳动者依法享受年休假、探亲假、婚假、丧假期间，用人单位应按劳动合同规定的标准支付劳动者工资。

2.《职工带薪年休假条例》

第五条　单位根据生产、工作的具体情况,并考虑职工本人意愿,统筹安排职工年休假。

年休假在1个年度内可以集中安排,也可以分段安排,一般不跨年度安排。单位因生产、工作特点确有必要跨年度安排职工年休假的,可以跨1个年度安排。

单位确因工作需要不能安排职工休年休假的,经职工本人同意,可以不安排职工休年休假。对职工应休未休的年休假天数,单位应当按照该职工日工资收入的300%支付年休假工资报酬。

3.《企业职工带薪年休假实施办法》

第十条　用人单位经职工同意不安排年休假或者安排职工年休假天数少于应休年休假天数,应当在本年度内对职工应休未休年休假天数,按照其日工资收入的300%支付未休年休假工资报酬,其中包含用人单位支付职工正常工作期间的工资收入。

用人单位安排职工休年休假,但是职工因本人原因且书面提出不休年休假的,用人单位可以只支付其正常工作期间的工资收入。

34 公司能否对员工进行罚款？

可以。	
法条依据	《最高人民法院关于审理劳动争议案件适用法律问题的解释（一）》第五十条 用人单位根据劳动合同法第四条规定，通过民主程序制定的规章制度，不违反国家法律、行政法规及政策规定，并已向劳动者公示的，可以作为确定双方权利义务的依据。 用人单位制定的内部规章制度与集体合同或者劳动合同约定的内容不一致，劳动者请求优先适用合同约定的，人民法院应予支持。

基本案情

2016年5月，张某入职某公司，岗位为前台接待。张某与某公司签订书面劳动合同，签收并学习了《员工手册》，其中规定："劳动者迟到十分钟扣半天工资，迟到半小时扣一天工资，每月累计迟到五次按照严重违反公司规章制度处理。"张某于2016年9月主动辞职，但在工资结算时，某公司以张某在9月迟到两次为由扣下张某工资600元作为罚款。张某向某劳动人事争议仲裁院申请仲裁，仲裁院认为某公司无罚款权，裁决应向张某返还克扣的工资600元。某公司不服仲裁裁决起诉至法院，请求判决其无需向张某返还600元。

裁判结果

　　法院经审理认为，某公司《员工手册》经过民主程序制定并向员工公示告知，该手册关于对员工进行经济处罚的规定未违反有关法律法规的规定，员工应遵守，但"迟到半小时扣一天工资"有失公平且不合理。法院遂酌情支持某公司向张某返还400元。

律师提示

　　企业管理员工的普遍方式就是在规章制度中约定罚款，如迟到、早退罚款或工作失误、违纪罚款等。那么，这样的罚款制度是否合法有效？公司能否对员工进行罚款呢？

　　实务中存在两种观点。否定观点认为，罚款的法律依据是1982年国务院颁布的《企业职工奖惩条例》，但该条例仅适用于全民所有制或集体所有制企业，且已于2008年1月被废止。另外，罚款权是行政处罚行为，只有有权机关才能行使处罚权，企业无处罚权。肯定观点认为，国家并无法律规定明确禁止企业对违纪员工进行罚款，罚款是通过民主程序制定的规章制度，不违反国家法律、行政法规及规章规定，并已向劳动者公示的，可以作为人民法院审理劳动争议案件的依据。

　　笔者赞同肯定观点，但罚款制度应经民主程序和向员工公示，且应公平合理。理由如下：

　　1.法律既要维护劳动者的合法权益，又要保障企业正常经营和管理秩序，罚款是企业对员工进行管理的手段之一。

　　2.规章制度中的罚款不宜与行政领域的罚款相提并论，而应理解为企业自主管理权，是浮动工资的一种体现形式，罚款和扣款、不发全勤奖等内涵没有区别。

　　3."举重以明轻"，实务中对于多次迟到、早退等行为被认定为严重违反公司规章制度，企业可辞退员工持肯定态度，可辞退却不可以罚款，显然是违背逻辑的。

另外，企业需要厘清员工罚款和员工赔偿的问题。根据《工资支付暂行规定》第16条的规定，因劳动者本人原因给用人单位造成经济损失的，用人单位可按照劳动合同的约定要求其赔偿经济损失。经济损失的赔偿，可从劳动者本人的工资中扣除。但每月扣除的部分不得超过劳动者当月工资的20%。因此，如果企业能证明员工行为给企业造成了损失，是可以依法直接扣款的。

当然，在法律有明确规定之前，罚款的合法性争论不会有定论。为避免争议，企业可以在规章制度或员工手册中设立"全勤奖""月考核奖"等类型的考核项目，范围可包括出勤、安全、质量、劳动纪律等方面，以管理和规范员工行为。

💬 法条链接

1.《行政处罚法》

第九条 *行政处罚的种类：*

（一）警告、通报批评；

（二）罚款、没收违法所得、没收非法财物；

（三）暂扣许可证件、降低资质等级、吊销许可证件；

（四）限制开展生产经营活动、责令停产停业、责令关闭、限制从业；

（五）行政拘留；

（六）法律、行政法规规定的其他行政处罚。

2.《劳动法》

第五十条 *工资应当以货币形式按月支付给劳动者本人。不得克扣或者无故拖欠劳动者的工资。*

3.《最高人民法院关于审理劳动争议案件适用法律问题的解释（一）》

第五十条 *用人单位根据劳动合同法第四条规定，通过民主程序制定的规章制度，不违反国家法律、行政法规及政策规定，并已向劳动者公示的，*

可以作为确定双方权利义务的依据。

用人单位制定的内部规章制度与集体合同或者劳动合同约定的内容不一致，劳动者请求优先适用合同约定的，人民法院应予支持。

4.《工资支付暂行规定》

第十五条 用人单位不得克扣劳动者工资。有下列情况之一的，用人单位可以代扣劳动者工资：

（一）用人单位代扣代缴的个人所得税；

（二）用人单位代扣代缴的应由劳动者个人负担的各项社会保险费用；

（三）法院判决、裁定中要求代扣的抚养费、赡养费；

（四）法律、法规规定可以从劳动者工资中扣除的其他费用。

第十六条 因劳动者本人原因给用人单位造成经济损失的，用人单位可按照劳动合同的约定要求其赔偿经济损失。经济损失的赔偿，可从劳动者本人的工资中扣除。但每月扣除的部分不得超过劳动者当月工资的20%。若扣除后的剩余工资部分低于当地月最低工资标准，则按最低工资标准支付。

35 公司警告、记过等处罚能通过仲裁或诉讼撤销吗？

不能。	
法条依据	《最高人民法院关于审理劳动争议案件适用法律问题的解释（一）》第五十三条第一款 用人单位对劳动者作出的开除、除名、辞退等处理，或者因其他原因解除劳动合同确有错误的，人民法院可以依法判决予以撤销。

⚖ 基本案情

2018年10月28日，张某入职某公司，岗位为运营部经理，双方签订了书面劳动合同，合同期限为2018年10月28日至2021年10月27日。2020年5月1日至2020年5月31日，张某累计收到某公司的3份《口头警告处罚通知单》，张某均已签字确认。2020年6月4日，张某收到某公司邮寄的解除劳动合同证明书及解聘通知书，解除劳动合同的理由为：根据公司《员工奖惩制度》相关规定，劳动者累计3次口头警告，公司有权解除劳动合同。张某认为，口头警告中的多项处罚事项不属于其岗位职责，且口头警告处罚审批程序也不符合《员工奖惩制度》，遂向某劳动人事争议仲裁院申请仲裁，仲裁裁决后张某不服向法院起诉，请求判决撤销第二次口头警告处罚。

裁判结果

　　法院经审理认为，根据《最高人民法院关于审理劳动争议案件适用法律问题的解释（一）》第53条第1款的规定，用人单位对劳动者作出的开除、除名、辞退等处理，或者因其他原因解除劳动合同确有错误的，人民法院可以依法判决予以撤销。张某的请求事项是撤销某公司对其作出的口头警告处罚，该处罚具有特定性和阶段性，该处罚本身并不涉及双方劳动合同的解除，而只是某公司企业内部的管理行为，张某的诉讼请求不属于人民法院审理劳动争议案件的受案范围，本院不予处理。法院遂裁定驳回了张某的起诉。

律师提示

　　根据《劳动合同法》第39条第2项的规定，只有劳动者严重违反用人单位的规章制度，用人单位才可以解除劳动合同。对于劳动者轻微违反规章制度的行为，用人单位通常采用警告、记过等处罚方式，处罚累计达到一定次数即可视为严重违反规章制度，以实现对劳动者的有效管理。

　　一方面，警告、记过等内部处罚可能会被记入个人档案，影响劳动者的再就业和社会评价；另一方面，处罚累计达到一定次数，用人单位有权据此解除劳动合同。因此，劳动者试图通过司法途径撤销公司内部处罚，以达到挽回声誉或恢复劳动关系的目的，此种方式是否可行呢？

　　肯定观点认为，根据《最高人民法院关于审理劳动争议案件适用法律问题的解释（一）》第1条第1项的规定，撤销公司内部处罚案件是劳动者与用人单位在履行劳动合同过程中发生的纠纷，是劳动争议案件，属于劳动争议案件审理范围，司法机关应根据具体事实和依据进行裁判。

　　否定观点认为，根据《最高人民法院关于审理劳动争议案件适用法律问题的解释（一）》第53条第1款的规定，用人单位对劳动者作出的开除、除名、辞退等处理，或者因其他原因解除劳动合同确有错误的，人民法院可以依法判决予以撤销。公司内部处罚系用人单位对违纪的劳动者作出的处罚措施，属于用人单位的内部经营管理自主权，并不涉及劳动合同的变更、解除事宜，不具有可撤销性，不属于劳动争议案件审理范围。

公司内部处罚常常伴随着降职、降薪或解除劳动合同等后果，此类案件属于劳动争议应无争议。如公司内部处罚仅有阶段性或评价性的后果，司法机关普遍认为不属于劳动争议案件审理范围而不予处理，劳动者将面临无处申诉的窘境。

法条链接

1.《劳动合同法》

第三十九条　劳动者有下列情形之一的，用人单位可以解除劳动合同：

（一）在试用期间被证明不符合录用条件的；

（二）严重违反用人单位的规章制度的；

（三）严重失职，营私舞弊，给用人单位造成重大损害的；

（四）劳动者同时与其他用人单位建立劳动关系，对完成本单位的工作任务造成严重影响，或者经用人单位提出，拒不改正的；

（五）因本法第二十六条第一款第一项规定的情形致使劳动合同无效的；

（六）被依法追究刑事责任的。

2.《最高人民法院关于审理劳动争议案件适用法律问题的解释（一）》

第一条　劳动者与用人单位之间发生的下列纠纷，属于劳动争议，当事人不服劳动争议仲裁机构作出的裁决，依法提起诉讼的，人民法院应予受理：

（一）劳动者与用人单位在履行劳动合同过程中发生的纠纷；

（二）劳动者与用人单位之间没有订立书面劳动合同，但已形成劳动关系后发生的纠纷；

（三）劳动者与用人单位因劳动关系是否已经解除或者终止，以及应否支付解除或者终止劳动关系经济补偿金发生的纠纷；

（四）劳动者与用人单位解除或者终止劳动关系后，请求用人单位返还其收取的劳动合同定金、保证金、抵押金、抵押物发生的纠纷，或者办理劳动者的人事档案、社会保险关系等移转手续发生的纠纷；

（五）劳动者以用人单位未为其办理社会保险手续，且社会保险经办机构不能补办导致其无法享受社会保险待遇为由，要求用人单位赔偿损失发生的纠纷；

（六）劳动者退休后，与尚未参加社会保险统筹的原用人单位因追索养老金、医疗费、工伤保险待遇和其他社会保险待遇而发生的纠纷；

（七）劳动者因为工伤、职业病，请求用人单位依法给予工伤保险待遇发生的纠纷；

（八）劳动者依据劳动合同法第八十五条规定，要求用人单位支付加付赔偿金发生的纠纷；

（九）因企业自主进行改制发生的纠纷。

第五十三条 用人单位对劳动者作出的开除、除名、辞退等处理，或者因其他原因解除劳动合同确有错误的，人民法院可以依法判决予以撤销。

对于追索劳动报酬、养老金、医疗费以及工伤保险待遇、经济补偿金、培训费及其他相关费用等案件，给付数额不当的，人民法院可以予以变更。

36 企业可以单方面变更业务提成制度吗?

	不可以。
法条依据	《劳动合同法》第三十五条第一款 用人单位与劳动者协商一致,可以变更劳动合同约定的内容。变更劳动合同,应当采用书面形式。

基本案情

2017年5月10日,张某入职某公司工作,工作岗位为销售业务员。某公司与张某签订劳动合同,约定工资结构为"基本工资3500元+业务提成"。因张某丈夫工作调动,张某主动离职。办理离职手续期间,某公司公布《关于业务员离职后提成分享的通知》,内容为:"业务员离职后,需由接替其工作的业务员负责维护客户关系和完成后续工作,该订单对应的提成按照公司和员工各自享有50%的比率予以发放,该规定的效力溯及2018年1月的提成发放。"因不同意公司的提成发放金额,张某于2018年6月27日向某劳动人事争议仲裁院申请仲裁,请求裁决某公司支付其被克扣的提成工资11600元。

裁判结果

仲裁院经审理认为,劳动关系存续期间,用人单位发布的关于劳动报酬计算的规定，劳动者未提出异议的，视为双方就劳动报酬的计算方式达成了一致意见，可以作为计算劳动者报酬的依据。但某公司公布的《关于业务员离职后提成分享的通知》，涉及员工的切身利益，用人单位单方面作出的降低劳动者劳动报酬的制度，除劳动者同意外，对劳动者不发生效力。因此，本院确认某公司仍应按照原提成比例计发张某的提成。仲裁院遂支持了张某的请求。

🖐 律师提示

提成制度是企业广泛采用的工资发放制度，属于浮动工资的一种形式，体现多劳多得、按劳分配的原则，可实现对员工的约束和激励。在经营过程中，企业根据生产经营、市场变化等因素单方面调整提成制度的情形时有发生。

那么，用人单位单方面变更提成制度，是否符合法律规定呢?

否定说认为，根据《关于工资总额组成的规定》第4条和第6条等的规定，不论提成约定在劳动合同中还是规定在规章制度中，提成均是工资的组成部分，而工资（劳动报酬）是劳动合同的法定必备条款，变更提成制度、改变提成数额属于变更劳动合同，应由用人单位和劳动者协商一致才可以进行。

肯定观点认为，根据《劳动合同法》第4条第2款的规定，用人单位在制定、修改或者决定有关劳动报酬等直接涉及劳动者切身利益的规章制度或者重大事项时，应当经职工代表大会或者全体职工讨论，提出方案和意见，与工会或者职工代表平等协商确定。但提成制度系仅针对部分员工浮动薪酬的规定，并非适用全体劳动者。因此，提成制度变更无须经过民主程序，只需向劳动者送达即合法有效。

笔者认为，提成制度通常不针对全体劳动者，且很多提成制度在制定时就没有经过民主程序，但已和劳动者实际履行，应视为双方就劳动报酬的计算方式达成了一致意见，不能仅以提成制度制定或修改程序的合法性来判断提成制度的有效性。提成应看待为用人单位和劳动者对于浮动工资发放的一种约定，在劳动合同条款中约定，或者用规章制度形式规定，均不影响其效力，对其变更应由用人单位和劳动者协商一致。

综上所述，提成属于劳动者工资的一部分，企业单方面变更提成比例属于用人单位擅自变更合同条款，损害了劳动者的利益，属于违法行为。

法条链接

1.《劳动合同法》

第四条 用人单位应当依法建立和完善劳动规章制度，保障劳动者享有劳动权利、履行劳动义务。

用人单位在制定、修改或者决定有关劳动报酬、工作时间、休息休假、劳动安全卫生、保险福利、职工培训、劳动纪律以及劳动定额管理等直接涉及劳动者切身利益的规章制度或者重大事项时，应当经职工代表大会或者全体职工讨论，提出方案和意见，与工会或者职工代表平等协商确定。

在规章制度和重大事项决定实施过程中，工会或者职工认为不适当的，有权向用人单位提出，通过协商予以修改完善。

用人单位应当将直接涉及劳动者切身利益的规章制度和重大事项决定公示，或者告知劳动者。

第三十五条 用人单位与劳动者协商一致，可以变更劳动合同约定的内容。变更劳动合同，应当采用书面形式。

变更后的劳动合同文本由用人单位和劳动者各执一份。

2.《最高人民法院关于审理劳动争议案件适用法律问题的解释（一）》

第四十三条 用人单位与劳动者协商一致变更劳动合同，虽未采用书面形式，但已经实际履行了口头变更的劳动合同超过一个月，变更后的劳动合同内容不违反法律、行政法规且不违背公序良俗，当事人以未采用书面形式为由主张劳动合同变更无效的，人民法院不予支持。

第五十条 用人单位根据劳动合同法第四条规定，通过民主程序制定的规章制度，不违反国家法律、行政法规及政策规定，并已向劳动者公示的，可以作为确定双方权利义务的依据。

用人单位制定的内部规章制度与集体合同或者劳动合同约定的内容不一致，劳动者请求优先适用合同约定的，人民法院应予支持。

3.《关于工资总额组成的规定》

第四条　工资总额由下列六个部分组成：

（一）计时工资；

（二）计件工资；

（三）奖金；

（四）津贴和补贴；

（五）加班加点工资；

（六）特殊情况下支付的工资。

第六条　计件工资是指对已做工作按计件单价支付的劳动报酬。包括：

（一）实行超额累进计件、直接无限计件、限额计件、超定额计件等工资制，按劳动部门或主管部门批准的定额和计件单价支付给个人的工资；

（二）按工作任务包干方法支付给个人的工资；

（三）按营业额提成或利润提成办法支付给个人的工资。

非全日制用工劳动者工资能按月发放吗？

不能。	
法条依据	《劳动合同法》第七十二条第二款　非全日制用工劳动报酬结算支付周期最长不得超过十五日。

⚖ 基本案情

　　2017年3月15日，张某入职某公司，负责办公大楼保洁工作，工资为每月1800元，某公司按月向张某发放工资。2017年12月31日，某公司电话通知张某解除用工关系。因对补偿问题无法达成一致，张某向某劳动人事争议仲裁院申请仲裁，仲裁裁决后张某不服诉至法院，请求判决某公司支付未签订书面劳动合同双倍工资差额14400元及违法解除劳动关系的赔偿金3600元。

　　某公司辩称：张某在公司属于临时工，是非全日制用工，其间每天工作时间不超过4小时，双方无需签订书面劳动合同，无需支付双倍工资差额；对该形式用工，公司可随时终止用工关系，无需支付经济补偿或者赔偿金。

🏛 裁判结果

　　法院经审理认为，根据《劳动合同法》第68条等的规定，非全日制用工是指以小时计酬为主，劳动报酬结算支付周期最长不得超过15日，劳动者在同一用人单位每日工作时间不超过4小时，每周工作时间累计不超过24小时的用工形式。本案中，张某工资均是按月计发；张某每日的工作时间分为上午和下午两段，占据了每日正常工作时段的大部分，明显超过了4小时；另外，当事人对自己提出的主张有责任提供证据予以证明，某公司没有提供相应的考勤记录或者其他证据证明张某属于非全日制用工劳动者，公司应承担举证不能的后果。法院遂支持了张某的诉讼请求。

📌 律师提示

非全日制用工以小时计酬为主要形式，突破了传统的全日制用工模式，适应了用人单位灵活用工和劳动者自主择业的需要，已成为促进就业的重要途径。但在实践中，能理解和规范使用非全日制用工的并不多见，大多仅是为了避免劳动争议赔偿，在劳动争议中拙劣地提出辩解观点。

为提高企业对非全日制用工的认识，笔者试图对非全日制用工的典型问题进行梳理。

1.非全日制用工是不是劳动关系？

《劳动合同法》第五章第三节规定了"非全日制用工"，从形式上看，非全日制用工属于《劳动合同法》规制的劳动关系。其中第69条第2款规定，从事非全日制用工的劳动者可以与一个或者一个以上用人单位订立劳动合同，且用人单位自用工之日起即与劳动者建立劳动关系。因此，非全日制用工属于劳动关系，受《劳动合同法》等法律法规规制。

2.与全日制用工相比，非全日制用工有什么特别之处？

（1）非全日制用工双方当事人可以订立口头协议。全日制用工则需要在劳动者入职后一个月内签订书面劳动合同，否则可能面临双倍工资差额赔偿。从事非全日制工作的劳动者，还可以与一个或一个以上用人单位建立劳动关系。

（2）非全日制用工双方当事人不得约定试用期。全日制用工则可根据法律规定设定6个月以下的试用期，如非全日制用工中约定了试用期，不仅违法，且可能被认定为全日制用工并承担相应法律责任。

（3）非全日制用工双方当事人任何一方都可以随时通知对方终止用工。终止用工，用人单位不需要向劳动者支付经济补偿。全日制用工中，用人单位在合同期限内不得解除劳动合同，否则将面临违法解除劳动合同的赔偿，在劳动合同到期后不续签，也应支付经济补偿。

（4）非全日制用工劳动报酬结算支付周期最长不得超过15日。全日制用工中，不论是月薪制还是年薪制，都应按月发放工资。

3.非全日制用工是否需要购买社会保险？

根据《关于非全日制用工若干问题的意见》和《社会保险法》的相关规定，用人单位应当按照国家有关规定为建立劳动关系的非全日制劳动者缴纳工伤保险，但并未强制用人单位为劳动者缴纳养老保险和医疗保险，劳动者个人可以参加并依法缴纳养老保险和医疗保险。《失业保险条例》则没有对非全日制用工劳动者作出相应规定，笔者认为无需缴纳失业保险。

非全日制用工具有灵活的特点，且能节省用工成本，但要想被司法机关认可，避免法律风险，用人单位应在合法用工的同时保留相关证据。笔者建议，用人单位应与劳动者签订非全日制用工合同，保留工作时间每日不超过4小时考勤记录，最长每15天结算一次工资。

法条链接

1.《劳动合同法》

第六十八条 非全日制用工，是指以小时计酬为主，劳动者在同一用人单位一般平均每日工作时间不超过四小时，每周工作时间累计不超过二十四小时的用工形式。

第六十九条 非全日制用工双方当事人可以订立口头协议。

从事非全日制用工的劳动者可以与一个或者一个以上用人单位订立劳动合同；但是，后订立的劳动合同不得影响先订立的劳动合同的履行。

第七十条 非全日制用工双方当事人不得约定试用期。

第七十一条 非全日制用工双方当事人任何一方都可以随时通知对方终

止用工。终止用工，用人单位不向劳动者支付经济补偿。

第七十二条 非全日制用工小时计酬标准不得低于用人单位所在地人民政府规定的最低小时工资标准。

非全日制用工劳动报酬结算支付周期最长不得超过十五日。

2.《社会保险法》

第十条 职工应当参加基本养老保险，由用人单位和职工共同缴纳基本养老保险费。

无雇工的个体工商户、未在用人单位参加基本养老保险的非全日制从业人员以及其他灵活就业人员可以参加基本养老保险，由个人缴纳基本养老保险费。

公务员和参照公务员法管理的工作人员养老保险的办法由国务院规定。

第二十三条 职工应当参加职工基本医疗保险，由用人单位和职工按照国家规定共同缴纳基本医疗保险费。

无雇工的个体工商户、未在用人单位参加职工基本医疗保险的非全日制从业人员以及其他灵活就业人员可以参加职工基本医疗保险，由个人按照国家规定缴纳基本医疗保险费。

3.《关于非全日制用工若干问题的意见》

12.用人单位应当按照国家有关规定为建立劳动关系的非全日制劳动者缴纳工伤保险费。从事非全日制工作的劳动者发生工伤，依法享受工伤保险待遇；被鉴定为伤残5—10级的，经劳动者与用人单位协商一致，可以一次性结算伤残待遇及有关费用。

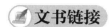 **文书链接**

非全日制劳动合同

甲方（用人单位）：＿＿＿＿＿＿＿＿＿＿

统一社会信用代码：＿＿＿＿＿＿＿＿＿＿

住所地：＿＿＿＿＿＿＿＿＿＿

法定代表人：_____

电话：_____   微信：_____

乙方（劳动者）：_____

身份证号：_____

住址：_____

电话：_____   微信：_____

甲、乙双方经平等自愿协商，根据《中华人民共和国劳动法》《中华人民共和国劳动合同法》等有关法律法规规定，签订本合同，供双方共同遵守。

一、合同期限

自_____年___月___日起至_____年___月___日止。

二、工作内容

1.甲方安排乙方从事_____，工作地点：_____。

2.合同履行期间甲方有权根据工作需要、生产经营的变化、规章制度的规定及乙方的表现等调整乙方的工作岗位及工作地点，同时乙方的工资等待遇也可做相应调整，乙方同意并服从甲方的工作安排及待遇调整。

3.乙方每周工作时间累计不超过24小时，平均每日工作时间不超过4小时（每周___至周___，上午___至___，下午___至___），双方用工形式为非全日制劳动关系。

三、劳动报酬

1.乙方完成本合同约定的工作内容后，甲方以货币形式向乙方支付劳动报酬，标准为每小时_____元，工资结算周期为_____（日/周/15日），工资发放时间为_____。

2.甲方按相关规定为乙方缴纳工伤保险，乙方发生工伤，依法享受工伤保险待遇。甲方不承担缴纳其他社会保险和住房公积金的义务，也无需向乙方支付相关的社会保险补贴或赔偿。

3.如因工作需要，导致乙方每周工作时间累计超过24小时，不影响双方非全日制劳动关系的认定，超过的工时按照本协议约定的小时工资标准的150%支付工资。

四、劳动保护和劳动条件

甲方有义务对乙方进行职业道德、业务技术、劳动安全卫生及有关规章制度的教育和培训，为乙方提供必要的劳动条件、劳动工具及劳动保护用品。

五、本合同的变更、解除、中止和终止

1.经甲、乙双方协商一致，本合同可以解除。

2.甲、乙双方均可随时以书面形式通知对方解除本合同，甲方无需向乙方支付经济补偿。

3.乙方在本合同解除或终止后3日内，应当按照诚实信用原则办理工作交接手续，归还甲方所有财产，否则甲方有权待乙方办理完交接手续后再结算工资。

六、保密

因签订和履行本合同知悉的对方的任何保密信息，甲、乙双方均负有保密的义务。否则违约方应向对方支付违约金_____元，如给对方造成损失大于前述违约金，违约方仍应赔偿。本条规定不因合同终止或解除而失效。

七、通知和送达

1.本协议首部双方预留的联系地址和信息系双方送达各类通知、协议等文件以及发生纠纷时相关文件及法律文书的送达地址。本协议约定的送达地址的适用范围包括协议履行阶段和争议进入仲裁、民事诉讼程序后的一审、二审、再审和执行程序，法院可直接通过邮寄或其他方式向双方预留的地址送达法律文书。

2.任何一方的送达地址变更的，应在变更当日书面通知对方。因一方提供或者确认的送达地址不准确、送达地址变更后未及时依程序告知对方和法院或仲裁机构、拒收或指定的接收人拒绝签收等原因，导致相关文件或法律文书未能被该方实际接收的，邮寄送达的，以文书退回之日视为送达之日；直接送达的，送达人当场在送达回证上记明情况之日视为送达之日。

八、附则

1.本协议一式二份，甲、乙双方各执一份，具有同等法律效力。

2.本协议自双方签名或盖章后成立并生效。

3.本协议与劳动合同不一致的，以本协议约定为准。

4.合同未尽事宜，按照甲方依法制定的规章制度执行；如果甲方的规章制度未作规定，则按国家有关法律法规政策执行。

甲方（盖章）：　　　　　　　　乙方（签名）：

法定代表人（签名）：

　　　　　　年　月　日　　　　　　　　　　年　月　日

38 企业内部竞争上岗是否合法？

	未经劳动者同意的，不合法。
法条依据	《劳动合同法》第三十五条第一款　用人单位与劳动者协商一致，可以变更劳动合同约定的内容。变更劳动合同，应当采用书面形式。

🏛 基本案情

张某与某公司签订无固定期限劳动合同，工作岗位是工伤劳务管理岗。2016年11月21日，某公司下发《人力资源部岗位竞聘方案》通知，其中规定：对未报名参加岗位竞聘及参加岗位竞聘后未能竞聘到岗位的，属部门超编人员，由部门统一分配到公司规定的相关岗位。2016年11月23日，张某参加竞聘，其竞聘的岗位是原工伤劳务管理岗与五险一金管理岗合并后的五险一金管理岗，但竞聘失败落选。某公司将其安排至宿舍看守岗位，张某拒绝到岗上班，某公司以张某旷工为由解除了劳动合同。2016年12月，张某向某劳动人事争议仲裁院申请仲裁，请求裁决某公司支付违法解除劳动合同的赔偿金20万元。

👤 裁判结果

仲裁院经审理认为，张某所在部门全体岗位被纳入竞聘范围情形下，张某参加竞聘的行为并不代表其与公司就落选后安排新岗位达成了一致意见，且张某应聘的是合并后的五险一金管理岗，张某仍有按照原劳动合同约定的岗位职责与工作地点履行的意愿。另外，虽然双方在合同中约定用人单位可以根据生产管理需要调整劳动者的岗位，但用人单位调整岗位应具合法性、合理性。落选后，某公司将张某安排到宿舍看守岗位，与张某之前的岗位待遇差别较大，并降低了张某的社会评价，张某与公司保持协商并拒绝到岗不能视为旷工。因此，公司的行为属于违法解除劳动合同并应支付相应赔偿金。仲裁院遂支持了张某的诉讼请求。

律师提示

竞争上岗（亦称竞聘上岗）是指在一个企业或组织内，按照确定的岗位职责及岗位说明书的任职资格条件和录用要求进行公开选拔岗位人员的一种方式，是企业提质增效、盘活人力资源的流行方式。

在实务操作中，笔者建议注意以下几点：

1.竞争上岗制度通过民主程序制定并向劳动者公示的，不能当然成为处置员工的依据。因为竞争上岗属于劳动合同变更，涉及员工的重大劳动权益，如果竞争上岗侵害员工权利，规章制度将因违反法律法规规定而无效。同时，笔者认为员工有拒绝参加竞争上岗，要求继续履行原劳动合同的权利。

2.参加竞争上岗不能视为企业和员工对变更劳动合同达成一致意见。根据《劳动合同法》第35条第1款的规定，用人单位与劳动者协商一致，可以变更劳动合同约定的内容。变更劳动合同，应当采用书面形式。如被认定企业和员工对竞争上岗协商一致，企业竞争上岗后对员工进行调岗即属合法，因此，员工要谨慎签署竞争上岗文件，而企业则应努力与员工对变更劳动合同达成一致。

3.竞争上岗落选，企业不得直接解除劳动合同或者任意调岗。劳动合同岗位、地点、期限等内容均由劳动合同确定，非经协商一致和法律规定不得随意终止或者变更。员工被证明不胜任工作，或者企业基于客观生产经营需要可调岗，但调整后的岗位性质及工资水平应与员工原岗位相当、不具有侮辱性和惩罚性。

综上所述，企业通过行使经营自主权，对内部岗位实行竞争上岗，有利于人才流动和选拔，法律并不禁止，但如涉及调整劳动者工作岗位、变换工作地点，其实质是"劳动合同的变更"，应该审查其是否符合必要性、合理性、正当性。

法条链接

1.《劳动合同法》

第三十五条 用人单位与劳动者协商一致，可以变更劳动合同约定的内容。变更劳动合同，应当采用书面形式。

变更后的劳动合同文本由用人单位和劳动者各执一份。

2.《最高人民法院关于审理劳动争议案件适用法律问题的解释（一）》

第四十三条 用人单位与劳动者协商一致变更劳动合同，虽未采用书面形式，但已经实际履行了口头变更的劳动合同超过一个月，变更后的劳动合同内容不违反法律、行政法规且不违背公序良俗，当事人以未采用书面形式为由主张劳动合同变更无效的，人民法院不予支持。

第五十条 用人单位根据劳动合同法第四条规定，通过民主程序制定的规章制度，不违反国家法律、行政法规及政策规定，并已向劳动者公示的，可以作为确定双方权利义务的依据。

用人单位制定的内部规章制度与集体合同或者劳动合同约定的内容不一致，劳动者请求优先适用合同约定的，人民法院应予支持。

3.《第八次全国法院民事商事审判工作会议（民事部分）纪要》

29.用人单位在劳动合同期限内通过"末位淘汰"或"竞争上岗"等形式单方解除劳动合同，劳动者可以用人单位违法解除劳动合同为由，请求用人单位继续履行劳动合同或者支付赔偿金。

39 岗位聘任制能否解决调岗难题？

	能。
法条依据	《劳动合同法》第三十五条第一款　用人单位与劳动者协商一致，可以变更劳动合同约定的内容。变更劳动合同，应当采用书面形式。

基本案情

2015年11月26日，张某和某公司签订《劳动合同书》，合同期限从2015年11月26日起至2019年11月25日止，劳动报酬由基本工资、岗位工资和其他补贴组成。同日，双方签订《岗位聘用合同》，其中约定：聘用期限自2015年11月26日起至2016年11月25日止；聘用岗位为物业经理，岗位聘用期满，员工岗位工资自动终止，公司可根据生产经营需要调整员工岗位。2016年12月1日，某公司将张某的工作岗位从物业经理调整为物业主管。张某不同意岗位调整，遂向某劳动人事争议仲裁院申请仲裁，请求裁决某公司向其支付差额工资并按照原岗位及工资标准继续履行劳动合同。

裁判结果

仲裁院经审理认为，双方于2015年11月26日签订《劳动合同书》以及

《岗位聘用合同》系双方自愿，合法有效。《岗位聘用合同》中约定岗位聘用期满，员工岗位工资自动终止，公司可根据生产经营需要调整员工岗位。聘用期限届满后，公司对张某进行岗位调整符合合同约定和公司章程规定，并无不妥。仲裁院遂驳回了张某的仲裁请求。

律师提示

岗位聘任制度原为机关事业单位的岗位管理举措，将劳动合同期限和岗位聘用期限相分离，以达到更好管理员工，发挥员工积极性的目的。现在很多企业也尝试对重要岗位员工采用岗位聘任制方式进行管理。

根据《劳动合同法》的相关规定，调岗有"用人单位与劳动者协商一致调岗""劳动者不能胜任工作调岗"两种情形。与员工无法协商一致，企业仍要对员工调岗将面临很多操作性困难，稍有不慎，极有可能被司法机关认定为违法变更劳动合同，属于违法调岗。

实践中，岗位聘任制一般被认定为企业和员工对工作岗位调整作出了协商一致的约定，如不违反法律法规强制性规定的，员工应当遵照执行。岗位聘任属于企业自主管理权的范畴，在实务操作中，笔者建议岗位聘任合同中应约定以下核心内容：

1.设定岗位聘用的期限。

2.约定岗位聘用合同期限届满，公司可根据生产经营需要调整员工岗位和工资，员工不接受合理调岗，视为员工严重违反公司规章制度，公司可解除劳动合同。

3.岗位工资依照岗位聘用合同执行，岗位聘用合同期限届满或解除，员工不享有岗位工资，不论何种原因员工在入职新岗位前，公司支付员工待岗工资。

综上所述，为有效管理员工，岗位聘任制不失为一种灵活的用工模式。但并不是说有了岗位聘任制，企业就可以"为所欲为"。企业应建立明确的聘任标准、岗位说明书、待岗、职级等规章制度，同时，调岗应从企业正常生产经营需要出发，具备合理性，不得具有侮辱性和惩罚性。

法条链接

《劳动合同法》

第三十五条第一款　用人单位与劳动者协商一致，可以变更劳动合同约定的内容。变更劳动合同，应当采用书面形式。

第四十条　有下列情形之一的，用人单位提前三十日以书面形式通知劳动者本人或者额外支付劳动者一个月工资后，可以解除劳动合同：

（一）劳动者患病或者非因工负伤，在规定的医疗期满后不能从事原工作，也不能从事由用人单位另行安排的工作的；

（二）劳动者不能胜任工作，经过培训或者调整工作岗位，仍不能胜任工作的；

（三）劳动合同订立时所依据的客观情况发生重大变化，致使劳动合同无法履行，经用人单位与劳动者协商，未能就变更劳动合同内容达成协议的。

文书链接

岗位聘任协议

甲方（用人单位）：＿＿＿＿＿＿＿＿＿＿

统一社会信用代码：＿＿＿＿＿＿＿＿＿＿

住所地：＿＿＿＿＿＿＿＿＿＿

法定代表人：＿＿＿＿＿＿＿＿＿＿

电话：＿＿＿＿＿＿＿＿＿＿

微信：＿＿＿＿＿＿＿＿＿＿　　　电子邮箱：＿＿＿＿＿＿＿＿＿＿

乙方（劳动者）：＿＿＿＿＿＿＿＿＿＿

身份证号：＿＿＿＿＿＿＿＿＿＿

住址：＿＿＿＿＿＿＿＿＿

电话：＿＿＿＿＿＿＿＿＿

微信：＿＿＿＿＿＿＿＿＿　　　电子邮箱：＿＿＿＿＿＿＿＿＿

　　根据《中华人民共和国劳动合同法》及其他有关法律法规规定，甲、乙双方本着平等、自愿、公平和诚实信用的原则，就乙方岗位聘任有关事项，订立本协议，供双方共同遵守。

一、聘任岗位

甲方根据工作需要和任职要求，聘用乙方担任下列岗位的工作：

所属部门：＿＿＿＿＿＿＿＿＿＿；岗位：＿＿＿＿＿＿＿＿＿＿＿。

二、聘用期限

聘用期限自＿＿年＿月＿日起至＿＿年＿月＿日止。聘任期限届满，乙方不再担任岗位职务，不再享有岗位权利和义务。

三、岗位薪酬

1.基本工资为＿＿＿元，当月工资次月10日前发放。

2.岗位工资根据业绩指标完成情况发放。岗位聘任期满，员工岗位工资停止发放，不得视为甲方克扣乙方工资。

3.公司可根据生产经营需要调整员工岗位。如乙方岗位调整，则按调整后岗位的对应薪酬标准或岗位工资发放。

四、岗位考核

1.岗位考核要求为＿＿＿＿，甲方有权根据公司整体经营情况调整考核要求、业绩和指标。

2.在试用期内未达到任何一个业绩指标，则视为试用期不符合录用条件；连续两个考核周期未达到业绩指标的，将视为不能胜任工作，甲方有权对乙方进行调岗。

五、双方权利和义务

1.甲、乙双方应按照本协议约定，依法、全面履行各自的义务。乙方在协议期间，服从公司管理和安排，遵守甲方的各项规章制度和劳动纪律，认真履行岗位职责，保质保量完成工作任务。

2.乙方不得以任何形式向第三方泄露甲方的信息、资料等，乙方在聘任期间不得损害甲方利益，给甲方带来经济损失的，乙方必须承担全部法律责任。

3.由于乙方岗位的特殊性，本岗位聘任期内，乙方要求辞职应提前三个月以书面形式通知甲方。

4.由于乙方岗位的特殊性，乙方应特别遵守甲方各项规章制度，还应特别禁止下列行为：

（1）采用虚假票据或与工作无关的票据报销，无论金额多少；

（2）私自收取回扣的；

（3）将甲方客户转介给其他与甲方相竞争的单位或个人的；

（4）私下从事与甲方利益相冲突的任何行为；

（5）其他劳动合同、协议或规章制度规定的严重违纪情形。

存在上述情形之一的，将视为严重违反劳动纪律或规章制度，甲方有权解除劳动关系并不予支付任何经济补偿，同时尚未发放的岗位工资、绩效或奖金不再发放。

六、岗位调整

1.有下列情形之一时，双方同意可对乙方岗位进行调整：

（1）岗位聘用期届满，双方未就续聘达成一致时；

（2）岗位聘用期内，乙方未完成业绩指标，甲方根据协议调整岗位时；

（3）乙方不能胜任岗位工作时；

（4）客观情形导致本岗位聘用协议不能继续履行时。

2.双方同意，存在上述情形调整乙方岗位时，甲方有权对乙方进行下列调整，乙方应予执行：

（1）调整后的岗位：_____，调整后的岗位薪酬：_____。

（2）待岗，待岗期间无需发放岗位工资。

七、保密

因签订和履行本协议知悉的对方的任何保密信息，甲、乙双方均负有保密的义务。否则违约方应向对方支付违约金＿＿＿＿＿＿元，如给对方造成损失大于前述违约金，违约方仍应赔偿。本条规定不因协议终止或解除而失效。

八、通知和送达

1.本协议首部双方预留的联系地址和信息系双方送达各类通知、协议等文件以及发生纠纷时相关文件及法律文书的送达地址。本协议约定的送达地址的适用范围包括协议履行阶段和争议进入仲裁、民事诉讼程序后的一审、二审、再审和执行程序，法院可直接通过邮寄或其他方式向双方预留的地址送达法律文书。

2.任何一方的送达地址变更的，应在变更当日书面通知对方。因一方提供或者确认的送达地址不准确、送达地址变更后未及时依程序告知对方和法院或仲裁机构、拒收或指定的接收人拒绝签收等原因，导致相关文件或法律文书未能被该方实际接收的，邮寄送达的，以文书退回之日视为送达之日；直接送达的，送达人当场在送达回执上记明情况之日视为送达之日。

九、附则

1.本协议一式二份，甲、乙双方各执一份，具有同等法律效力。

2.本协议自双方签名或盖章之日起成立并生效。

3.本协议与劳动合同不一致的，以本协议约定为准。

甲方（盖章）：　　　　　　　　　　乙方（签名）：

法定代表人（签名）：

　　　　　　　年　　月　　日　　　　　　　　　年　　月　　日

40 企业停工放假需要向员工支付工资吗？

	需要。
法条依据	《工资支付暂行规定》第十二条　非因劳动者原因造成单位停工、停产在一个工资支付周期内的，用人单位应按劳动合同规定的标准支付劳动者工资。超过一个工资支付周期的，若劳动者提供了正常劳动，则支付给劳动者的劳动报酬不得低于当地的最低工资标准；若劳动者没有提供正常劳动，应按国家有关规定办理。

基本案情

2017年国庆期间，某公司由于订单较少，为减轻公司薪资支出压力，放假时间安排为2017年10月1日至10月31日。某公司认为放假期间员工并没有实际付出劳动，应按事假处理，因此没有计发国庆假期之外的工资。员工张某认为多放的24天假期是某公司主动提出让员工休息的，属于公司自愿给予员工的福利，休假期间应视作正常出勤并计发工资。因协商无果，张某向某劳动人事争议仲裁院申请仲裁，请求裁决某公司补发24天的工资。

裁判结果

仲裁院经审理后认为，根据《工资支付暂行规定》第12条的规定，非因劳动者原因造成单位停工、停产在一个工资支付周期内的，用人单位应按劳动合同规定的标准支付劳动者工资。某公司因自身原因停工，且停工时间在一个工资支付周期内，某公司应向员工足额发放工资。仲裁院遂支持了张某的仲裁请求。

律师提示

随着经济形势下行，企业用工成本压力增大，为减少成本，维持企业运营，企业采用阶段性停工、停产等方式降本增效并不鲜见。一般认为，如企业经营困难客观存在，停工、停产并非针对个别员工实施，则企业停工、停产属合法行为，是用人单位自主经营权的体现。

根据《劳动合同法》第4条第2款的规定，用人单位在决定直接涉及劳动者切身利益的重大事项时，应当经职工代表大会或者全体职工讨论，提出方案和意见，与工会或者职工代表平等协商确定。企业停工、停产涉及员工放假工资标准以及放假期限等内容，应认定为与劳动者切身利益的重大事项，企业应与员工民主协商，向员工说明停工、停产原因、期限、工资支付标准及安排等相关情况，听取员工意见，并向员工公示。

企业停工、停产是为了节省人工成本，因此如何发放工资是关键问题。根据《工资支付暂行规定》第12条的规定，非因劳动者原因造成单位停工、停产在一个工资支付周期内的，用人单位应按劳动合同规定的标准支付劳动者工资。超过一个工资支付周期，员工未提供劳动的，如何支付工资的标准各地不尽相同。例如，广东省为按照不低于当地最低工资标准的80%支付劳动者生活费，上海市为按照不得低于本市规定的最低工资标准发放等。

企业停工、停产是为了生存下去，但如果停工、停产期限已到仍未能恢复生产，该如何处理呢？

笔者认为，对于员工来讲，可以企业存在《劳动合同法》第38条第1款第1项规定的"未按照劳动合同约定提供劳动保护或者劳动条件"为由，要求解除劳动合同并要求支付经济补偿金；对于企业来讲，可以存在《劳动合同法》第40条第3项规定的"劳动合同订立时所依据的客观情况发生重大变化，致使劳动合同无法履行，经用人单位与劳动者协商，未能就变更劳动合同内容达成协议"为由，提出解除劳动合同并向员工支付经济补偿金。

从另一个侧面看，当企业发生《劳动合同法》第40条第3项规定的"劳动合同订立时所依据的客观情况发生重大变化"，履行劳动合同存在重大困难时，员工和企业应在相互理解的基础上，就劳动合同变更（降低薪酬等）达成一致，以维持企业的正常运转，否则企业有权解除劳动合同，员工反而无活可干，会造成两败俱伤的局面。维护劳动者的劳动权利和企业用工自主权，达到两者之间的平衡是一个永恒的课题。

综上所述，企业由于客观原因经营困难的，可以停工放假，但应依法向劳动者支付相关工资待遇。

💬 法条链接

1.《劳动合同法》

第四条　用人单位应当依法建立和完善劳动规章制度，保障劳动者享有劳动权利、履行劳动义务。

用人单位在制定、修改或者决定有关劳动报酬、工作时间、休息休假、劳动安全卫生、保险福利、职工培训、劳动纪律以及劳动定额管理等直接涉及劳动者切身利益的规章制度或者重大事项时，应当经职工代表大会或者全体职工讨论，提出方案和意见，与工会或者职工代表平等协商确定。

在规章制度和重大事项决定实施过程中，工会或者职工认为不适当的，有权向用人单位提出，通过协商予以修改完善。

用人单位应当将直接涉及劳动者切身利益的规章制度和重大事项决定公

示，或者告知劳动者。

第四十条　有下列情形之一的，用人单位提前三十日以书面形式通知劳动者本人或者额外支付劳动者一个月工资后，可以解除劳动合同：

（一）劳动者患病或者非因工负伤，在规定的医疗期满后不能从事原工作，也不能从事由用人单位另行安排的工作的；

（二）劳动者不能胜任工作，经过培训或者调整工作岗位，仍不能胜任工作的；

（三）劳动合同订立时所依据的客观情况发生重大变化，致使劳动合同无法履行，经用人单位与劳动者协商，未能就变更劳动合同内容达成协议的。

2.《工资支付暂行规定》

第十二条　非因劳动者原因造成单位停工、停产在一个工资支付周期内的，用人单位应按劳动合同规定的标准支付劳动者工资。超过一个工资支付周期的，若劳动者提供了正常劳动，则支付给劳动者的劳动报酬不得低于当地的最低工资标准；若劳动者没有提供正常劳动，应按国家有关规定办理。

41 员工"接私活"该如何处理？

	赔偿公司损失。
法条依据	《工资支付暂行规定》第十六条 因劳动者本人原因给用人单位造成经济损失的，用人单位可按照劳动合同的约定要求其赔偿经济损失。经济损失的赔偿，可从劳动者本人的工资中扣除。但每月扣除的部分不得超过劳动者当月工资的20%。若扣除后的剩余工资部分低于当地月最低工资标准，则按最低工资标准支付。

基本案情

2015年6月1日，某公司与张某签订《劳动合同》和《员工职业操守协议》，聘请张某担任总经理一职，负责公司经营管理，其主要职责包括客服团队管理、投诉处理、收入等。《员工职业操守协议》中约定，张某如发现私下交易行为需第一时间上报管理层，且如有违反承诺愿意无条件赔偿公司直接或间接损失，但张某却纵容整个客服团队做私单。经某公司报案后，公安部门对王某等客服团队进行询问，王某等人已承认做私单等相关事实。张某的行为导致公司营业额损失计300余万元，按8%佣金计算给公司造成直接损失约30万元。

某公司认为，正是由于以张某为首的整个客服团队都在做私单，导致公司经营无法持续,最终关闭。张某作为总经理,其应当对公司负有忠实义务和勤勉义务。但是,恰恰相反,张某在发现下属客服做私单,且收到客户举报之后,非但没有对这种行为进行制止和严肃处置,反而放纵整个客服团队做私单,严重损害公司利益,最终整个团队每个成员都发生违法乱纪行为,导致公司损失严重。因此,某公司向法院起诉,请求张某承担赔偿责任。

裁判结果

法院经审理认为,公司高级管理人员应当遵守法律、行政法规和公司章程,对公司负有忠实义务和勤勉义务。本案中,张某作为公司总经理疏于监管,且违反了自己所签字确认的《员工职业操守协议》,具有过错,应承担相应的赔偿责任。考虑到造成损失的直接原因是客服的私下交易行为,结合实际损失情况,法院酌定张某承担某公司损失金额的20%。

律师提示

员工"接私活"在企业中很常见。对于员工来讲,员工可能觉得公司的薪酬制度不合理,或者纯属贪欲而接私活;对于公司来讲,给员工发了工资,就有权要求员工遵守薪酬制度,否则员工拿了工资又利用公司平台接私活,轻则导致管理混乱,重则损害公司利益,甚至造成公司倒闭。

1.公司无明确禁止性规定,员工能否接私活?

法律没有禁止全日制员工接私活或兼职。根据《劳动合同法》第39条第4项的规定,劳动者同时与其他用人单位建立劳动关系,对完成本单位的工作任务造成严重影响,或者经用人单位提出,拒不改正的,用人单位可以解除劳动合同。因此,公司如无规章制度规定或者劳动合同约定,员工接私活(从严格意义上讲,接私活等兼职行为并不等于建立了劳动关系)法律是不禁止的。

2.员工接私活,公司能否辞退员工?

(1)员工利用业余时间私接与工作职责无关的业务。如果规章制度规定或者劳动合同约定，员工接私活属于严重违反公司规章制度的行为，则公司可依据《劳动合同法》第39条第2项规定辞退员工；如果规章制度未作规定或者劳动合同也无约定，则公司应证明员工接私活对完成工作任务有严重影响，或者经公司提出后拒不改正，否则，公司不能直接辞退员工。

（2）员工利用公司资源私接或截留公司现有或潜在客户业务。如果规章制度有规定或者劳动合同有约定，公司可辞退员工；如果规章制度未作规定或者劳动合同无约定，实务中，法院也会以员工违反诚信原则、忠实义务和职业道德为由支持公司辞退员工。

3.员工接私活，公司能否要求员工进行赔偿？

根据《劳动合同法》第22条和第23条的规定，只有劳动者违反服务期和竞业限制约定情形下，才能要求劳动者支付违约金，因此，法院一般不支持公司要求接私活员工支付违约金；如接私活员工因自身过错造成公司损失，公司可以要求其进行赔偿，但公司应证明公司损失数额，以及公司损失与员工接私活之间的因果关系。

4.员工接私活，是否构成犯罪？

如员工使用所掌握的商业秘密接私活，则可能构成侵犯商业秘密罪。根据《刑法》的规定，员工违反约定或者违反权利人有关保守商业秘密的要求，披露、使用或者允许他人使用其所掌握的商业秘密，给商业秘密的权利人造成重大损失的，处3年以下有期徒刑或者拘役，并处或者单处罚金；造成特别严重后果的，处3年以上7年以下有期徒刑，并处罚金。

综上所述，公司应与员工签订保密协议或竞业限制协议，明确禁止员工接私活，同时约定接私活的赔偿标准，才能有效防止员工接私活的现象发生。

💬 法条链接

1.《劳动合同法》

第二十二条　用人单位为劳动者提供专项培训费用，对其进行专业技术培训的，可以与该劳动者订立协议，约定服务期。

劳动者违反服务期约定的,应当按照约定向用人单位支付违约金。违约金的数额不得超过用人单位提供的培训费用。用人单位要求劳动者支付的违约金不得超过服务期尚未履行部分所应分摊的培训费用。

用人单位与劳动者约定服务期的,不影响按照正常的工资调整机制提高劳动者在服务期期间的劳动报酬。

第二十三条 用人单位与劳动者可以在劳动合同中约定保守用人单位的商业秘密和与知识产权相关的保密事项。

对负有保密义务的劳动者,用人单位可以在劳动合同或者保密协议中与劳动者约定竞业限制条款,并约定在解除或者终止劳动合同后,在竞业限制期限内按月给予劳动者经济补偿。劳动者违反竞业限制约定的,应当按照约定向用人单位支付违约金。

第三十九条 劳动者有下列情形之一的,用人单位可以解除劳动合同:

(一)在试用期间被证明不符合录用条件的;

(二)严重违反用人单位的规章制度的;

(三)严重失职,营私舞弊,给用人单位造成重大损害的;

(四)劳动者同时与其他用人单位建立劳动关系,对完成本单位的工作任务造成严重影响,或者经用人单位提出,拒不改正的;

(五)因本法第二十六条第一款第一项规定的情形致使劳动合同无效的;

(六)被依法追究刑事责任的。

2.《工资支付暂行规定》

第十六条 因劳动者本人原因给用人单位造成经济损失的,用人单位可按照劳动合同的约定要求其赔偿经济损失。经济损失的赔偿,可从劳动者本人的工资中扣除。但每月扣除的部分不得超过劳动者当月工资的20%。若扣除后的剩余工资部分低于当地月最低工资标准,则按最低工资标准支付。

3.《刑法》

第二百一十九条 有下列侵犯商业秘密行为之一,情节严重的,处三年以下有期徒刑,并处或者单处罚金;情节特别严重的,处三年以上十年以下有期徒刑,并处罚金:

（一）以盗窃、贿赂、欺诈、胁迫、电子侵入或者其他不正当手段获取权利人的商业秘密的；

（二）披露、使用或者允许他人使用以前项手段获取的权利人的商业秘密的；

（三）违反保密义务或者违反权利人有关保守商业秘密的要求，披露、使用或者允许他人使用其所掌握的商业秘密的。

明知前款所列行为，获取、披露、使用或者允许他人使用该商业秘密的，以侵犯商业秘密论。

本条所称权利人，是指商业秘密的所有人和经商业秘密所有人许可的商业秘密使用人。

42 员工侵吞公司财物该如何处理？

	要求返还不当得利。
法条依据	《民法典》第一百二十二条　因他人没有法律根据，取得不当利益，受损失的人有权请求其返还不当利益。

⚖ 基本案情

　　张某是某公司员工，负责货物销售及货款回收。张某因不满某公司业务提成规定，于2017年10月下旬利用其向某商贸公司收取货款的便利，私自截留18万元未入账。2018年5月20日张某离职，经某公司财务人员核对，发现张某侵吞公司款项后报警。某公司发出违纪通报，并于2018年9月19日向张某发出《解除劳动合同通知书》，以张某的行为违反《劳动法》第25条第3项，涉嫌严重失职，营私舞弊，对公司造成重大损失为由解除与张某的劳动合同关系。经某公司多次沟通未果，某公司起诉至法院，请求判决张某向其返还18万元。

👤 裁判结果

　　法院经审理认为，所谓不当得利，是指没有合法根据而获得利益并使他人利益遭受损失的事实。张某作为某公司员工，理应遵守公司的各项规章制度，特别是财务制度，维护公司营运资金安全。张某将其经手的货款18万元未入账据为己有，使某公司合法利益受损，构成不当得利，根据《民法通则》第92条的规定，没有合法根据，取得不当利益，造成他人损失的，应当将取得的不当利益返还受损失的人。法院遂支持了某公司的诉讼请求。

律师提示

企业财务制度不健全，员工法律意识淡薄，经常发生员工利用职务之便侵吞公司财物的行为。员工自以为侵吞行为后果不严重，大不了退款赔偿。殊不知，侵吞公司财务轻则丢工作，重则有牢狱之灾。

1.民事层面。根据《民法典》第985条的规定，员工没有合法依据取得货款，造成公司损失，属于不当得利，公司可要求员工将不当得利的款项返还公司。

2.劳动关系层面。员工利用职务之便侵吞公司财物的行为，一般可认定为"严重失职，营私舞弊，对用人单位利益造成重大损害"的情形，用人单位可以依据《劳动法》第25条和《劳动合同法》第39条的规定与劳动者解除劳动合同。当然，用人单位应尽量对"严重"失职性质程度和对用人单位利益造成"重大损害"的具体金额作出具体规定，以避免争议和风险。

3.刑事层面。《刑法》第271条第1款规定："公司、企业或者其他单位的工作人员，利用职务上的便利，将本单位财物非法占为己有，数额较大的，处三年以下有期徒刑或者拘役，并处罚金；数额巨大的，处三年以上十年以下有期徒刑，并处罚金；……"同时，根据相关司法解释的规定，员工侵占公司财物达到6万元以上时，应予追究刑事责任，公司可选择直接向公安机关报案或控告。如公安机关或者人民检察院不予追究员工刑事责任的，公司有权直接向人民法院提起自诉。

根据《最高人民法院关于在审理经济纠纷案件中涉及经济犯罪嫌疑若干问题的规定》第12条之规定，法院在审理民事案件时，发现有犯罪嫌疑，应将案件移送公安机关或检察机关。但从司法实践来看，在民事审判中发现侵占财物达到6万元以上的，案件被移送侦查机关的情况并不多。因此，公司在处置该类事件时，可直接选择报案和控告员工职务侵占行为，以起到"杀鸡儆猴"的作用，也可选择民事诉讼或协商处理，给员工"留一线生机"。

综上所述，员工利用职务之便侵吞公司财物的行为不仅涉及赔偿，还可能涉嫌刑事犯罪。员工应提高守法意识，廉洁履职；企业则应加强财务管理，"刚柔并济"处置员工职务侵占行为。

💬 法条链接

1.《劳动法》

第二十五条　劳动者有下列情形之一的，用人单位可以解除劳动合同：

（一）在试用期间被证明不符合录用条件的；

（二）严重违反劳动纪律或者用人单位规章制度的；

（三）严重失职，营私舞弊，对用人单位利益造成重大损害的；

（四）被依法追究刑事责任的。

2.《劳动合同法》

第三十九条　劳动者有下列情形之一的，用人单位可以解除劳动合同：

（一）在试用期间被证明不符合录用条件的；

（二）严重违反用人单位的规章制度的；

（三）严重失职，营私舞弊，给用人单位造成重大损害的；

（四）劳动者同时与其他用人单位建立劳动关系，对完成本单位的工作任务造成严重影响，或者经用人单位提出，拒不改正的；

（五）因本法第二十六条第一款第一项规定的情形致使劳动合同无效的；

（六）被依法追究刑事责任的。

3.《民法典》

第一百二十二条　因他人没有法律根据，取得不当利益，受损失的人有权请求其返还不当利益。

第九百八十五条　得利人没有法律根据取得不当利益的，受损失的人可以请求得利人返还取得的利益，但是有下列情形之一的除外：

（一）为履行道德义务进行的给付；

（二）债务到期之前的清偿；

（三）明知无给付义务而进行的债务清偿。

4.《刑法》

第二百七十一条　公司、企业或者其他单位的工作人员，利用职务上的便利，将本单位财物非法占为己有，数额较大的，处三年以下有期徒刑或者拘役，并处罚金；数额巨大的，处三年以上十年以下有期徒刑，并处罚金；数额特别巨大的，处十年以上有期徒刑或者无期徒刑，并处罚金。

国有公司、企业或者其他国有单位中从事公务的人员和国有公司、企业或者其他国有单位委派到非国有公司、企业以及其他单位从事公务的人员有前款行为的，依照本法第三百八十二条、第三百八十三条的规定定罪处罚。

5.《最高人民法院关于在审理经济纠纷案件中涉及经济犯罪嫌疑若干问题的规定》

第十二条　人民法院已立案审理的经济纠纷案件，公安机关或检察机关认为有经济犯罪嫌疑，并说明理由附有关材料函告受理该案的人民法院的，有关人民法院应当认真审查。经过审查，认为确有经济犯罪嫌疑的，应当将案件移送公安机关或检察机关，并书面通知当事人，退还案件受理费；如认为确属经济纠纷案件的，应当依法继续审理，并将结果函告有关公安机关或检察机关。

6.《最高人民法院、最高人民检察院关于办理贪污贿赂刑事案件适用法律若干问题的解释》

第一条　贪污或者受贿数额在三万元以上不满二十万元的，应当认定为刑法第三百八十三条第一款规定的"数额较大"，依法判处三年以下有期徒刑或者拘役，并处罚金。

贪污数额在一万元以上不满三万元，具有下列情形之一的，应当认定为刑法第三百八十三条第一款规定的"其他较重情节"，依法判处三年以下有期徒刑或者拘役，并处罚金：

（一）贪污救灾、抢险、防汛、优抚、扶贫、移民、救济、防疫、社会捐助等特定款物的；

（二）曾因贪污、受贿、挪用公款受过党纪、行政处分的；

（三）曾因故意犯罪受过刑事追究的；

（四）赃款赃物用于非法活动的；

（五）拒不交待赃款赃物去向或者拒不配合追缴工作，致使无法追缴的；

（六）造成恶劣影响或者其他严重后果的。

受贿数额在一万元以上不满三万元，具有前款第二项至第六项规定的情形之一，或者具有下列情形之一的，应当认定为刑法第三百八十三条第一款规定的"其他较重情节"，依法判处三年以下有期徒刑或者拘役，并处罚金：

（一）多次索贿的；

（二）为他人谋取不正当利益，致使公共财产、国家和人民利益遭受损失的；

（三）为他人谋取职务提拔、调整的。

第十一条 刑法第一百六十三条规定的非国家工作人员受贿罪、第二百七十一条规定的职务侵占罪中的"数额较大""数额巨大"的数额起点，按照本解释关于受贿罪、贪污罪相对应的数额标准规定的二倍、五倍执行。

43　为员工出具收入证明需要注意什么？

	据实出具。
法条依据	《最高人民法院关于审理劳动争议案件适用法律问题的解释（一）》第四十四条　因用人单位作出的开除、除名、辞退、解除劳动合同、减少劳动报酬、计算劳动者工作年限等决定而发生的劳动争议，用人单位负举证责任。

 基本案情

2016年4月28日，某公司为张某开具《在职工作证明》和《收入证明》，《收入证明》载明："兹有我公司员工张某，男，汉族，身份证号码为××……系我公司正式员工，月收入10600元（含补贴、津贴、奖励等其他收入，限使用于办理商业贷款手续）。"因发生争议，张某向某劳动人事争议仲裁院申请仲裁，请求裁决解除与某公司劳动关系并由某公司支付拖欠的工资21200元。

某公司辩称：我公司与张某并不存在劳动关系，张某既没有接受我公司的管理，工资也并不是由我公司发放，张某系与案外第三人陈某存在雇佣关系。

裁判结果

仲裁院经审理认为，劳动关系是依法建立的由劳动者服从用人单位管理并提供劳动力，用人单位提供生产资料、支付工资，二者结合形成的权利义务关系。张某工资系由个人支付还是公司账户支付并不必然决定劳动关系的判定，且陈某系某公司的股东，张某所提供的劳动也是公司业务组成部分，公司提交的证据不能证实张某与陈某存在雇佣关系从而推翻《收入证明》和《在职工作证明》，故本院确认，张某和某公司存在劳动关系。《劳动合同法》第30条第1款规定："用人单位应当按照劳动合同约定和国家规定，向劳动者及时足额支付劳动报酬。"某公司未提交相关工资支付凭证证实向张某支付工资的情况，应承担举证不能的不利后果，故某公司应当向张某支付拖欠的工资21200元。仲裁院遂支持了张某的仲裁请求。

律师提示

在员工办理签证、银行贷款等事项时，都需要用人单位出具收入证明。用人单位开具收入证明应慎重处理，以免产生法律风险。

出具虚假收入证明存在如下法律风险：

1.企业给非员工开具收入证明，可能被认定为与其存在劳动关系。收入证明一般均载明某人系企业员工，甚至载明在职时间，如无相反证据证明双方不具备劳动关系，公司在劳动争议中将面临败诉风险，并将承担支付工资、经济补偿金、补缴社会保险等赔偿责任。

2.给员工开具虚假收入证明，可能产生不必要的劳动争议。收入证明载明了员工的收入、工作年限等内容，如无相反证据证明员工真实情况，企业在劳动争议中可能被认定为欠付工资，承担向员工补足工资差额、支付经济补偿金等法律责任。

3.企业开具虚假收入证明并非法使用，可能面临行政处罚或者刑事责任。例如，在民事诉讼中，企业伪造、毁灭重要证据，妨碍人民法院审理案件的，人民法院可以根据情节轻重予以罚款、拘留；构成犯罪的，依法追究刑事责任。

如何在帮助员工的同时，又能避免开具收入证明带来的法律风险呢？笔者建议：

1.开具真实的收入证明，证明所载情况应与员工真实情况相符。

2.明确收入证明的接收单位，载明收入证明的实际用途和有效期，以免收入证明被滥用。

3.对开具收入证明建立台账管理，记录开具的时间、用途，并要求员工确认签字。

4.由员工向企业出具承诺书，载明收入证明真实用途、员工真实工资收入，以及由员工表示愿意承担因证明内容不真实而导致的法律后果，并赔偿因此给用人单位或第三方造成的损失。

综上所述，收入证明可证明员工工作时间、收入等内容，企业应据实开具相应证明。如有特殊情况出具收入证明内容与实际情况有出入，企业应要求员工出具自行承担相应法律后果的承诺书。

法条链接

1.《民法典》

第一百五十三条 违反法律、行政法规的强制性规定的民事法律行为无效。但是，该强制性规定不导致该民事法律行为无效的除外。

违背公序良俗的民事法律行为无效。

第一百五十四条 行为人与相对人恶意串通，损害他人合法权益的民事法律行为无效。

第一百五十五条 无效的或者被撤销的民事法律行为自始没有法律约束力。

2.《民事诉讼法》

第一百一十四条 诉讼参与人或者其他人有下列行为之一的，人民法院可以根据情节轻重予以罚款、拘留；构成犯罪的，依法追究刑事责任：

（一）伪造、毁灭重要证据，妨碍人民法院审理案件的；

（二）以暴力、威胁、贿买方法阻止证人作证或者指使、贿买、胁迫他人作伪证的；

（三）隐藏、转移、变卖、毁损已被查封、扣押的财产，或者已被清点并责令其保管的财产，转移已被冻结的财产的；

（四）对司法工作人员、诉讼参加人、证人、翻译人员、鉴定人、勘验人、协助执行的人，进行侮辱、诽谤、诬陷、殴打或者打击报复的；

（五）以暴力、威胁或者其他方法阻碍司法工作人员执行职务的；

（六）拒不履行人民法院已经发生法律效力的判决、裁定的。

人民法院对有前款规定的行为之一的单位，可以对其主要负责人或者直接责任人员予以罚款、拘留；构成犯罪的，依法追究刑事责任。

3.《最高人民法院关于审理劳动争议案件适用法律问题的解释（一）》

第四十四条 因用人单位作出的开除、除名、辞退、解除劳动合同、减少劳动报酬、计算劳动者工作年限等决定而发生的劳动争议，用人单位负举证责任。

44 用人单位可以提前解除竞业限制协议吗？

可以。	
法条依据	《最高人民法院关于审理劳动争议案件适用法律问题的解释（一）》第三十九条 在竞业限制期限内，用人单位请求解除竞业限制协议的，人民法院应予支持。 在解除竞业限制协议时，劳动者请求用人单位额外支付劳动者三个月的竞业限制经济补偿的，人民法院应予支持。

 基本案情

2013年4月8日，张某进入某公司工作，岗位为教育培训中心高级美容讲师。2013年8月27日，双方签订《劳动合同保密及竞业限制协议》，其中第5条第4款约定："张某无论何种原因离开某公司两年内，因承担本合同项下竞业限制义务，某公司给予张某竞业限制补偿费。"2014年1月17日，某公司解除与张某的劳动合同。2014年1月22日，某公司作出《终止竞业限制通知书》，解除对张某离职后的竞业限制。张某向某劳动人事争议仲裁院申请仲裁，请求裁决某公司支付竞业限制补偿金。

裁判结果

仲裁院认为，因双方对竞业限制进行了约定，而某公司并无证据证实张某未履行义务，故某公司应向张某支付2014年1月17日至2014年1月22日（6天）的竞业限制补偿。另外，根据《最高人民法院关于审理劳动争议案件适用法律若干问题的解释（四）》第9条①之规定，在竞业限制期限内，用人单位可以解除竞业限制协议，但某公司应向张某支付3个月的竞业限制补偿，以上合计28300元。仲裁院遂支持了张某的仲裁请求。

律师提示

竞业限制，是指约定竞业限制人员在劳动合同解除或者终止后，在一定期限内，不得到与本单位生产或者经营同类产品、从事同类业务的有竞争关系的其他用人单位工作，或者自己开业生产或者经营同类产品、从事同类业务。

面对激烈竞争，企业主不希望自己培养出来的人另起炉灶，和自己"抢饭碗"，便寄希望于签订竞业限制协议来保护自己的利益。笔者建议，签订竞业限制协议应注意以下问题：

1.注意签订竞业限制的人员范围。竞业限制的人员一般限于用人单位的高级管理人员、高级技术人员和其他负有保密义务的人员，如果用人单位盲目扩大竞业限制人员范围，竞业限制效果有限，而且还将面临高额的补偿费支出，即便用人单位解除竞业限制协议，仍应支付3个月的经济补偿。

2.注意约定竞业限制的期间。法律规定竞业期间不得超过2年，企业应根据劳动者脱密和竞争威胁程度确定竞业限制期间，可以少于2年，但多于2年则会被认定为无效。

___

① 现为《最高人民法院关于审理劳动争议案件适用法律问题的解释（一）》第39条。

3.注意约定竞业限制补偿金的数额。没有约定竞业限制补偿金，不会导致竞业限制协议无效。未约定解除或者终止劳动合同后给予劳动者经济补偿的数额，劳动者履行了竞业限制义务的，有权要求用人单位按照劳动者在劳动合同解除或者终止前12个月平均工资的30%按月支付经济补偿，且不得低于劳动合同履行地最低工资标准。

劳动者和用人单位签订竞业限制协议的，劳动者不得随意解除竞业限制协议或不履行竞业限制义务，否则用人单位有权要求劳动者承担违约责任并继续履行竞业限制义务。用人单位为约束劳动者，降低潜在的利益损失风险，往往在竞业限制协议中约定高额违约金，但违约金不一定会全额得到司法机关的支持。违约金确实畸高的，司法机关可行使自由裁量权调整违约金，违约金数额的调整可酌情参考竞业限制协议签订的时间、劳动者原职务、收入情况、过错程度、未履约期限，以及用人单位实际损失等因素。

用人单位在竞业限制期限内有权任意解除竞业限制协议。用人单位与劳动者签订竞业限制协议后，有时会认为无需要求劳动者履行竞业限制义务，或者不想给劳动者支付经济补偿，为保障用人单位利益和劳动者的就业权利，法律赋予用人单位解除竞业限制协议的权利，但用人单位应额外支付劳动者3个月的竞业限制经济补偿。部分企业会在竞业限制协议中约定竞业限制义务附条件启动条款，企业有权在劳动者离职时根据实际情况通知劳动者是否需要履行竞业限制义务和支付补偿金，保障竞业限制义务履行的灵活性，可参考借鉴。

新用人单位聘用存在竞业限制义务劳动者是否需对原用人单位承担赔偿责任？根据《劳动合同法》第91条的规定，用人单位招用与其他用人单位尚未解除或者终止劳动合同的劳动者，给其他用人单位造成损失的，应当承担连带赔偿责任。新用人单位明知或者应知商业秘密权利人的员工、前员工存在侵犯商业秘密行为，仍获取、披露、使用或者允许他人使用该商业秘密的，视为侵犯商业秘密，应按照《反不正当竞争法》的相关规定承担相应侵权法律责任。

综上所述，用人单位在竞业限制期限内有权提前解除竞业限制协议，但应额外支付劳动者3个月的竞业限制经济补偿。除劳动合同解除或者终止后因用人单位的原因导致3个月未支付经济补偿外，劳动者不得提前解除竞业限制协议。

法条链接

1.《劳动合同法》

第二十三条　用人单位与劳动者可以在劳动合同中约定保守用人单位的商业秘密和与知识产权相关的保密事项。

对负有保密义务的劳动者，用人单位可以在劳动合同或者保密协议中与劳动者约定竞业限制条款，并约定在解除或者终止劳动合同后，在竞业限制期限内按月给予劳动者经济补偿。劳动者违反竞业限制约定的，应当按照约定向用人单位支付违约金。

第二十四条　竞业限制的人员限于用人单位的高级管理人员、高级技术人员和其他负有保密义务的人员。竞业限制的范围、地域、期限由用人单位与劳动者约定，竞业限制的约定不得违反法律、法规的规定。

在解除或者终止劳动合同后，前款规定的人员到与本单位生产或者经营同类产品、从事同类业务的有竞争关系的其他用人单位，或者自己开业生产或者经营同类产品、从事同类业务的竞业限制期限，不得超过二年。

第九十一条　用人单位招用与其他用人单位尚未解除或者终止劳动合同的劳动者，给其他用人单位造成损失的，应当承担连带赔偿责任。

2.《反不正当竞争法》

第九条　经营者不得实施下列侵犯商业秘密的行为：

（一）以盗窃、贿赂、欺诈、胁迫、电子侵入或者其他不正当手段获取权利人的商业秘密；

（二）披露、使用或者允许他人使用以前项手段获取的权利人的商业秘密；

（三）违反保密义务或者违反权利人有关保守商业秘密的要求，披露、使用或者允许他人使用其所掌握的商业秘密；

（四）教唆、引诱、帮助他人违反保密义务或者违反权利人有关保守商业秘密的要求，获取、披露、使用或者允许他人使用权利人的商业秘密。

经营者以外的其他自然人、法人和非法人组织实施前款所列违法行为的，视为侵犯商业秘密。

第三人明知或者应知商业秘密权利人的员工、前员工或者其他单位、个人实施本条第一款所列违法行为，仍获取、披露、使用或者允许他人使用该商业秘密的，视为侵犯商业秘密。

本法所称的商业秘密，是指不为公众所知悉、具有商业价值并经权利人采取相应保密措施的技术信息、经营信息等商业信息。

3.《民法典》

第五百八十五条　当事人可以约定一方违约时应当根据违约情况向对方支付一定数额的违约金，也可以约定因违约产生的损失赔偿额的计算方法。

约定的违约金低于造成的损失的，人民法院或者仲裁机构可以根据当事人的请求予以增加；约定的违约金过分高于造成的损失的，人民法院或者仲裁机构可以根据当事人的请求予以适当减少。

当事人就迟延履行约定违约金的，违约方支付违约金后，还应当履行债务。

4.《最高人民法院关于审理劳动争议案件适用法律问题的解释（一）》

第三十六条　当事人在劳动合同或者保密协议中约定了竞业限制，但未约定解除或者终止劳动合同后给予劳动者经济补偿，劳动者履行了竞业限制义务，要求用人单位按照劳动者在劳动合同解除或者终止前十二个月平均工资的30%按月支付经济补偿的，人民法院应予支持。

前款规定的月平均工资的30%低于劳动合同履行地最低工资标准的，按照劳动合同履行地最低工资标准支付。

第三十七条　当事人在劳动合同或者保密协议中约定了竞业限制和经济补偿，当事人解除劳动合同时，除另有约定外，用人单位要求劳动者履行竞业限制义务，或者劳动者履行了竞业限制义务后要求用人单位支付经济补偿的，人民法院应予支持。

第三十八条　当事人在劳动合同或者保密协议中约定了竞业限制和经济补偿，劳动合同解除或者终止后，因用人单位的原因导致三个月未支付经济补偿，劳动者请求解除竞业限制约定的，人民法院应予支持。

第三十九条　在竞业限制期限内，用人单位请求解除竞业限制协议的，人民法院应予支持。

在解除竞业限制协议时，劳动者请求用人单位额外支付劳动者三个月的竞业限制经济补偿的，人民法院应予支持。

第四十条　劳动者违反竞业限制约定，向用人单位支付违约金后，用人单位要求劳动者按照约定继续履行竞业限制义务的，人民法院应予支持。

文书链接

竞业限制协议

甲方（用人单位）：＿＿＿＿＿＿＿＿＿＿

统一社会信用代码：＿＿＿＿＿＿＿＿＿＿

住所地：＿＿＿＿＿＿＿＿＿＿

法定代表人：＿＿＿＿＿＿＿＿＿＿

电话：＿＿＿＿＿＿＿＿＿＿

微信：＿＿＿＿＿＿＿＿＿＿　　电子邮箱：＿＿＿＿＿＿＿＿＿＿

乙方（劳动者）：＿＿＿＿＿＿＿＿＿＿

身份证号：＿＿＿＿＿＿＿＿＿＿

住址：＿＿＿＿＿＿＿＿＿＿

电话：＿＿＿＿＿＿＿＿＿＿

微信：＿＿＿＿＿＿＿＿＿＿　　电子邮箱：＿＿＿＿＿＿＿＿＿＿

根据《中华人民共和国劳动合同法》《中华人民共和国反不正当竞争法》

及其他有关法律法规规定，甲、乙双方本着平等、自愿、公平和诚实信用的原则，就乙方在任职期间及离职以后竞业限制有关事项，订立本协议，供双方共同遵守。

一、竞业限制

1.乙方不得在与甲方有业务竞争关系的单位工作，即不得在与甲方生产、经营、从事类似产品、提供类似服务的，或者对甲方业务构成现实与潜在竞争的个人或组织任职，包括但不限于以下公司：

（1）＿＿＿＿＿＿＿＿＿＿＿＿＿

（2）＿＿＿＿＿＿＿＿＿＿＿＿＿

（3）＿＿＿＿＿＿＿＿＿＿＿＿＿

2.乙方在上述期间不得从事任何竞业行为，具有下列情形之一时，视为乙方从事竞业行为或违反竞业限制义务：

（1）从竞争性单位处领取任何报酬（包括但不限于以薪酬、报酬、劳务费、分红等任何名义），或者获得旅游、实物、购物卡、消费卡、报销等好处；

（2）在竞争性单位缴纳个人所得税、社会保险、住房公积金；

（3）乙方关联人（乙方近亲属，即配偶、父母、兄弟姐妹、子女、配偶的父母、配偶的兄弟姐妹、兄弟姐妹的配偶、子女的配偶等；乙方担任管理人员或合伙人或直接或间接拥有10%或以上权益的机构）从竞争性单位处领取任何报酬（包括但不限于以薪酬、报酬、劳务费、分红、报销、服务费用、购买等任何名义）或获得旅游、实物、购物卡、消费卡、报销等好处，而乙方不能提供合理说明的；

（4）直接或间接引诱、要求、劝说、雇用或鼓励甲方的其他员工离职，以其个人名义或以任何第三方名义怂恿或诱使甲方的任何员工在其他单位任职；

（5）乙方不能按本协议约定向甲方说明当下工作情况或所说明情况与实际情况不符的。

二、竞业限制义务履行

1.乙方在甲方任职期间履行竞业限制和禁止劝诱义务，甲方无需支付任何补偿。

2.乙方离职后的竞业限制期限为乙方与甲方任何一方与对方终止或解除劳动合同（不论终止或者解除的理由，亦不论终止或者解除是否有理由）之日起的24个月内。

3.甲方可在乙方离职前书面通知乙方解除本竞业限制协议，本协议所约定的竞业限制义务自通知之日解除，甲方无需再支付竞业限制补偿金。

4.双方如因竞业限制补偿金发生争议的，在争议解决期间，乙方应继续履行竞业限制义务。

5.乙方如新入职、变更工作单位、自己创业等，应在一周内通过书面形式向甲方说明当下的工作单位与工作情况，甲方亦有权根据实际需要要求乙方向甲方说明当下的工作单位与工作情况。

三、竞业限制经济补偿

1.乙方如约履行竞业限制及禁止劝诱义务的，甲方在乙方离职后按月（当月经济补偿于次月10日前发放）支付经济补偿，并代扣代缴个人所得税。

2.乙方应当在每季第一个月向甲方提供履行竞业限制义务的证明，该证明包括但不限于其所就职单位的证明以及乙方作出的保证履行竞业限制义务的书面承诺。

3.乙方拒绝接受、自行放弃、不领取竞业限制补偿金，或者因乙方原因导致甲方无法正常发放竞业限制补偿金的，因此造成的损失由乙方自行承担，且不免除乙方的竞业限制义务。

4.若本协议约定的竞业限制补偿金标准低于法定标准，则甲方在竞业限制期限届满前予以补足到最低标准，乙方不得以此为由不履行竞业限制的义务。

5.有下列情形之一时，甲方可通知乙方暂停支付竞业限制补偿，乙方仍应履行竞业限制义务，下列情形消失或乙方证明并未违反竞业限制义务后，甲方应在一个月内补发竞业限制补偿。

（1）乙方从事竞业行为时；

（2）乙方未按本协议要求说明当下工作情况时；

（3）甲方有初步证据或有理由怀疑乙方或乙方关联人违反竞业限制及禁止劝诱义务时。

四、违约责任

1.乙方在职期间存在有竞业行为的，视为严重违反甲方规章制度与劳动纪律，甲方有权解除劳动合同。

2.乙方违反本协议约定的，应退还甲方已支付的全部竞业限制补偿金，应当一次性向甲方支付违约金_____元。如违约金不足以弥补甲方实际损失的，甲方还有权要求乙方按照实际损失向甲方承担赔偿责任，乙方还应承担甲方维权所支付的律师费、调查费用、公证费用等合理费用。

3.竞业限制补偿金的退还及违约金的支付，不能免除乙方继续履行竞业限制义务。乙方依照本协议约定承担赔偿损失和其他民事责任后，甲方仍保留提请司法途径追究乙方刑事及行政责任的权利。

4.甲方如连续3个月未向乙方支付竞业限制补偿金，经乙方书面催告后仍未履行其付款义务时，乙方有权解除本协议，如乙方未解除则应继续履行竞业限制义务。如因乙方任何个人原因导致甲方无法按时支付补偿的，不免除乙方的竞业限制及禁止劝诱义务。

五、保密

因签订和履行本协议知悉的对方的任何保密信息，甲、乙双方均负有保密的义务。否则违约方应向对方支付违约金_____元，如给对方造成损失大于前述违约金，违约方仍应赔偿。本条规定不因协议终止或解除而失效。

六、通知和送达

1.本协议首部双方预留的联系地址和信息系双方送达各类通知、协议等文件以及发生纠纷时相关文件及法律文书的送达地址。本协议约定的送达地址的适用范围包括协议履行阶段和争议进入仲裁、民事诉讼程序后的一审、二审、再审和执行程序，法院可直接通过邮寄或其他方式向双方预留的地址送达法律文书。

2.任何一方的送达地址变更的，应在变更当日书面通知对方。因一方提供或者确认的送达地址不准确、送达地址变更后未及时依程序告知对方和法院或仲裁机构、拒收或指定的接收人拒绝签收等原因，导致相关文件或法律文书未能被该方实际接收的，邮寄送达的，以文书退回之日视为送达之日；直接送达的，送达人当场在送达回证上记明情况之日视为送达之日。

七、附则

1.本协议一式二份，甲、乙双方各执一份，具有同等法律效力。

2.本协议自双方签名或盖章之日起成立并生效。

3.本协议与劳动合同不一致的，以本协议约定为准。

甲方（盖章）：　　　　　　　　　　乙方（签名）：

法定代表人（签名）：

　　　　年　　月　　日　　　　　　　年　　月　　日

45 劳动者违反保密义务，用人单位该如何维权？

要求劳动者赔偿损失。	
法条依据	《劳动合同法》第九十条 劳动者违反本法规定解除劳动合同，或者违反劳动合同中约定的保密义务或者竞业限制，给用人单位造成损失的，应当承担赔偿责任。

⚖ 基本案情

2016年8月28日，张某入职某公司从事销售工作，双方签订《保密协议书》。《保密协议书》中约定："具有保密性质的资料及信息（包括但不限于含甲方产品价格信息、供应渠道、客户资源信息等）都属于保密范围，员工应承担严格的保密义务。"某公司认为，张某在任职期间，在获得客户或潜在客户信息、订单后，将客户转向自己持股的公司进行服务交易，致使公司客户流失，遂向某劳动人事争议仲裁院申请仲裁。仲裁裁决后某公司不服向法院起诉，请求判决张某赔偿直接经济损失28万元。

☛ 裁判结果

法院经审理认为，从某公司提供的微信聊天记录来看，张某确实实施了为持股公司与客户联系签订合同、跟单等实质性的工作内容；张某将客户信息及合同从公司工作微信转发到自己的私人微信账号的行为明显违反了工作范围使用或置放保密信息的约定，可见，张某违反了《保密协议书》中的各项约定。双方在保密协议中约定，如张某违反协议，应赔偿因违约或/及侵权给公司所造成的一切损失，本院综合考量，核定张某应当向某公司赔偿损失15万元。

律师提示

商业秘密，是指不为公众所知悉、具有商业价值并经权利人采取相应保密措施的技术信息、经营信息等商业信息。商业秘密对于企业生存和发展有举足轻重的作用，如何让员工保守商业秘密，员工违约如何追究责任是不得不考虑的事情。

保密义务是一种法定义务，《劳动合同法》和《反不正当竞争法》都对商业秘密保护作了相应规定，因此不论是否有保密的书面约定，劳动者均应保守用人单位的商业秘密。双方有保密协议或者条款等约定时，劳动者违反保密义务的，用人单位可选择追究劳动者的违约责任，也可选择通过侵权之诉追究劳动者的法律责任。若双方没有保密约定，用人单位可通过侵权之诉来追究劳动者的法律责任，且保护秘密的范围仅限于法定的商业秘密，而不包括用人单位的其他秘密。

劳动者违反保密义务，用人单位该如何启动维权程序？是以劳动争议为由申请劳动仲裁还是以《反不正当竞争法》为依据直接向法院起诉呢？笔者认为，两种方式均可。但在司法实践中，大部分法院认为违反保密义务纠纷属于劳动争议，需向劳动争议仲裁委员会申请仲裁，对仲裁裁决不服的，才可以向人民法院提起诉讼。

对于企业来讲，由于劳动者自己使用或向第三人泄露、披露其在本单位工作时获得的商业秘密具有隐秘性，证明劳动者违反保密义务成为维权的最大障碍，用人单位应有足够的证据意识。另外，根据《劳动合同法》第25条的规定，除服务期和竞业禁止情形外，用人单位不得与劳动者约定由劳动者承担违约金，如在保密协议中约定劳动者承担违约金，可能会被认定为无效。根据《劳动合同法》第90条的规定，劳动者违反劳动合同中约定的保密义务给用人单位造成损失的，应当承担赔偿责任。因此，笔者建议，用人单位可在保密协议中直接约定劳动者违反保密义务应承担赔偿责任，并对赔偿金额计算或数额作出明确约定，以避免因无法举证劳动者而给用人单位造成的损失。

虽国家对于商业秘密的保护愈加重视，《最高人民法院关于审理侵犯商业秘密民事案件适用法律若干问题的规定》也自2020年9月12日起施行，但用人单位举证困难和维权成本高等问题仍需解决。

🗨 法条链接

1.《劳动合同法》

第二十三条 用人单位与劳动者可以在劳动合同中约定保守用人单位的商业秘密和与知识产权相关的保密事项。

对负有保密义务的劳动者，用人单位可以在劳动合同或者保密协议中与劳动者约定竞业限制条款，并约定在解除或者终止劳动合同后，在竞业限制期限内按月给予劳动者经济补偿。劳动者违反竞业限制约定的，应当按照约定向用人单位支付违约金。

第二十五条 除本法第二十二条和第二十三条规定的情形外，用人单位不得与劳动者约定由劳动者承担违约金。

第九十条 劳动者违反本法规定解除劳动合同，或者违反劳动合同中约定的保密义务或者竞业限制，给用人单位造成损失的，应当承担赔偿责任。

2.《劳动法》

第七十九条 劳动争议发生后，当事人可以向本单位劳动争议调解委员会申请调解；调解不成，当事人一方要求仲裁的，可以向劳动争议仲裁委员会申请仲裁。当事人一方也可以直接向劳动争议仲裁委员会申请仲裁。对仲裁裁决不服的，可以向人民法院提起诉讼。

3.《反不正当竞争法》

第九条 经营者不得实施下列侵犯商业秘密的行为：

（一）以盗窃、贿赂、欺诈、胁迫、电子侵入或者其他不正当手段获取权利人的商业秘密；

（二）披露、使用或者允许他人使用以前项手段获取的权利人的商业秘密；

（三）违反保密义务或者违反权利人有关保守商业秘密的要求，披露、使用或者允许他人使用其所掌握的商业秘密；

（四）教唆、引诱、帮助他人违反保密义务或者违反权利人有关保守商业秘密的要求，获取、披露、使用或者允许他人使用权利人的商业秘密。

经营者以外的其他自然人、法人和非法人组织实施前款所列违法行为的，视为侵犯商业秘密。

第三人明知或者应知商业秘密权利人的员工、前员工或者其他单位、个人实施本条第一款所列违法行为，仍获取、披露、使用或者允许他人使用该商业秘密的，视为侵犯商业秘密。

本法所称的商业秘密，是指不为公众所知悉、具有商业价值并经权利人采取相应保密措施的技术信息、经营信息等商业信息。

4.《最高人民法院关于审理侵犯商业秘密民事案件适用法律若干问题的规定》

第十一条 法人、非法人组织的经营、管理人员以及具有劳动关系的其他人员，人民法院可以认定为反不正当竞争法第九条第三款所称的员工、前员工。

文书链接

员工保密协议

甲方（用人单位）：＿＿＿＿＿＿＿＿＿＿

统一社会信用代码：＿＿＿＿＿＿＿＿＿＿

住所地：_____

法定代表人：_____

电话：_____

微信：_____　　电子邮箱：_____

乙方（劳动者）：_____

身份证号：_____

住址：_____

电话：_____

微信：_____　　电子邮箱：_____

　　根据《中华人民共和国劳动合同法》《中华人民共和国反不正当竞争法》及其他有关法律法规规定，甲、乙双方本着平等、自愿、公平和诚实信用的原则，就乙方在任职期间及离职以后保守保密信息的有关事项，订立本协议，供双方共同遵守。

一、保密信息

本保密协议中所涉指的保密信息包括但不限于：

1.客户信息：甲方在经营管理过程中形成的，未公开的客户个人全部信息，包括但不限于服务合同、服务记录等各种载体记载的客户姓名、性别、出生日期、身份证号、户籍所在地住址、住所、婚姻状况、家庭成员状况、收入状况、工作单位、职业、学历、财产状况等。

2.商业秘密：是指不为公众所知悉，能为甲方带来利益的非公开的技术信息和经营信息，以及包括但不限于与甲方或其客户的电话号码及潜在客户名单和信息、手册、培训资料、财务信息、专有知识、商机和业务事宜等有关的所有信息。

3.其他保密信息：

（1）公司核心数据包括但不限于公司销售数据、各电商平台的所有数据、客户数据、公司产品成本价、与其他公司签订的销售政策等一系列与公司相关的数据；

（2）公司所有运营技巧、方法、营销策略、人员架构、电脑内数据、公司群内数据，包括但不限于上述几类；

（3）公司的产品采购渠道、政策及价格、发货数据；

（4）产品的设计理念、设计定位，店铺装修、产品展示、主图详情页设计方法；

（5）公司财务状况、经营状况、薪资待遇及各类财务数据报表；

（6）公司员工档案、宽带及招聘网站账号密码、重要会议记录；

（7）公司尚未付诸实施的经营战略、经营方向、经营规划、经营项目及经营决策。

二、保密义务

1.乙方在任职期间及离职后应遵守甲方的保密制度。

2.遇到甲方保密规章、制度中未规定或者规定不明确的情况时，乙方应本着谨慎、负责的态度，采取必要、合理的措施，保守其于任职期间知悉或者持有的任何属于甲方或者虽属于第三方但甲方承诺有保密义务的秘密。

3.除履行职务需要之外，未经甲方事先书面同意，乙方不得泄露、传播、公布、发表、转让、交换或者以其他任何方式，使任何第三方（包括无权知悉该项秘密的甲方职员）知悉属于甲方或者属于第三方但甲方承诺有保密义务的保密信息，也不得在履行职务之外使用这些保密信息。

三、保密期限

1.乙方在甲方任职期间应当遵守甲方的规章制度中关于保密的规定，履行保密职责。未经甲方同意，乙方不得擅自披露和使用保密信息。

2.劳动合同解除或终止，乙方承担保密义务直至甲方宣布解密或者保密信息实际上已经公开。

四、保密信息的载体

1.乙方因职务上的需要所持有或保管的一切记录有甲方保密信息的文件、资料、图表、笔记、报告、信件、传真、磁带、磁盘、仪器，以及其他任何形式的载体均为保密信息的载体，归甲方所有，无论这些保密信息有无商业上的价值。

2.乙方离职时，或者经甲方提出要求时，应当返还属于甲方的全部财物和载有甲方保密信息的一切载体，不得将这些载体及其复制件擅自保留或交给其他任何单位或个人。

五、脱密期

1.双方根据乙方岗位涉密范围、等级等条件，选择第____种脱密方式：

（1）不设定脱密期。

（2）脱密期为____个月。在劳动合同到期前乙方不同意续签，或者乙方单方面解除劳动合同，应提前____个月通知甲方。乙方同意在脱密期内甲方可以根据经营情况选择合适的时间将乙方调整至_____岗位，甲方按下列标准支付乙方脱密期的工资为_____。

2.乙方未按脱密期限提前通知甲方解除劳动合同，甲方可以将乙方调离涉密岗位，延期为乙方办理离职手续，直至乙方脱密期届满。

六、违约责任

1.若乙方不履行本协议所约定的保密义务，甲方有权要求乙方立即停止违约行为。

2.若乙方违反保密义务，应接受甲方的通报批评、降薪或辞退等处罚，并向甲方支付经济赔偿_____元（该赔偿金额甲方再举证证明，乙方无异议），如甲方实际损失大于前述赔偿金额，乙方仍应进行赔偿。

3.甲方因调查乙方的违约行为、追索违约赔偿而支出的，以及为解决纠纷所支付的合理费用应由乙方承担，包括但不限于差旅费、交通费、律师费、公证费、司法鉴定费、委托第三方调查费等。

4.乙方违反保密义务构成犯罪的，由有关部门依法追究刑事责任。

七、通知和送达

1.本协议首部双方预留的联系地址和信息系双方送达各类通知、协议等文件以及发生纠纷时相关文件及法律文书的送达地址。本协议约定的送达地址的适用范围包括协议履行阶段和争议进入仲裁、民事诉讼程序后的一审、二审、再审和执行程序，法院可直接通过邮寄或其他方式向双方预留的地址送达法律文书。

　　2.任何一方的送达地址变更的，应在变更当日书面通知对方。因一方提供或者确认的送达地址不准确、送达地址变更后未及时依程序告知对方和法院或仲裁机构、拒收或指定的接收人拒绝签收等原因，导致相关文件或法律文书未能被该方实际接收的，邮寄送达的，以文书退回之日视为送达之日；直接送达的，送达人当场在送达回证上记明情况之日视为送达之日。

　　八、附则

　　1.本协议一式二份，甲、乙双方各执一份，具有同等法律效力。

　　2.本协议自双方签名或盖章之日起成立并生效。

　　3.本协议与劳动合同不一致的，以本协议约定为准。

甲方（盖章）：　　　　　　　　　乙方（签名）：

法定代表人（签名）：

　　　　　　年　　月　　日　　　　　　　年　　月　　日

社会保险

46　委托代缴社会保险是否合法？

	不合法。
法条依据	《社会保险法》第四条第一款　中华人民共和国境内的用人单位和个人依法缴纳社会保险费，有权查询缴费记录、个人权益记录，要求社会保险经办机构提供社会保险咨询等相关服务。

⚖ 基本案情

2014年1月1日，张某入职某建材公司，岗位为机械操作工。2014年8月1日，某建材公司与某人力资源服务公司达成合作，某人力资源服务公司为张某购买了工伤保险。2014年12月3日，张某在工作过程中意外受伤，经工伤认定后，因就赔偿事宜协商无果，张某向某劳动人事争议仲裁院申请仲裁，请求裁决某人力资源服务公司承担工伤赔偿待遇以及解除劳动关系经济补偿金。

某人力资源服务公司辩称：我公司与某建材公司是社会保险代理关系，由我公司代为购买社会保险及办理各项社保申报手续，故相关工伤认定文书显示为我公司的名称。张某由某建材公司进行招聘、录用和管理，并由其发放劳动报酬。双方签订的《劳务派遣合同》中明确约定，员工发生工伤后，在工伤保险报销范围以外的费用由某建材公司承担，且我公司已将社保部门核发的工伤保险待遇转账给了某建材公司。因此，我公司与张某不存在劳动关系，不应承担赔偿责任。

裁判结果

仲裁院经审理认为，某人力资源服务公司虽然辩称其与某建材公司只是保险代理关系，但依据其提交的《劳务派遣合同》可知，某人力资源服务公司是作为劳务派遣单位向某建材公司派遣劳务人员，根据《劳动合同法》第58条"劳务派遣单位是本法所称用人单位，应当履行用人单位对劳动者的义务……"的规定，应由某人力资源服务公司承担向张某支付工伤保险待遇和经济补偿金的用人单位责任。至于某人力资源服务公司已将社保部门核发的工伤待遇转账给某建材公司以及某建材公司是否应最终承担所有赔偿责任的问题，则属于另一个法律关系，不是本案劳动争议处理的范畴，本案不予处理。仲裁院遂支持了张某的仲裁请求。

律师提示

用人单位为员工购买社会保险是法定义务，该义务建立在用人单位和员工存在真实劳动关系的基础上，用人单位的该项法定义务不得随意转移。但在现实生活中，社会保险代缴现象很普遍，甚至成为很多人力资源服务公司的常规业务。

人力资源服务公司通过各种形式为用人单位代缴社会保险，目的是赚取相应管理费用。用人单位代缴社会保险需求来源：一是通过人力资源服务公司渠道可以单独缴纳工伤保险，用人单位可以应对劳动保障部门的执法监察，同时也可以减少社会保险费用支出；二是某些用人单位通过"假派遣"形式，将员工工资通过劳务费用进行发放，或者规避签订无固定期限合同等用人单位法定责任。

人力资源服务公司代缴社会保险的典型模式，是"劳务派遣协议+抽屉协议"的形式。劳务派遣协议从形式上制造派遣合法的假象，抽屉协议则确认双方真实代缴关系，以及社保部门核发费用之外的费用由实际用人单位承担等内容。劳动者岗位不符合临时性、辅助性或者替代性的"三性"原则，且工作场所、工作地点、工作性质等均未发生明显改变的情况下进行劳务派遣，实际上是一种借用劳务派遣名义逃避法律责任的逆向派遣（假派遣），属无效劳务派遣，应认定劳动者与实际用人单位存在事实劳动关系。

用人单位委托人力资源服务公司代缴社会保险，违反了《社会保险法》等法律规定，人力资源服务公司应依法退保，并可能被处以罚款和吊销其劳务派遣业务经营许可证的处罚。在员工发生工伤时，由于工伤保险缴纳主体和用人单位主体不一致，社会保险机构可能拒付工伤保险待遇，让用人单位或人力资源服务公司承担工伤待遇。另外，在代缴社保情况下，如相关主体提供虚假用人主体信息、虚假劳动合同等资料，可能被认定为骗保行为，涉嫌诈骗刑事犯罪。

在代缴社会保险情况下，员工工伤能否享受保险待遇在实务中有不同判例。大部分判例认为，我国建立社会保险制度的目的在于有效保障员工在遭遇工伤时能获得医疗救治、经济补偿等物质帮助，用人单位是否以自身名义履行参保缴费的义务，与工伤职工能否获得工伤保险待遇并无必然的关联性，用人单位为员工缴纳社会保险后，员工与社保机构构成工伤保险行政关系，有依法获得工伤保险待遇的权利。

综上所述，代缴社会保险是违法行为，笔者建议，企业采用劳务外包或者合法劳务派遣等形式灵活用工，降低用工成本。

法条链接

1.《劳动合同法》

第五十八条　劳务派遣单位是本法所称用人单位，应当履行用人单位对劳动者的义务。劳务派遣单位与被派遣劳动者订立的劳动合同，除应当载明本法第十七条规定的事项外，还应当载明被派遣劳动者的用工单位以及派遣期限、工作岗位等情况。

劳务派遣单位应当与被派遣劳动者订立二年以上的固定期限劳动合同，按月支付劳动报酬；被派遣劳动者在无工作期间，劳务派遣单位应当按照所在地人民政府规定的最低工资标准，向其按月支付报酬。

第六十六条 劳动合同用工是我国的企业基本用工形式。劳务派遣用工是补充形式，只能在临时性、辅助性或者替代性的工作岗位上实施。

前款规定的临时性工作岗位是指存续时间不超过六个月的岗位；辅助性工作岗位是指为主营业务岗位提供服务的非主营业务岗位；替代性工作岗位是指用工单位的劳动者因脱产学习、休假等原因无法工作的一定期间内，可以由其他劳动者替代工作的岗位。

用工单位应当严格控制劳务派遣用工数量，不得超过其用工总量的一定比例，具体比例由国务院劳动行政部门规定。

2.《社会保险法》

第四条 中华人民共和国境内的用人单位和个人依法缴纳社会保险费，有权查询缴费记录、个人权益记录，要求社会保险经办机构提供社会保险咨询等相关服务。

个人依法享受社会保险待遇，有权监督本单位为其缴费情况。

第十条 职工应当参加基本养老保险，由用人单位和职工共同缴纳基本养老保险费。

无雇工的个体工商户、未在用人单位参加基本养老保险的非全日制从业人员以及其他灵活就业人员可以参加基本养老保险，由个人缴纳基本养老保险费。

公务员和参照公务员法管理的工作人员养老保险的办法由国务院规定。

第三十三条 职工应当参加工伤保险，由用人单位缴纳工伤保险费，职工不缴纳工伤保险费。

3.《劳动合同法实施条例》

第三十五条 用工单位违反劳动合同法和本条例有关劳务派遣规定的，由劳动行政部门和其他有关主管部门责令改正；情节严重的，以每位被派遣劳动者1000元以上5000元以下的标准处以罚款；给被派遣劳动者造成损害的，劳务派遣单位和用工单位承担连带赔偿责任。

4.《劳务派遣暂行规定》

第十条　被派遣劳动者在用工单位因工作遭受事故伤害的，劳务派遣单位应当依法申请工伤认定，用工单位应当协助工伤认定的调查核实工作。劳务派遣单位承担工伤保险责任，但可以与用工单位约定补偿办法。

被派遣劳动者在申请进行职业病诊断、鉴定时，用工单位应当负责处理职业病诊断、鉴定事宜，并如实提供职业病诊断、鉴定所需的劳动者职业史和职业危害接触史、工作场所职业病危害因素检测结果等资料，劳务派遣单位应当提供被派遣劳动者职业病诊断、鉴定所需的其他材料。

47 不为员工缴纳社会保险有什么法律后果？

	员工可解除劳动合同并要求支付经济补偿。
法条依据	《劳动合同法》第三十八条第一款　用人单位有下列情形之一的，劳动者可以解除劳动合同：……（三）未依法为劳动者缴纳社会保险费的；……

基本案情

2018年8月4日，张某入职某公司，双方签订一份《聘用协议》，约定张某在某公司影像科工作，每月基础工资2200元，协议期限自2018年8月4日起至2021年8月3日，某公司未为张某缴纳社会保险。某公司从2019年3月起未向张某支付劳动报酬。2020年1月15日，某公司法定代表人王某向张某手写出具一份《工资欠条》，载明："某公司欠张某2019年3月份至2019年9月份工资共计11680元……"并签名确认。后某公司仅向张某支付部分拖欠工资。张某向某劳动人事争议仲裁院申请仲裁，仲裁裁决后张某不服向法院起诉，请求判决某公司支付拖欠工资9680元和经济补偿2200元。

裁判结果

法院经审理认为，关于张某要求支付拖欠工资的诉请，劳动者提供了正常的劳动后，用人单位应该及时支付劳动报酬。关于张某要求某公司补缴社会保险的诉请，《社会保险费征缴暂行条例》明确规定了征缴社会保险费用是社保管理部门的职责，故社会保险费的缴纳属于行政法规规定的强制缴纳的范畴，不属于人民法院劳动争议案件的处理范围，不予处理，张某应向社会保险行政主管部门申请解决。关于张某主张支付经济补偿金的诉请，《劳动合同法》第38条中劳动者可以解除劳动合同的情形包括公司未及时足额支付劳动报酬。《劳动合同法》第46条规定："有下列情形之一的，用人单位应当向劳动者支付经济补偿：（一）劳动者依照本法第三十八条规定解除劳动合同的；……"故某公司应该向张某支付经济补偿。法院遂支持了张某的诉讼请求。

🐞 律师提示

为保障公民在年老、疾病、工伤、失业、生育等情况下依法从国家和社会获得物质帮助的权利，国家建立了社会保险制度。为员工缴纳社会保险是用工单位的法定义务，但部分企业为降低用工成本，不为员工缴纳社会保险。

1.企业未为员工缴纳社会保险，员工可以要求折现吗？

社会保险属于国家强制性保险，用人单位和员工应依照法定比例和金额各自缴纳保险费用，用人单位应依法履行代扣代缴义务。用人单位和员工依法缴纳社会保险既是权利也是义务，任何一方都不得放弃或逃避。因社会保险的保险保障性质，企业未为员工缴纳社会保险，员工仅可以要求补缴社会保险，不得要求折现补偿。

2.员工可向劳动仲裁机构或人民法院请求补缴社会保险吗？

补缴社会保险纠纷不属于人民法院劳动争议案件的受理范围，人民法院不予处理。《社会保险费征缴暂行条例》等法律法规明确规定了征缴社会保险费用是社保管理部门的职责，故补缴社会保险属于行政强制缴纳的范畴，员工应向社会保险行政主管部门（劳动保障监察部门等）投诉或举报。用人单位未按时足额缴纳社会保险的，由社会保险费征收机构责令其限期缴纳并加收滞纳金，逾期仍不缴纳的，由有关行政部门处以罚款，构成犯罪的，依法追究刑事责任。

3.因客观情况无法补缴社会保险的，该如何处理？

由于国家管理制度原因，失业保险、工伤保险和医疗保险都无法补缴。用人单位未为员工办理社会保险手续，且社会保险经办机构不能补办导致员工无法享受社会保险待遇的，员工可向劳动仲裁机构或人民法院请求用人单位赔偿由此造成的损失。如果用人单位已经为员工办理了社会保险手续，但用人单位欠缴社会保险或者因缴费年限、缴费数额等发生争议的，劳动仲裁机构或人民法院则不予受理。

4.企业未为员工缴纳社会保险，员工可以要求经济补偿吗？

根据《劳动合同法》第38条的规定，用人单位未为员工缴纳社会保险的，员工有权无需提前通知用人单位即解除劳动合同。同时，根据《劳动合同法》第46条的规定，员工有权请求用人单位支付经济补偿。

5.员工签署承诺或者申明自愿放弃购买社会保险是否有效？

一种观点认为，劳动者自愿放弃购买社保一律无效，用人单位不能免责；另外一种观点认为，劳动者自愿放弃购买社保后又主张赔偿，违反诚信原则，用人单位可免责。笔者赞同第一种观点，理由如下：从应然角度看，应探究劳动者的真实意愿，再据此判断用人单位是否免责。但在实践中，用人单位在劳动关系中属于强势一方，劳动者为获得劳动机会往往不得不签署相关承诺或申明，如认可单方承诺或双方约定真实可排除法定义务，大部分劳动者的合法权益将受到损害，社会保险制度将遭受挑战。

综上所述，用人单位未为员工缴纳社会保险，员工有权即时解除劳动合同并要求支付经济补偿，同时，员工有权向劳动保障监察等部门投诉要求用人单位补缴社会保险，无法补缴的，员工有权要求用人单位赔偿由此造成的损失。

法条链接

1.《劳动合同法》

第三十八条 用人单位有下列情形之一的，劳动者可以解除劳动合同：

（一）未按照劳动合同约定提供劳动保护或者劳动条件的；

（二）未及时足额支付劳动报酬的；

（三）未依法为劳动者缴纳社会保险费的；

（四）用人单位的规章制度违反法律、法规的规定，损害劳动者权益的；

（五）因本法第二十六条第一款规定的情形致使劳动合同无效的；

（六）法律、行政法规规定劳动者可以解除劳动合同的其他情形。

用人单位以暴力、威胁或者非法限制人身自由的手段强迫劳动者劳动的，或者用人单位违章指挥、强令冒险作业危及劳动者人身安全的，劳动者可以立即解除劳动合同，不需事先告知用人单位。

第四十六条 有下列情形之一的，用人单位应当向劳动者支付经济补偿：

（一）劳动者依照本法第三十八条规定解除劳动合同的；

（二）用人单位依照本法第三十六条规定向劳动者提出解除劳动合同并与劳动者协商一致解除劳动合同的；

（三）用人单位依照本法第四十条规定解除劳动合同的；

（四）用人单位依照本法第四十一条第一款规定解除劳动合同的；

（五）除用人单位维持或者提高劳动合同约定条件续订劳动合同，劳动者不同意续订的情形外，依照本法第四十四条第一项规定终止固定期限劳动合同的；

（六）依照本法第四十四条第四项、第五项规定终止劳动合同的；

（七）法律、行政法规规定的其他情形。

2.《社会保险法》

第六十三条 用人单位未按时足额缴纳社会保险费的，由社会保险费征收机构责令其限期缴纳或者补足。

用人单位逾期仍未缴纳或者补足社会保险费的，社会保险费征收机构可以向银行和其他金融机构查询其存款账户；并可以申请县级以上有关行政部门作出划拨社会保险费的决定，书面通知其开户银行或者其他金融机构划拨社会保险费。用人单位账户余额少于应当缴纳的社会保险费的，社会保险费征收机构可以要求该用人单位提供担保，签订延期缴费协议。

用人单位未足额缴纳社会保险费且未提供担保的，社会保险费征收机构可以申请人民法院扣押、查封、拍卖其价值相当于应当缴纳社会保险费的财产，以拍卖所得抵缴社会保险费。

第八十六条　用人单位未按时足额缴纳社会保险费的，由社会保险费征收机构责令限期缴纳或者补足，并自欠缴之日起，按日加收万分之五的滞纳金；逾期仍不缴纳的，由有关行政部门处欠缴数额一倍以上三倍以下的罚款。

3.《社会保险费征缴暂行条例》

第二条　基本养老保险费、基本医疗保险费、失业保险费（以下统称社会保险费）的征收、缴纳，适用本条例。

本条例所称缴费单位、缴费个人，是指依照有关法律、行政法规和国务院的规定，应当缴纳社会保险费的单位和个人。

第十三条　缴费单位未按规定缴纳和代扣代缴社会保险费的，由劳动保险行政部门或者税务机关责令限期缴纳；逾期仍不缴纳的，除补缴欠缴数额外，从欠缴之日起，按日加收2‰的滞纳金。滞纳金并入社会保险基金。

4.《劳动保障监察条例》

第二十七条　用人单位向社会保险经办机构申报应缴纳的社会保险费数额时，瞒报工资总额或者职工人数的，由劳动保障行政部门责令改正，并处瞒报工资数额1倍以上3倍以下的罚款。

骗取社会保险待遇或者骗取社会保险基金支出的，由劳动保障行政部门责令退还，并处骗取金额1倍以上3倍以下的罚款；构成犯罪的，依法追究刑事责任。

48 公司不按实际工资缴纳社保有什么法律后果？

	由社会保险费征收机构责令公司限期缴纳或者补足。
法条依据	《社会保险法》第六十三条第一款　用人单位未按时足额缴纳社会保险费的，由社会保险费征收机构责令其限期缴纳或者补足。

⚖ 基本案情

　　2016年2月，张某到某公司工作，某公司与张某签订劳动合同并购买了社会保险。2017年7月14日，张某因工伤导致腰椎骨折，经鉴定构成九级伤残。某社会保险局核定张某一次性伤残补助金为3万余元，并从工伤保险基金中支付了该款项。张某认为，社会保险局审核通过的一次性伤残补助金仅是按照缴费基数进行核发，某公司应按张某离职前12个月的平均工资标准补足其应当享受的工伤待遇差额。张某向某劳动人事争议仲裁院申请仲裁，仲裁裁决后张某不服向法院起诉，请求判决某公司依法支付未按实际工资数额缴纳工伤保险待遇的一次性伤残补助差额2万余元。

🖐 裁判结果

法院经审理认为，用人单位必须为劳动者依法办理社会保险，用人单位未足额缴纳社会保险费的，应由社会保险费征收机构责令其限期缴纳或者补足。某公司为张某缴纳了工伤保险，且张某也已领取社保部门核准的一次性伤残补助金；现张某请求支付一次性伤残补助金差额，应由社保部门进行处理，不属于劳动争议案件的受理范围。法院遂驳回了张某的诉讼请求。

👆 律师提示

根据《社会保险法》等法律规定，为劳动者办理社会保险是用人单位的法定义务，用人单位需按照劳动者的实际工资标准进行缴纳。然而，用人单位以最低缴费基数缴纳社会保险的情况普遍存在。

1.能否要求用人单位承担保险待遇差额损失？

肯定说认为，用人单位少申报劳动者工资，未足额缴纳社会保险费，造成劳动者享受的保险待遇降低，根据《最高人民法院关于审理劳动争议案件适用法律问题的解释（一）》第1条第5项的规定，社会保险待遇差额部分应由用人单位向工伤职工补足。否定说认为，职工已由保险基金核定保险待遇，如认为缴费情况不符合事实的，由社会保险征缴机构依法处理，不属于法院的受案范围。

2.能否要求用人单位支付经济补偿？

肯定说认为，根据《劳动合同法》第38条第1款的规定，用人单位未按劳动者实际工资标准足额缴纳社会保险费，属于用人单位未依法为劳动者缴纳社会保险费的情形，劳动者可以解除劳动合同，用人单位需要支付经济补偿。否定说认为，"未依法为劳动者缴纳社会保险费的"应作狭义理解，指的是用人单位没有为劳动者缴纳社会保险，用人单位未按劳动者实际工资标准足额缴纳社会保险费不属于前述情形，因此用人单位无需支付经济补偿，劳动者可请求社会保险征缴机构处理。

3.用人单位未按实际工资缴纳社会保险费，社会保险征缴机构如何处理？

根据《社会保险法》第86条的规定，用人单位未按时足额缴纳社会保险费的，由社会保险费征收机构责令限期缴纳或者补足，并自欠缴之日起，按日加收5‰的滞纳金；逾期仍不缴纳的，由有关行政部门处欠缴数额1倍以上3倍以下的罚款。2018年11月22日，国家发展改革委、人民银行、中央组织部等联合发布了《关于对社会保险领域严重失信企业及其有关人员实施联合惩戒的合作备忘录》，对社会保险领域严重失信企业及有关人员实施联合惩戒，明确用人单位未如实申报社会保险缴费基数且拒不整改的，属于被惩戒的失信行为。

笔者认为，用人单位未按照劳动者实际工资缴纳社会保险费属于违法行为，应依法由法院裁判。很多法院对法律规定作限缩解释，多是基于现实的考虑，为了保证社会保险征缴权威性，避免因缴费基数问题引发劳动关系的剧烈波动。

法条链接

1.《社会保险法》

第六十三条　用人单位未按时足额缴纳社会保险费的，由社会保险费征收机构责令其限期缴纳或者补足。

用人单位逾期仍未缴纳或者补足社会保险费的，社会保险费征收机构可以向银行和其他金融机构查询其存款账户；并可以申请县级以上有关行政部门作出划拨社会保险费的决定，书面通知其开户银行或者其他金融机构划拨社会保险费。用人单位账户余额少于应当缴纳的社会保险费的，社会保险费征收机构可以要求该用人单位提供担保，签订延期缴费协议。

用人单位未足额缴纳社会保险费且未提供担保的，社会保险费征收机构可以申请人民法院扣押、查封、拍卖其价值相当于应当缴纳社会保险费的财产，以拍卖所得抵缴社会保险费。

第八十六条 用人单位未按时足额缴纳社会保险费的，由社会保险费征收机构责令限期缴纳或者补足，并自欠缴之日起，按日加收万分之五的滞纳金；逾期仍不缴纳的，由有关行政部门处欠缴数额一倍以上三倍以下的罚款。

2.《工伤保险条例》

第三十七条 职工因工致残被鉴定为七级至十级伤残的，享受以下待遇：

（一）从工伤保险基金按伤残等级支付一次性伤残补助金，标准为：七级伤残为13个月的本人工资，八级伤残为11个月的本人工资，九级伤残为9个月的本人工资，十级伤残为7个月的本人工资；

（二）劳动、聘用合同期满终止，或者职工本人提出解除劳动、聘用合同的，由工伤保险基金支付一次性工伤医疗补助金，由用人单位支付一次性伤残就业补助金。一次性工伤医疗补助金和一次性伤残就业补助金的具体标准由省、自治区、直辖市人民政府规定。

第六十四条 本条例所称工资总额，是指用人单位直接支付给本单位全部职工的劳动报酬总额。

本条例所称本人工资，是指工伤职工因工作遭受事故伤害或者患职业病前12个月平均月缴费工资。本人工资高于统筹地区职工平均工资300%的，按照统筹地区职工平均工资的300%计算；本人工资低于统筹地区职工平均工资60%的，按照统筹地区职工平均工资的60%计算。

3.《最高人民法院关于审理劳动争议案件适用法律问题的解释（一）》

第一条 劳动者与用人单位之间发生的下列纠纷，属于劳动争议，当事人不服劳动争议仲裁机构作出的裁决，依法提起诉讼的，人民法院应予受理：

（一）劳动者与用人单位在履行劳动合同过程中发生的纠纷；

（二）劳动者与用人单位之间没有订立书面劳动合同，但已形成劳动关系后发生的纠纷；

（三）劳动者与用人单位因劳动关系是否已经解除或者终止，以及应否支付解除或者终止劳动关系经济补偿金发生的纠纷；

（四）劳动者与用人单位解除或者终止劳动关系后，请求用人单位返还其收取的劳动合同定金、保证金、抵押金、抵押物发生的纠纷，或者办理劳动者的人事档案、社会保险关系等移转手续发生的纠纷；

（五）劳动者以用人单位未为其办理社会保险手续，且社会保险经办机构不能补办导致其无法享受社会保险待遇为由，要求用人单位赔偿损失发生的纠纷；

（六）劳动者退休后，与尚未参加社会保险统筹的原用人单位因追索养老金、医疗费、工伤保险待遇和其他社会保险待遇而发生的纠纷；

（七）劳动者因为工伤、职业病，请求用人单位依法给予工伤保险待遇发生的纠纷；

（八）劳动者依据劳动合同法第八十五条规定，要求用人单位支付加付赔偿金发生的纠纷；

（九）因企业自主进行改制发生的纠纷。

49 企业为离职员工多缴社会保险能否要求返还？

能。	
法条依据	《民法典》第一百二十二条　因他人没有法律根据，取得不当利益，受损失的人有权请求其返还不当利益。

🏛 基本案情

2014年4月1日，张某与某公司签订劳动合同，并为其缴纳社会保险。双方因劳动关系产生争议诉至人民法院，2016年4月4日，法院出具终审民事判决书认定双方劳动关系于2015年8月2日解除。判决生效后，某公司于2016年4月28日办理了张某社会保险停缴手续。某公司向某劳动人事争议仲裁院申请仲裁，某劳动人事争议仲裁院认为不是其受案范围，决定不予受理。某公司不服仲裁裁决向法院起诉，请求判决张某返还其在2015年8月2日至2016年4月28日期间多缴纳社保费用共计14556.6元。

👆 裁判结果

法院经审理认为，本案不属于人民法院应予受理的劳动争议案件范围，但某公司的诉讼请求是费用返还问题，并不涉及社会保险费用缴纳等问题，故本案应为不当得利纠纷,属于人民法院民事案件的受理范围。根据《民法通则》第92条的规定,没有合法根据,取得不当利益,造成他人损失的,应当将取得的不当利益返还受损失的人。本案中,双方劳动关系已于2015年8月2日解除,此后某公司为张某缴纳的社会保险费用属张某无合法根据取得的不当利益,应予以返还。法院遂支持了某公司的诉讼请求。

👆 律师提示

劳动关系解除或者终止,用人单位应办理社会保险停缴手续,不应再为离职员工购买社会保险。但由于种种原因,用人单位在劳动关系终结后仍为离职员工缴纳一定时长的社会保险费用,该费用能否要求离职员工返还呢?

员工离职后,用人单位仍为其缴纳社会保险的情形有三种:

1.员工正常离职,但由于社会保险停缴要求在特定时间办理,用人单位客观上不能及时停缴社会保险。

2.员工与用人单位发生劳动争议,劳动争议期间劳动关系处于不确定状态,用人单位无法停缴社会保险。

3.用人单位未为员工购买社会保险,劳动监察部门责令要求用人单位补缴,但是员工个人不愿意自行缴纳个人部分,用人单位在缴纳公司部分的同时不得已代为缴纳了员工个人应缴部分。

用人单位多缴社会保险发生纠纷,首要解决的是案件受理问题。对于此类案件是劳动争议还是民事纠纷仍存在争议,但一般法院均作为不当得利纠纷予以审理。部分法院认为此类案件不属于法院受案范围,理由是劳动关系终结后,用人单位对其多缴纳的社会保险应当向社会保险征收机构申请办理退费,社会保险征收机构不予办理退费的,用人单位可以依法申请行政复议或者提起行政诉讼。但由于社会保险依法由企业自主申报,社会保险征收机构仅对社会保险缴纳进行形式审查,国家亦倾向于维护社会保险缴费的权威性,因此,实务中社会保险征收机构退回多缴社会保险的可能性不大。

如法院对此类案件按照不当得利审理,能否要求离职员工返还呢?肯定说认为，多缴社会保险费用客观上造成用人单位的损失和员工的受益，员工应予以返还。否定说则认为，员工名下虽取得了多缴社会保险费用，但并不属于员工直接所有，员工取得保险利益或受益，需具备一定条件，现条件尚未成就，不构成不当得利。

笔者认为，社会保险由用人单位自行申报、代扣代缴，由于客观原因导致用人单位为离职员工多缴社会保险费用，造成社会保险缴费与劳动关系真实状态不符的，离职员工受益无法律依据，应返还不当得利。

法条链接

1.《民法典》

第一百二十二条 因他人没有法律根据，取得不当利益，受损失的人有权请求其返还不当利益。

第九百八十五条 得利人没有法律根据取得不当利益的，受损失的人可以请求得利人返还取得的利益，但是有下列情形之一的除外：

（一）为履行道德义务进行的给付；

（二）债务到期之前的清偿；

（三）明知无给付义务而进行的债务清偿。

2.《社会保险法》

第六十条 用人单位应当自行申报、按时足额缴纳社会保险费，非因不可抗力等法定事由不得缓缴、减免。职工应当缴纳的社会保险费由用人单位代扣代缴，用人单位应当按月将缴纳社会保险费的明细情况告知本人。

无雇工的个体工商户、未在用人单位参加社会保险的非全日制从业人员以及其他灵活就业人员，可以直接向社会保险费征收机构缴纳社会保险费。

50 员工被合法辞退，还能否领取失业金？

	能。
法条依据	《实施〈中华人民共和国社会保险法〉若干规定》第十三条　失业人员符合社会保险法第四十五条规定条件的，可以申请领取失业保险金并享受其他失业保险待遇。其中，非因本人意愿中断就业包括下列情形：……（四）由用人单位提出解除聘用合同或者被用人单位辞退、除名、开除的；……

⚖ 基本案情

2014年1月，张某入职某公司上班，双方未签订书面劳动合同，某公司也没有为张某缴纳社会保险。2015年11月7日，因张某长期旷工，某公司以张某严重违反公司规章制度为由，依据《劳动合同法》第39条第2项与张某解除了劳动合同。2016年1月，张某向某劳动人事争议仲裁院申请仲裁，仲裁裁决后张某不服向法院起诉，请求判决某公司支付违法解除劳动合同赔偿金15000元及失业金损失12860元。

👤 裁判结果

法院经审理认为，张某旷工达到12天，违反了《员工手册》奖惩制度第

10条的规定，公司据此认定张某严重违反公司规章制度解除劳动合同合法。关于失业金损失问题，按照《社会保险法》第45条的规定，失业人员领取失业保险金的条件包括"非因本人意愿中断就业的"，《实施〈中华人民共和国社会保险法〉若干规定》第13条对"非因本人意愿中断就业"作了解释，包括用人单位依照《劳动合同法》第39条规定与劳动者解除劳动合同的情形。某公司未为张某缴纳失业保险，致使张某无法享受失业保险待遇，因此某公司理应承担支付失业金的责任。法院遂支持了张某的诉讼请求。

律师提示

根据《劳动合同法》第39条的规定，员工由于本身过失，被用人单位合法解除劳动合同，用人单位不存在过错的，无需支付任何经济补偿。此时，员工还能否领取失业金呢？

员工能否领取失业金的核心条件是员工非因本人意愿中断就业。《实施〈中华人民共和国社会保险法〉若干规定》第13条对"非因本人意愿中断就业的"作了明确解释，其中第2项规定"由用人单位依照劳动合同法第三十九条、第四十条、第四十一条规定解除劳动合同的"，第4项规定"由用人单位提出解除聘用合同或者被用人单位辞退、除名、开除的"情形，员工可以申请领取失业金。因此，由用人单位合法解除劳动合同，员工没有经济补偿，却可以领取失业金。

值得注意的是，《实施〈中华人民共和国社会保险法〉若干规定》第13条对"非因本人意愿中断就业"作了扩张性的解释，根据第5项规定，劳动者本人依照《劳动合同法》第38条规定解除劳动合同的，也可以申请领取失业金。《劳动合同法》第38条规定的是由于用人单位的过失，劳动者可以单方解除劳动合同的情形，在此类情形下，劳动者解除劳动合同，既可以要求用人单位支付经济补偿，也可以领取失业金。

综上，员工能否领取失业金与用人单位是否合法解除、是否需要支付经济补偿、员工是否主动离职等不存在必然关联性，企业应注意对比和识别。

法条链接

1.《劳动合同法》

第三十九条　劳动者有下列情形之一的，用人单位可以解除劳动合同：

（一）在试用期间被证明不符合录用条件的；

（二）严重违反用人单位的规章制度的；

（三）严重失职，营私舞弊，给用人单位造成重大损害的；

（四）劳动者同时与其他用人单位建立劳动关系，对完成本单位的工作任务造成严重影响，或者经用人单位提出，拒不改正的；

（五）因本法第二十六条第一款第一项规定的情形致使劳动合同无效的；

（六）被依法追究刑事责任的。

2.《社会保险法》

第四十五条　失业人员符合下列条件的，从失业保险基金中领取失业保险金：

（一）失业前用人单位和本人已经缴纳失业保险费满一年的；

（二）非因本人意愿中断就业的；

（三）已经进行失业登记，并有求职要求的。

3.《实施〈中华人民共和国社会保险法〉若干规定》

第十三条　失业人员符合社会保险法第四十五条规定条件的，可以申请领取失业保险金并享受其他失业保险待遇。其中，非因本人意愿中断就业包括下列情形：

（一）依照劳动合同法第四十四条第一项、第四项、第五项规定终止劳动合同的；

（二）由用人单位依照劳动合同法第三十九条、第四十条、第四十一条规定解除劳动合同的；

（三）用人单位依照劳动合同法第三十六条规定向劳动者提出解除劳动合同并与劳动者协商一致解除劳动合同的；

（四）由用人单位提出解除聘用合同或者被用人单位辞退、除名、开除的；

（五）劳动者本人依照劳动合同法第三十八条规定解除劳动合同的；

（六）法律、法规、规章规定的其他情形。

51 协商一致解除劳动合同，员工能否领取失业金？

不一定。	
法条依据	《实施〈中华人民共和国社会保险法〉若干规定》第十三条　失业人员符合社会保险法第四十五条规定条件的，可以申请领取失业保险金并享受其他失业保险待遇。其中，非因本人意愿中断就业包括下列情形：……（三）用人单位依照劳动合同法第三十六条规定向劳动者提出解除劳动合同并与劳动者协商一致解除劳动合同的；……

基本案情

2010年1月，张某入职某公司上班，双方未签订书面劳动合同，某公司没有为张某购买社会保险。2015年3月7日，某公司与张某签订《终止劳动关系协议书》，依据《劳动合同法》第36条规定解除劳动关系。2016年1月，张某以某公司未为其购买失业保险造成失业金损失为由，向某劳动人事争议仲裁院申请仲裁，仲裁院不予受理，后张某诉至法院，请求判决某公司支付失业金损失26000元。

🐾 裁判结果

法院经审理认为，按照《社会保险法》第45条的规定，失业人员领取失业保险金的条件包括"非因本人意愿中断就业"。《实施〈中华人民共和国社会保险法〉若干规定》第13条对"非因本人意愿中断就业"作了解释，包括用人单位依照《劳动合同法》第36条规定向劳动者提出解除劳动合同并与劳动者协商一致解除劳动合同的情形。某公司认为张某系自愿与公司解除劳动合同，不符合《失业保险条例》关于领取失业保险金的规定。依据《劳动合同法》第36条规定解除劳动关系，某公司应举证证明是劳动者提出还是用人单位提出解除劳动合同，无法举证应承担举证不利的后果，因此，本院认定是用人单位依照《劳动合同法》第36条规定向劳动者提出解除劳动合同，张某有权领取失业金。某公司未购买失业保险，致使张某无法享受失业保险待遇，因此某公司理应承担支付失业金的责任。法院遂支持了张某的诉讼请求。

🐾 律师提示

在员工离职时，公司为了配合员工领取失业保险金，通常依据《劳动合同法》第36条的规定，以协商一致为由与员工解除劳动合同。这样的做法有什么法律风险呢？

依据《社会保险法》第45条之规定，缴纳失业保险费满1年，且非因本人意愿中断就业，进行失业登记并有求职要求的可领取失业保险金。《实施〈中华人民共和国社会保险法〉若干规定》第13条第3项明确规定，用人单位依照《劳动合同法》第36条规定向劳动者提出解除劳动合同并与劳动者协商一致解除劳动合同的，属于"非因本人意愿中断就业"情形。

基于上述规定，只要员工和公司按照《劳动合同法》第36条规定解除劳动合同，大部分社会保障部门一律予以核发失业保险金，但这样的做法是错误的。根据《劳动合同法》第36条规定解除劳动合同，应分为两种情形：一种是用人单位向劳动者提出并协商一致解除劳动合同，属于"非因本人意愿中断就业"，可领取失业保险金；另一种是劳动者向用人单位提出并协商一致解除劳动合同，实质上等同于劳动者主动辞职，不属于"非因本人意愿中断就业"，不能领取失业保险金。

《劳动合同法》第46条第2项规定，用人单位依照《劳动合同法》第36条规定向劳动者提出解除劳动合同并与劳动者协商一致解除劳动合同的，用人单位应向劳动者支付经济补偿。因此，如用人单位为了配合员工领取失业保险金或者由于工作失误，仅在《用人单位解除（终止）劳动合同证明书》或者离职协议中明确离职法律依据为《劳动合同法》第36条，未明确由员工还是公司提出解除劳动合同的，员工领取失业保险金后，其有权要求公司支付经济补偿。

综上，用人单位与劳动者依据《劳动合同法》第36条规定解除劳动合同，必须明确究竟是谁提出解除劳动合同，用人单位应实事求是，否则可能需承担不必要的法律责任。

💬 法条链接

1.《劳动合同法》

第三十六条　用人单位与劳动者协商一致，可以解除劳动合同。

2.《社会保险法》

第四十五条　失业人员符合下列条件的，从失业保险基金中领取失业保险金：

（一）失业前用人单位和本人已经缴纳失业保险费满一年的；

（二）非因本人意愿中断就业的；

（三）已经进行失业登记，并有求职要求的。

3.《实施〈中华人民共和国社会保险法〉若干规定》

第十三条　失业人员符合社会保险法第四十五条规定条件的，可以申请领取失业保险金并享受其他失业保险待遇。其中，非因本人意愿中断就业包括下列情形：

（一）依照劳动合同法第四十四条第一项、第四项、第五项规定终止劳动合同的；

（二）由用人单位依照劳动合同法第三十九条、第四十条、第四十一条规定解除劳动合同的；

（三）用人单位依照劳动合同法第三十六条规定向劳动者提出解除劳动合同并与劳动者协商一致解除劳动合同的；

（四）由用人单位提出解除聘用合同或者被用人单位辞退、除名、开除的；

（五）劳动者本人依照劳动合同法第三十八条规定解除劳动合同的；

（六）法律、法规、规章规定的其他情形。

未缴纳失业保险，公司需赔偿员工失业金损失吗？

	需要。
法条依据	《最高人民法院关于审理劳动争议案件适用法律问题的解释（一）》第一条　劳动者与用人单位之间发生的下列纠纷，属于劳动争议，当事人不服劳动争议仲裁机构作出的裁决，依法提起诉讼的，人民法院应予受理：……（五）劳动者以用人单位未为其办理社会保险手续，且社会保险经办机构不能补办导致其无法享受社会保险待遇为由，要求用人单位赔偿损失发生的纠纷；……

⚖ 基本案情

2014年4月26日，张某入职某教育公司，双方签订书面劳动合同，合同期限自2014年4月26日至2017年4月25日，某公司仅为张某缴纳养老保险和医疗保险，未缴纳失业保险。2017年4月8日，某教育公司向张某发出终止劳动合同告知函，告知张某双方劳动合同即将到期，公司不愿意继续与张某签订劳动合同，由张某于2017年4月25日前办理离职手续。因对补偿问题协商无果，张某向某劳动人事争议仲裁院申请仲裁，仲裁裁决后张某不服向法院起诉，请求裁决某教育公司支付失业金损失人民币7966元。

🔲 裁判结果

法院经审理认为，根据《劳动法》第72条的规定，缴纳社会保险费属于用人单位的法定义务，某教育公司未为张某购买失业保险，导致双方劳动关系终止后，张某在符合领取失业保险金的条件下不能领取失业保险金，某教育公司应承担赔偿责任。参照《云南省失业保险条例》第20条规定，失业人员失业前累计足额缴费年限满3年的，可领取7个月的失业保险金。法院遂支持了张某的诉讼请求。

🔲 律师提示

根据《最高人民法院关于审理劳动争议案件适用法律问题的解释（一）》第1条第5项的规定，劳动者以用人单位未为其办理社会保险手续，且社会保险经办机构不能补办导致其无法享受社会保险待遇为由，要求用人单位赔偿损失发生的纠纷，人民法院应予以受理。员工据此要求公司赔偿失业金损失，却存在不同司法观点。

依据《社会保险法》第45条和《失业保险条例》第14条的规定，具备下列条件的失业人员，可以领取失业保险金：（1）失业前用人单位和本人已经缴纳失业保险费满1年的；（2）非因本人意愿中断就业的；（3）已办理失业登记，并有求职要求的。公司未为员工依法缴纳失业保险，能否得到失业金损失赔偿，就看是否符合以上三个条件。

员工入职1年以上，公司未为员工依法缴纳失业保险，或者公司为员工缴纳失业保险的期限不满1年，应认定为"失业前用人单位和本人已经缴纳失业保险费满1年的"情形，这在实务中一般不存在争议。

对于"非因本人意愿中断就业"的理解，《实施〈中华人民共和国社会保险法〉若干规定》第13条已明确了六种情形，员工需特别注意的是，员工因个人原因主动辞职或离职，不属于"非因本人意愿中断就业"情形，不能主张失业金损失。

在绝大部分案件中，员工主张失业金损失时，未办理失业登记。因此，办理失业登记是否领取失业保险金的必要条件，成为此类案件的关键点。根据《失业保险条例》第16条第1款的规定，企业事业单位应将员工的名单自终止或者解除劳动关系之日起7日内报社会保险经办机构备案，没有这个前提，员工客观上无法办理失业登记。而《失业保险条例》第16条第2款规定，城镇企业事业单位职工失业后，应当持本单位为其出具的终止或者解除劳动关系的证明，及时到指定的社会保险经办机构办理失业登记。公司没有为员工缴纳失业保险的，往往也没有和员工签订劳动合同并备案，自然不会出具终止或者解除劳动关系的证明。笔者认为，让员工办理失业登记，确为"强人所难"。

笔者在对实务案件的分析中发现，支持员工失业金损失的肯定观点回避了是否办理失业登记的内容，而是直接认定员工符合领取失业保险金的条件下不能领取失业保险金，造成失业保险金的损失，应由用人单位赔偿。否定观点则认定因员工无法证明已办理失业登记，不能证实失业状态，不符合领取失业保险金的条件。

综上，笔者建议，在用人单位没有为员工购买失业保险的情况下，员工主张失业金损失的，应积极证明是用人单位不配合出具相关证明手续、未签订劳动合同等原因，导致劳动者无法办理失业登记，才能更好维护自身合法权益。

法条链接

1.《社会保险法》

第四十五条 失业人员符合下列条件的，从失业保险基金中领取失业保险金：

（一）失业前用人单位和本人已经缴纳失业保险费满一年的；

（二）非因本人意愿中断就业的；

（三）已经进行失业登记，并有求职要求的。

第四十六条 失业人员失业前用人单位和本人累计缴费满一年不足五年的，领取失业保险金的期限最长为十二个月；累计缴费满五年不足十年的，领取失业保险金的期限最长为十八个月；累计缴费十年以上的，领取失业保险金的期限最长为二十四个月。重新就业后，再次失业的，缴费时间重新计算，领取失业保险金的期限与前次失业应当领取而尚未领取的失业保险金的期限合并计算，最长不超过二十四个月。

2.《失业保险条例》

第十六条 城镇企业事业单位应当及时为失业人员出具终止或者解除劳动关系的证明，告知其按照规定享受失业保险待遇的权利，并将失业人员的名单自终止或者解除劳动关系之日起7日内报社会保险经办机构备案。

城镇企业事业单位职工失业后，应当持本单位为其出具的终止或者解除劳动关系的证明，及时到指定的社会保险经办机构办理失业登记。失业保险金自办理失业登记之日起计算。

失业保险金由社会保险经办机构按月发放。社会保险经办机构为失业人员开具领取失业保险金的单证，失业人员凭单证到指定银行领取失业保险金。

第二十一条 单位招用的农民合同制工人连续工作满1年，本单位并已缴纳失业保险费，劳动合同期满未续订或者提前解除劳动合同的，由社会保险经办机构根据其工作时间长短，对其支付一次性生活补助。补助的办法和标准由省、自治区、直辖市人民政府规定。

3.《实施〈中华人民共和国社会保险法〉若干规定》

第十三条 失业人员符合社会保险法第四十五条规定条件的，可以申请领取失业保险金并享受其他失业保险待遇。其中，非因本人意愿中断就业包括下列情形：

（一）依照劳动合同法第四十四条第一项、第四项、第五项规定终止劳动合同的；

（二）由用人单位依照劳动合同法第三十九条、第四十条、第四十一条规定解除劳动合同的；

（三）用人单位依照劳动合同法第三十六条规定向劳动者提出解除劳动合同并与劳动者协商一致解除劳动合同的；

（四）由用人单位提出解除聘用合同或者被用人单位辞退、除名、开除的；

（五）劳动者本人依照劳动合同法第三十八条规定解除劳动合同的；

（六）法律、法规、规章规定的其他情形。

4.《最高人民法院关于审理劳动争议案件适用法律问题的解释（一）》

第一条 劳动者与用人单位之间发生的下列纠纷，属于劳动争议，当事人不服劳动争议仲裁机构作出的裁决，依法提起诉讼的，人民法院应予受理：

（一）劳动者与用人单位在履行劳动合同过程中发生的纠纷；

（二）劳动者与用人单位之间没有订立书面劳动合同，但已形成劳动关系后发生的纠纷；

（三）劳动者与用人单位因劳动关系是否已经解除或者终止，以及应否支付解除或者终止劳动关系经济补偿金发生的纠纷；

（四）劳动者与用人单位解除或者终止劳动关系后，请求用人单位返还其收取的劳动合同定金、保证金、抵押金、抵押物发生的纠纷，或者办理劳动者的人事档案、社会保险关系等移转手续发生的纠纷；

（五）劳动者以用人单位未为其办理社会保险手续，且社会保险经办机构不能补办导致其无法享受社会保险待遇为由，要求用人单位赔偿损失发生的纠纷；

（六）劳动者退休后，与尚未参加社会保险统筹的原用人单位因追索养老金、医疗费、工伤保险待遇和其他社会保险待遇而发生的纠纷；

（七）劳动者因为工伤、职业病，请求用人单位依法给予工伤保险待遇发生的纠纷；

（八）劳动者依据劳动合同法第八十五条规定，要求用人单位支付加付赔偿金发生的纠纷；

（九）因企业自主进行改制发生的纠纷。

53 公司不为员工申请工伤认定有什么法律后果？

	工伤待遇由用人单位负担。
法条依据	《工伤保险条例》第十七条第四款　用人单位未在本条第一款规定的时限内提交工伤认定申请，在此期间发生符合本条例规定的工伤待遇等有关费用由该用人单位负担。

⚖ 基本案情

　　张某系某公司员工，某公司依法为张某购买了社会保险。2017年9月17日中午12时33分许，张某出差过程中突发疾病，经抢救无效于当日死亡。因某公司认为不属于工伤故未申请工伤认定。2017年12月6日，张某法定继承人向某人力资源和社会保障局申请工伤认定，张某被认定为工伤。张某法定继承人就工伤事故向某人力资源和社会保障局申请工伤保险待遇，某人力资源和社会保障局作出《工伤保险待遇处理决定》，以"用人单位未在法定时限内提出工伤认定申请"为由拒绝向张某法定继承人支付工亡待遇。张某继承人不服向法院起诉，请求判决撤销《工伤保险待遇处理决定》，由某人力资源和社会保障局支付工亡待遇共计70余万元。

　　某人力资源和社会保障局辩称：根据《工伤保险条例》第17条的规定，职工发生事故伤害的，所在单位应当自事故伤害发生之日起30日内，向统筹地区社会保险行政部门提出工伤认定申请。用人单位未在30日内提交工伤认定申请，在此期间发生符合本条例规定的工伤待遇等有关费用由该用人单位负担。某公司未按时间规定申请工伤认定，张某的工亡待遇属于"期间"内发生的费用，应由某公司承担。

裁判结果

法院经审理认为，《工伤保险条例》第17条第4款规定应理解为依法缴纳了工伤保险的用人单位，在超期申请工伤认定后，应当承担向工伤职工或其近亲属支付自事故发生之日起至其提起工伤认定申请之日止的工伤待遇费用的责任，而不是只要延误申报工伤，用人单位就要承担符合《工伤保险条例》等规定的全部工伤待遇费用。丧葬补助金、供养亲属抚恤金和因工死亡补助金等工亡待遇，是基于参加工伤保险的职工"因工死亡"这一法律事实发生的费用，而不是在"期间"发生的费用。法院遂支持了张某法定继承人的诉讼请求。

律师提示

用人单位依法为职工购买工伤保险情况下，职工发生工伤事故的，部分工伤待遇仍应由用人单位自行承担，如构成安全生产事故还会受到安监部门的行政处罚。因此，用人单位往往不愿意主动为职工申请工伤认定，特别是在职工伤害事故是否构成工伤存在争议的情况下。

根据《工伤保险条例》第17条的规定，职工发生事故伤害或者被诊断、鉴定为职业病，所在单位应当自事故伤害发生之日或者被诊断、鉴定为职业病之日起30日内提出工伤认定申请。根据《关于实施〈工伤保险条例〉若干问题的意见》第6条的规定，用人单位未在规定期限内提交工伤认定申请，从事故伤害发生之日或职业病确诊之日起到劳动保障行政部门受理工伤认定申请之日止这段时间发生的费用，由用人单位自行承担。

根据以上规定，用人单位为更好维护自身保险权益，职工发生人身伤害事故，不论对于构成工伤是否有争议，用人单位均应积极申请工伤认定。遇有特殊情况，可向劳动保障行政部门申请延长申报工伤的时限，或者应先申报工伤，然后由社会保险行政部门中止工伤申报流程，待相关法律事实确定后再行接续工伤认定程序。否则，如果用人单位在30日内未申请工伤认定，不得再行提出工伤认定申请。当然，如果用人单位拒绝申请工伤认定，工伤职工及相关权利人可在1年内提出工伤认定申请。

《社会保险法》第38条对由工伤保险基金支付的工伤费用作出了明确规定，但用人单位未及时履行申请工伤认定的义务，则应自行承担拖延申请而额外发生的费用。对"从事故伤害发生之日或职业病确诊之日起到劳动保障行政部门受理工伤认定申请之日止"发生的费用包括哪些存在一定争议。笔者认为应作狭义理解，该费用仅包括在此期间发生的医疗费用、康复费用、住院伙食补助费等。一次性伤残补助金、一次性医疗补助金、丧葬补助金、供养亲属抚恤金和因工死亡补助金等费用是法定工伤待遇，而不是在此期间"发生"的费用，因此，此类待遇仍应由工伤保险基金支付。

综上，为工伤职工申报工伤是用人单位的法定义务，用人单位应及时为职工申报工伤，才能在保障工伤职工权益的同时充分保障企业自身权益，让工伤保险发挥最大效用。

法条链接

1.《社会保险法》

第三十八条 因工伤发生的下列费用，按照国家规定从工伤保险基金中支付：

（一）治疗工伤的医疗费用和康复费用；

（二）住院伙食补助费；

（三）到统筹地区以外就医的交通食宿费；

（四）安装配置伤残辅助器具所需费用；

（五）生活不能自理的，经劳动能力鉴定委员会确认的生活护理费；

（六）一次性伤残补助金和一至四级伤残职工按月领取的伤残津贴；

（七）终止或者解除劳动合同时，应当享受的一次性医疗补助金；

（八）因工死亡的，其遗属领取的丧葬补助金、供养亲属抚恤金和因工死亡补助金；

（九）劳动能力鉴定费。

第三十九条　因工伤发生的下列费用，按照国家规定由用人单位支付：

（一）治疗工伤期间的工资福利；

（二）五级、六级伤残职工按月领取的伤残津贴；

（三）终止或者解除劳动合同时，应当享受的一次性伤残就业补助金。

2.《工伤保险条例》

第十七条　职工发生事故伤害或者按照职业病防治法规定被诊断、鉴定为职业病，所在单位应当自事故伤害发生之日或者被诊断、鉴定为职业病之日起30日内，向统筹地区社会保险行政部门提出工伤认定申请。遇有特殊情况，经报社会保险行政部门同意，申请时限可以适当延长。

用人单位未按前款规定提出工伤认定申请的，工伤职工或者其近亲属、工会组织在事故伤害发生之日或者被诊断、鉴定为职业病之日起1年内，可以直接向用人单位所在地统筹地区社会保险行政部门提出工伤认定申请。

按照本条第一款规定应当由省级社会保险行政部门进行工伤认定的事项，根据属地原则由用人单位所在地的设区的市级社会保险行政部门办理。

用人单位未在本条第一款规定的时限内提交工伤认定申请，在此期间发生符合本条例规定的工伤待遇等有关费用由该用人单位负担。

3.《关于实施〈工伤保险条例〉若干问题的意见》

六、条例第十七条第四款规定"用人单位未在本条第一款规定的时限内提交工伤认定申请的，在此期间发生符合本条例规定的工伤待遇等有关费用由该用人单位负担"。这里用人单位承担工伤待遇等有关费用的期间是指从事故伤害发生之日或职业病确诊之日起到劳动保障行政部门受理工伤认定申请之日止。

54 超过工伤认定期限，劳动者还能获得赔偿吗？

能。	
法条依据	《工伤保险条例》第一条　为了保障因工作遭受事故伤害或者患职业病的职工获得医疗救治和经济补偿，促进工伤预防和职业康复，分散用人单位的工伤风险，制定本条例。

 基本案情

2016年1月1日，张某进入某公司工作，工作岗位为搬运工，双方未签订书面劳动合同。2016年1月15日，张某在工作过程中不慎受伤，造成右尺桡骨粉碎性骨折。经法院判决张某与某公司自2016年1月1日至2016年1月31日存在事实劳动关系。2017年12月4日，某人力资源和社会保障局以张某提交工伤认定的申请时限已超过1年为由，决定不予受理张某的工伤认定申请。经某司法鉴定中心鉴定，张某损伤按照《劳动能力鉴定　职工工伤与职业病致残等级》（GB/T16180–2014）规定构成十级伤残。因劳动人事争议仲裁院不予受理，张某向法院起诉，请求判决某公司参照工伤保险待遇支付一次性伤残补助金、一次性伤残就业补助金、一次性伤残医疗补助金等费用共计11万余元。

🖐 裁判结果

法院经审理认为，工伤待遇是工伤职工的法定利益。劳动者在工作中因意外事故或职业病致残、致伤、致病或死亡时，劳动者本人或其直系亲属应依法享有工伤保险待遇。张某在某公司工作过程中履行职务时受伤，根据《工伤保险条例》第14条第1款的规定，张某的损伤应当认定为工伤。张某的伤情符合《劳动能力鉴定　职工工伤与职业病致残等级》（GB/T16180-2014）第5.9规定，应当认定为十级伤残，按照国家工伤保险政策享受相应工伤待遇。因为某公司未为张某办理工伤保险，故张某享有的相应工伤保险待遇应由某公司承担。法院遂支持了张某的诉讼请求。

🖐 律师提示

劳动者发生工伤事故，用人单位没有为劳动者购买工伤保险时，用人单位通常不会主动申请工伤认定。因法律维权意识淡薄，劳动者常常超过1年时限才提出工伤认定申请，社会保险行政部门作出不予受理决定，劳动者陷入维权困境。

根据《工伤保险条例》第17条第2款的规定，工伤职工或者其近亲属、工会组织在事故伤害发生之日或者被诊断、鉴定为职业病之日起1年内，可以直接向用人单位所在地统筹地区社会保险行政部门提出工伤认定申请。劳动者超过1年期限提出工伤认定申请，除有正当理由外，社会保险行政部门将不予受理。笔者认为，这个期限是社会保险行政部门受理工伤认定申请的程序性期限，超过这个期限丧失的是程序性权利，但并不影响劳动者实体性权利。

超过时限无法认定工伤时，劳动者能否要求用人单位承担工伤保险待遇赔偿责任？否定观点认为，工伤认定是劳动者要求享受工伤保险待遇的前提和依据，社会保险行政部门不予受理，不出具工伤认定决定书，劳动者无权请求用人单位承担工伤保险待遇。肯定观点认为，申请工伤认定系用人单位的法定义务，且无法律法规规定在劳动者错过申请期限后，劳动者丧失请求工伤保险待遇的权利。劳动者未在工伤认定申请期限内申请工伤认定，仅是不能按照《工伤保险条例》的规定要求社会保险行政部门支付工伤保险待遇，用人单位没有为劳动者缴纳工伤保险时，该赔偿责任应由用人单位承担。

劳动者超过工伤认定期限后，通行的维权方式是按照人身损害赔偿处理。《民法典》第1192条第1款规定，提供劳务一方因劳务受到损害的，根据双方各自的过错承担相应的责任。劳动者可依据前述规定，要求用人单位承担侵权民事赔偿责任，双方按照各自的过错比例承担相应责任。

《最高人民法院关于审理人身损害赔偿案件适用法律若干问题的解释》第3条第1款规定："依法应当参加工伤保险统筹的用人单位的劳动者，因工伤事故遭受人身损害，劳动者或者其近亲属向人民法院起诉请求用人单位承担民事赔偿责任的，告知其按《工伤保险条例》的规定处理。"因此，笔者认为，从严格意义上说，工伤不能按照人身损害赔偿来处理。

综上，为劳动者购买工伤保险和申请工伤认定系用人单位的法定义务，劳动者超过工伤认定时限申报工伤，仅丧失向社会保险行政部门要求支付工伤保险待遇的权利，但劳动者仍享有请求用人单位承担工伤保险待遇赔偿的权利。

法条链接

1.《工伤保险条例》

第一条 为了保障因工作遭受事故伤害或者患职业病的职工获得医疗救治和经济补偿，促进工伤预防和职业康复，分散用人单位的工伤风险，制定本条例。

第十七条 职工发生事故伤害或者按照职业病防治法规定被诊断、鉴定为职业病，所在单位应当自事故伤害发生之日或者被诊断、鉴定为职业病之日起30日内，向统筹地区社会保险行政部门提出工伤认定申请。遇有特殊情况，经报社会保险行政部门同意，申请时限可以适当延长。

用人单位未按前款规定提出工伤认定申请的，工伤职工或者其近亲属、工会组织在事故伤害发生之日或者被诊断、鉴定为职业病之日起1年内，可以直接向用人单位所在地统筹地区社会保险行政部门提出工伤认定申请。

按照本条第一款规定应当由省级社会保险行政部门进行工伤认定的事项，根据属地原则由用人单位所在地的设区的市级社会保险行政部门办理。

用人单位未在本条第一款规定的时限内提交工伤认定申请，在此期间发生符合本条例规定的工伤待遇等有关费用由该用人单位负担。

2.《民法典》

第一千一百九十二条　个人之间形成劳务关系，提供劳务一方因劳务造成他人损害的，由接受劳务一方承担侵权责任。接受劳务一方承担侵权责任后，可以向有故意或者重大过失的提供劳务一方追偿。提供劳务一方因劳务受到损害的，根据双方各自的过错承担相应的责任。

提供劳务期间，因第三人的行为造成提供劳务一方损害的，提供劳务一方有权请求第三人承担侵权责任，也有权请求接受劳务一方给予补偿。接受劳务一方补偿后，可以向第三人追偿。

3.《最高人民法院关于审理人身损害赔偿案件适用法律若干问题的解释》

第三条　依法应当参加工伤保险统筹的用人单位的劳动者，因工伤事故遭受人身损害，劳动者或者其近亲属向人民法院起诉请求用人单位承担民事赔偿责任的，告知其按《工伤保险条例》的规定处理。

因用人单位以外的第三人侵权造成劳动者人身损害，赔偿权利人请求第三人承担民事赔偿责任的，人民法院应予支持。

55 走路上班自己摔倒受伤是否构成工伤？

不构成。	
法条依据	《工伤保险条例》第十四条　职工有下列情形之一的，应当认定为工伤：……（六）在上下班途中，受到非本人主要责任的交通事故或者城市轨道交通、客运轮渡、火车事故伤害的；……

基本案情

张某系某医院职工，某医院规定其单位职工私人车辆一律到院外停放，不允许在院内任何区域内停放。2019年8月10日7时30分左右，张某驾车上班并将车辆停放在医院外小区停车场内，步行至医院过程中在小区内不慎摔倒受伤。2019年12月8日，某人力资源和社会保障局经调查后出具《不予认定工伤决定书》，对张某摔倒受伤不予认定为工伤。2019年12月24日，张某不服该决定书，将某人力资源和社会保障局诉至法院，请求判决撤销《不予认定工伤决定书》，责令其重新作出具体行政行为。

裁判结果

法院经审理认为，根据《工伤保险条例》第14条第6项关于"在上下班途中，受到非本人主要责任的交通事故或者城市轨道交通、客运轮渡、火车事故伤害的"应当认定为工伤之规定，职工在上下班途中，受到交通事故伤害的，应当认定为工伤的法定要件是：受到非本人主要责任的交通事故或者城市轨道交通、客运轮渡、火车事故伤害。本案张某在上班途中自己摔倒受伤，不符合上述法条规定的法定要件。法院遂驳回了张某的诉讼请求。

律师提示

根据《工伤保险条例》第14条第6项的规定，"在上下班途中，受到非本人主要责任的交通事故或者城市轨道交通、客运轮渡、火车事故伤害的"属于工伤。走路上班自己不慎摔伤不属于交通事故，显然不符合该规定，因此不构成工伤。

走路上班受到伤害存在多种具体情形，笔者予以总结和分析，具体如下。

1.走路上班途中在办公楼内摔伤是否构成工伤?

这种情形与前述案例极为类似，区别在于摔伤地点不同，一个是在办公场所外部，一个是在办公场所内部。上班步行至办公场所内时，根据《工伤保险条例》第14条第2项"工作时间前后在工作场所内，从事与工作有关的预备性或者收尾性工作受到事故伤害的"规定，如被认定为在工作时间前在工作场所内从事与工作有关的预备性工作受到伤害，可能被认定为工伤。

2.走路上班途中被汽车撞伤是否构成工伤?

驾车上下班途中发生非本人主要责任的交通事故伤害是典型的工伤情形。根据《道路交通安全法》第119条的规定，交通事故是指车辆在道路上因过错或者意外造成的人身伤亡或者财产损失的事件，受伤害人员是否直接驾车在所不问。因此，走路上班途中被汽车撞伤，如果伤者本人在交通事故中为非主要责任，则构成工伤。

3.走路上班途中被自行车撞伤是否构成工伤?

根据《道路交通安全法》第119条的规定，交通事故中所述的"车辆"是指机动车和非机动车。非机动车是指以人力或者畜力驱动，上道路行驶的交通工具，以及虽有动力装置驱动但设计最高时速、空车质量、外形尺寸符合有关国家标准的残疾人机动轮椅车、电动自行车等交通工具。因此，走路上班途中被自行车撞伤，如伤者本人在交通事故中为非主要责任，也构成工伤。

综上，走路上班受伤是否构成工伤，应根据具体情况，对照《工伤保险条例》等相关规定来判定。

法条链接

1.《道路交通安全法》

第一百一十九条 本法中下列用语的含义：

（一）"道路"，是指公路、城市道路和虽在单位管辖范围但允许社会机动车通行的地方，包括广场、公共停车场等用于公众通行的场所。

（二）"车辆"，是指机动车和非机动车。

（三）"机动车"，是指以动力装置驱动或者牵引，上道路行驶的供人员乘用或者用于运送物品以及进行工程专项作业的轮式车辆。

（四）"非机动车"，是指以人力或者畜力驱动，上道路行驶的交通工具，以及虽有动力装置驱动但设计最高时速、空车质量、外形尺寸符合有关国家标准的残疾人机动轮椅车、电动自行车等交通工具。

（五）"交通事故"，是指车辆在道路上因过错或者意外造成的人身伤亡或者财产损失的事件。

2.《工伤保险条例》

第十四条 职工有下列情形之一的，应当认定为工伤：

（一）在工作时间和工作场所内，因工作原因受到事故伤害的；

（二）工作时间前后在工作场所内，从事与工作有关的预备性或者收尾性工作受到事故伤害的；

（三）在工作时间和工作场所内，因履行工作职责受到暴力等意外伤害的；

（四）患职业病的；

（五）因工外出期间，由于工作原因受到伤害或者发生事故下落不明的；

（六）在上下班途中，受到非本人主要责任的交通事故或者城市轨道交通、客运轮渡、火车事故伤害的；

（七）法律、行政法规规定应当认定为工伤的其他情形。

第十九条　社会保险行政部门受理工伤认定申请后，根据审核需要可以对事故伤害进行调查核实，用人单位、职工、工会组织、医疗机构以及有关部门应当予以协助。职业病诊断和诊断争议的鉴定，依照职业病防治法的有关规定执行。对依法取得职业病诊断证明书或者职业病诊断鉴定书的，社会保险行政部门不再进行调查核实。

职工或者其近亲属认为是工伤，用人单位不认为是工伤的，由用人单位承担举证责任。

56 员工上班打架受伤是否构成工伤？

不构成。	
法条依据	《工伤保险条例》第十四条 职工有下列情形之一的，应当认定为工伤：……（三）在工作时间和工作场所内，因履行工作职责受到暴力等意外伤害的；……

基本案情

2016年8月12日15时左右，某公司职工张某与同事王某在工作过程中，因卸车发生争执，进而打架，被人拉开后，王某用挂钩打伤张某的眼睛。2016年12月12日，张某向某人力资源和社会保障局申请工伤认定。2017年1月30日，某人力资源和社会保障局作出《不予认定工伤决定书》，以张某不符合《工伤保险条例》第14条和第15条的情形为由，决定不予认定或者视同工伤。张某不服向法院起诉，请求判决撤销《不予认定工伤决定书》。

裁判结果

法院经审理认为，张某和某人力资源和社会保障局对案件事实的认定均无异议，只是对《工伤保险条例》第14条第3项中"在工作时间和工作场所内，因履行工作职责受到暴力等意外伤害的"理解不同。本案的争议焦点是，张某是否因履行工作职责受到暴力伤害。张某因卸车先后与王某发生口角，可以通过合法的途径解决，而不应当打架。尽管其受到伤害是在打架被拉开之后，但仍是打架的延续，而因打架受到的伤害不属于意外伤害的范围，不符合《工伤保险条例》第14条第3项的条件。某人力资源和社会保障局《不予认定工伤决定书》认定事实清楚，适用法律正确，程序合法。张某的诉请理由不成立，应予驳回。法院遂驳回了张某的诉讼请求。

律师提示

员工之间上班打架是否构成工伤，关键在于如何理解《工伤保险条例》第14条第3项规定的"因履行工作职责受到暴力等意外伤害的"，如何理解受到的暴力伤害与履行工作职责之间的因果关系。

第一种观点认为，员工之间因工作原因引发争执，进而引发打架，工作是诱因，且《工伤保险条例》第14条第3项规定的"暴力"并未界定是何种性质的暴力行为，故从保护劳动者人身安全的角度出发，应认为员工履行工作职责与受到暴力意外伤害之间存在因果关系，应认定为工伤。

第二种观点认为，"因履行工作职责受到暴力等意外伤害的"指员工因履行工作职责，使他人不合理或违法目的没达到，他人对该员工进行的人身伤害。员工之间发生争执虽起因于工作，但完全可以通过合法途径解决，员工受伤害的直接原因是打架斗殴行为，而打架斗殴不属于职务行为，不属于履行工作职责，不应认定为工伤。

笔者认同第二种观点，在"工作时间、工作场所"内发生的暴力伤害，都可能和工作存在一定的关联，但"工作"原因和"履行工作职责"原因存在差异，履行工作职责与受到暴力意外伤害之间应是直接的因果关系，如与工作沾得上边的都认定为工伤，无疑会不合理地扩大工伤认定范围。

员工之间上班打架不构成工伤，则用人单位无需对员工意外伤害承担任何法律责任，用人单位反而可以根据公司规章制度对员工进行处理。有部分司法观点认为，用人单位作为员工管理者，未能尽到管理人管理义务的应承担相应的赔偿责任，但笔者认为员工打架本身是违法行为，同时可能违反公司的规章制度，用人单位对此没有管理责任，受伤害员工仅能要求对方员工进行人身损害赔偿。

综上，员工之间上班打架不属于因履行工作职责受到暴力伤害，不构成工伤，用人单位无需对此承担法律责任。

法条链接

1.《行政诉讼法》

第六十九条 行政行为证据确凿，适用法律、法规正确，符合法定程序的，或者原告申请被告履行法定职责或者给付义务理由不成立的，人民法院判决驳回原告的诉讼请求。

2.《工伤保险条例》

第十四条 职工有下列情形之一的，应当认定为工伤：

（一）在工作时间和工作场所内，因工作原因受到事故伤害的；

（二）工作时间前后在工作场所内，从事与工作有关的预备性或者收尾性工作受到事故伤害的；

（三）在工作时间和工作场所内，因履行工作职责受到暴力等意外伤害的；

（四）患职业病的；

（五）因工外出期间，由于工作原因受到伤害或者发生事故下落不明的；

（六）在上下班途中，受到非本人主要责任的交通事故或者城市轨道交通、客运轮渡、火车事故伤害的；

（七）法律、行政法规规定应当认定为工伤的其他情形。

57 参加公司聚餐醉酒死亡，是否构成工伤？

	不构成。
法条依据	《工伤保险条例》第十六条　职工符合本条例第十四条、第十五条的规定，但是有下列情形之一的，不得认定为工伤或者视同工伤：……（二）醉酒或者吸毒的；……

🏛 基本案情

2018年9月28日，张某在参加某公司组织的聚餐期间，饮用大量白酒后出现呕吐和昏迷。同事将张某送往医院，但经抢救无效死亡。经某鉴定机构鉴定，张某血液中的乙醇含量为211.8mg/100ml，死因是呕吐物窒息死亡。2019年4月3日，张某父母向某人力资源和社会保障局提出工伤认定申请，某人力资源和社会保障局经调查取证作出《不予认定工伤决定书》。张某父母不服向法院起诉，请求判决撤销《不予认定工伤决定书》，认定张某死亡为工伤。

👉 裁判结果

法院经审理认为，虽然张某参加公司组织的聚餐活动具有一定的工作因素，但是在参加聚餐的过程中，张某过量饮酒并达到醉酒的行为已经超出了公司要求的行为范畴，属于张某的个人行为，不具有工作原因。同时，《工伤保险条例》第16条第2项规定："职工符合本条例第十四条、第十五条的规定，但是有下列情形之一的，不得认定为工伤或者视同工伤：……（二）醉酒或者吸毒的"，张某因醉酒死亡不得认定为工伤。法院遂驳回了张某父母的诉讼请求。

律师提示

典型的工伤是职工在工作时间和工作场所内，因工作原因受到伤害。根据《最高人民法院关于审理工伤保险行政案件若干问题的规定》第4条第2项的规定，职工参加用人单位组织或者受用人单位指派参加其他单位组织的活动受到伤害的，应认定为工伤。

员工参加公司组织的聚餐活动，如果因活动本身受到伤害，应认定为工伤。但员工在聚餐中可以选择喝酒，也可以选择不喝酒，选择喝酒也并非一定导致醉酒，因此，员工聚餐醉酒明显非工作原因，是个人行为。即员工参加聚餐本身不会受到伤害，而是其醉酒导致伤害，该伤害不应认定为工伤。员工因工作需要应酬喝酒导致伤害，则一般应认定为因工受伤。

根据《工伤保险条例》第16条第2项规定，符合工伤或视同工伤情形，但是存在醉酒情形的，不应认定为工伤或者视同工伤。这是法律对于工伤的例外规定，因此，不论是公司聚餐员工自愿喝酒，还是因工作需要应酬喝酒，达到醉酒程度的（血液中的乙醇含量为80mg/100ml），都不能认定工伤或者视同工伤。如未能进行血液酒精含量司法鉴定，社会保险行政部门仍可依职权结合相关证据认定是否属于醉酒。

醉酒直接还是间接导致员工伤害，是否影响认定工伤或者视同工伤呢？绝大部分伤害不是醉酒直接导致，而是呕吐物堵塞气管导致窒息死亡，实践中倾向于扩大解释为醉酒后间接的发生伤害都不能认定工伤或视同工伤。

员工聚餐醉酒导致伤害不能认定为工伤，但并不意味着公司不承担任何赔偿责任。《民法典》第1198条第1款规定："宾馆、商场、银行、车站、机场、体育场馆、娱乐场所等经营场所、公共场所的经营者、管理者或者群众性活动的组织者，未尽到安全保障义务，造成他人损害的，应当承担侵权责任。"公司作为聚餐组织者，应对饮酒数量进行审慎控制，对饮酒过量人员负有保护职责，如被司法机关认定为未尽到安全保障义务，公司将承担侵权赔偿责任。

综上，员工参加公司聚会醉酒死亡，不属于工伤，公司无需支付工亡待遇，但有可能因未尽到安全保障义务，承担侵权赔偿责任。因饮酒员工是完全行为能力人，明知饮酒危害仍饮酒，自身应承担主要责任，公司一般为次要责任。

法条链接

1.《工伤保险条例》

第十六条　职工符合本条例第十四条、第十五条的规定，但是有下列情形之一的，不得认定为工伤或者视同工伤：

（一）故意犯罪的；

（二）醉酒或者吸毒的；

（三）自残或者自杀的。

2.《民法典》

第一千一百九十八条　宾馆、商场、银行、车站、机场、体育场馆、娱乐场所等经营场所、公共场所的经营者、管理者或者群众性活动的组织者，未尽到安全保障义务，造成他人损害的，应当承担侵权责任。

因第三人的行为造成他人损害的，由第三人承担侵权责任；经营者、管理者或者组织者未尽到安全保障义务的，承担相应的补充责任。经营者、管理者或者组织者承担补充责任后，可以向第三人追偿。

3.《最高人民法院关于审理工伤保险行政案件若干问题的规定》

第四条　社会保险行政部门认定下列情形为工伤的，人民法院应予支持：

（一）职工在工作时间和工作场所内受到伤害，用人单位或者社会保险行政部门没有证据证明是非工作原因导致的；

（二）职工参加用人单位组织或者受用人单位指派参加其他单位组织的活动受到伤害的；

（三）在工作时间内，职工来往于多个与其工作职责相关的工作场所之间的合理区域因工受到伤害的；

（四）其他与履行工作职责相关，在工作时间及合理区域内受到伤害的。

4.《关于执行〈工伤保险条例〉若干问题的意见》

四、《条例》第十六条第（二）项"醉酒或者吸毒"的认定，应当以有关机关出具的法律文书或者人民法院的生效裁决为依据。无法获得上述证据的，可以结合相关证据认定。

58　上班时身体不适，下班回家后死亡是工伤吗？

	是。
法条依据	《工伤保险条例》第十五条　职工有下列情形之一的，视同工伤：（一）在工作时间和工作岗位，突发疾病死亡或者在48小时之内经抢救无效死亡的；……

⚖ 基本案情

　　徐某系某国土资源局工作人员。2015年6月8日上午，徐某上班期间身体不适，同事见其脸色难看督促其去医院。中午徐某回到家中休息时，倒地不起，经医务人员现场抢救无效死亡。某人力资源和社会保障局依某国土资源局的申请作出《不予认定工伤决定书》，认为徐某突发疾病既非在工作时间又非在工作岗位，其突发疾病死亡不符合视同工伤情形，不予认定为视同工伤。2016年4月11日，张某作为徐某唯一的法定继承人提起行政诉讼，以《不予认定工伤决定书》认定事实错误，适用法律错误为由，请求判决撤销某人力资源和社会保障局作出《不予认定工伤决定书》的行政行为，并责令其重新作出认定工伤的行政行为。

裁判结果

法院经审理认为，《工伤保险条例》第15条规定："职工有下列情形之一的，视同工伤：（一）在工作时间和工作岗位，突发疾病死亡或者在48小时之内经抢救无效死亡的；⋯⋯"本案中，某人社局对徐某上班期间突感身体不适，仍坚持工作直至下班的事实不持异议。徐某身体不适是在工作时间和工作岗位上发生的，身体不适是疾病突发的先期症状，疾病的加重是一个持续的过程。某人力资源和社会保障局认为徐某在家发病，死在家里，不符合视同工伤条件，本院不予采纳。法院遂支持了张某的诉讼请求。

律师提示

《工伤保险条例》第15条规定："职工有下列情形之一的，视同工伤：（一）在工作时间和工作岗位，突发疾病死亡或者在48小时之内经抢救无效死亡的；⋯⋯"但职工在上班时间身体不适，未直接去医院就医，而是回家休息引发死亡，能否认定工伤在实务中争议较大。

不支持认定工伤的观点有：

1.《工伤保险条例》第15条第1款的规定是针对在工作时间、工作岗位上突发疾病，不能坚持工作，需要紧急到医院进行救治的情况而设定的。如果是在回家之后再到医院救治或突发疾病死亡的，就不属于这一条规定的适用范围，因此，不能认定为工伤。

2.职工在上班时只是身体不适，不能认为已突发疾病，其突发疾病死亡时是在家里而不是在工作时间和工作岗位，不符合《工伤保险条例》视同工伤的情形，不应当认定为工伤。

笔者支持认定工伤的观点，理由如下：

1.职工作为非医学专业人员，对病情的轻重程度难以做出正确的判断，其回家休息具有合理性，要求职工感到身体不适就立刻去医院就医、抢救不符客观实际，也不符合常理。而且疾病的发生、发展往往会有一个由轻到重的动态发展过程，在工作时间工作岗位上发病，回家病情加重死亡符合常理。

2.工伤保险的立法宗旨是最大限度地保障劳动者因工作或者与工作相关活动中遭受事故伤害或者患职业病后能获得救治、经济补偿和职业康复的权利。因此，对工作时间、工作地点、死亡原因等应作扩大解释，对《工伤保险条例》第15条的规定从宽适用，有利于最大限度保护劳动者的权益，符合立法目的和宗旨。

另外，实务中经常出现未进行尸体解剖，死因不明的情况。《关于实施〈工伤保险条例〉若干问题的意见》第3条规定："条例第十五条规定'职工在工作时间和工作岗位，突发疾病死亡或者在48小时之内经抢救无效死亡的，视同工伤'。这里'突发疾病'包括各类疾病。……"笔者认为，突发疾病并未要求查清死因，因此，不论职工是否进行尸体解剖，身患是何种疾病，符合《工伤保险条例》第15条规定的都应当认定工伤。

综上，上班时身体不适，职工应尽量直接就医，如未就医而是下班回家后死亡能否认定工伤就会存在很大的不确定性，上班发病至死亡之间的时间越短认定工伤的合理性越大。

💬 法条链接

1.《工伤保险条例》

第十五条　职工有下列情形之一的，视同工伤：

（一）在工作时间和工作岗位，突发疾病死亡或者在48小时之内经抢救无效死亡的；

（二）在抢险救灾等维护国家利益、公共利益活动中受到伤害的；

（三）职工原在军队服役，因战、因公负伤致残，已取得革命伤残军人证，到用人单位后旧伤复发的。

职工有前款第（一）项、第（二）项情形的，按照本条例的有关规定享受工伤保险待遇；职工有前款第（三）项情形的，按照本条例的有关规定享受除一次性伤残补助金以外的工伤保险待遇。

2.《关于实施〈工伤保险条例〉若干问题的意见》

三、条例第十五条规定"职工在工作时间和工作岗位，突发疾病死亡或者在48小时之内经抢救无效死亡的，视同工伤"。这里"突发疾病"包括各类疾病。"48小时"的起算时间，以医疗机构的初次诊断时间作为突发疾病的起算时间。

不一定。	
法条依据	《工伤保险条例》第十五条第一款　职工有下列情形之一的，视同工伤：（一）在工作时间和工作岗位，突发疾病死亡或者在48小时之内经抢救无效死亡的；……

基本案情

2016年11月30日19时许，某公司保安张某在岗亭值班室突发疾病，被送到某人民医院急救，诊断为左侧颞叶沟回疝、高血压性脑出血。在抢救过程中，家属签署《拒绝或放弃医学治疗告知书》，张某于2016年12月1日12时12分在某人民医院死亡。经张某法定继承人申请，某人力资源和社会保障局于2017年1月19日作出《不予认定工伤决定书》，认为张某是家属拒绝抢救后死亡，张某受到的事故伤害不符合《工伤保险条例》第15条第1款第1项规定，不予视同工伤。

张某法定继承人认为，在治疗过程中，医院前后三次征求是否放弃治疗，家属都坚持抢救，后医生又跟家属谈是否放弃对张某的治疗，并再次告知张某现在这种情况是花钱也治不好了，家属最后选择放弃药物治疗完全是在医生多次建议下万般无奈的行为。张某法定继承人向法院起诉，请求判决撤销

《不予认定工伤决定书》，并由某人力资源和社会保障局重新作出行政行为。

裁判结果

人民法院经审理认为，某人力资源和社会保障局作为县级以上社会保险行政部门，具有工伤认定的法定职责。某人力资源和社会保障局应当根据《工伤保险条例》第19条规定向医疗机构及其主治医师调查核实死者的病情、抢救经过及抢救效果等具体情况，综合全部病案资料及其他证据判断张某是否为抢救无效死亡。对于在医疗机构告知病情及预测后果极差、已无抢救必要或者继续抢救已经没有存活的可能的情况下作出放弃治疗的行为，应当和在抢救有效的情况下放弃或者拒绝医学治疗的行为有所区分，该种情况下作出的行为应当认定为抢救无效死亡。某人力资源和社会保障局于2017年1月19日作出的《不予认定工伤决定书》，仅凭《拒绝或放弃医学治疗告知书》和《人民医院死亡记录》确认张某的死亡事故不属《工伤保险条例》第15条第1款第1项视同工伤的情形，显属主要证据不足。法院遂支持了张某的诉讼请求。

律师提示

根据《工伤保险条例》第15条第1款第1项的规定，在工作时间和工作岗位，突发疾病在48小时之内经抢救无效死亡视同工伤。但如果家属在抢救过程中放弃治疗后，员工在48小时内死亡的，能否视同工伤呢？

家属放弃治疗分为两种情况：一种是家属已竭尽全力配合抢救，医疗机构预测后果极差、已无抢救必要或者继续抢救已经没有存活的可能的情况下作出放弃治疗；另一种是抢救时间临近48小时，家属在抢救仍有效的情况下放弃治疗。大部分医疗机构在停止救治前均要求患者家属签署《拒绝或放弃医学治疗告知书》，签署《拒绝或放弃医学治疗告知书》本身无法体现是哪一种情形下的放弃治疗，而应根据具体情况进行判断。

是否有必要继续抢救？从医学专业上来看，在救治过程中，患者出现呼吸、心跳停止，常规行30分钟左右心肺复苏抢救，如患者未恢复自主呼吸和心跳，一般可认定脑死亡，医疗机构会建议放弃治疗。患者脑死亡时其死亡已具有不可逆性，当然，在现代医学条件下，继续救治仍可延缓临床死亡时间，但此时的继续救治将耗费大量费用且必要性不大。

我国法律目前对死亡标准的判定没有明确规定，实务中，一般以医疗机构出具人口死亡医学证明为死亡认定标准。由于医疗机构的管理要求，如患者家属不选择火化，则医疗机构不会出具人口死亡医学证明。根据《关于进一步规范人口死亡医学证明和信息登记管理工作的通知》的规定，未经救治的非正常死亡证明由公安司法部门按照现行规定及程序办理。但是，如医疗机构不出具人口死亡医学证明，患者家属无法证明患者在48小时内死于医院，则会给工伤认定带来障碍。

为在工伤认定中减少或者避免争议，笔者建议如下：

1.要求医疗机构详细记录救治过程，从客观上体现已无抢救必要。

2.尽力要求在病历中明确记载继续抢救已无必要，医疗机构主动建议放弃治疗的内容，不能盲目签署《拒绝或放弃医学治疗告知书》。

3.尽量按照相关规定进行火化，由医疗机构出具《居民死亡医学证明（推断）书》。

🗨 法条链接

1.《工伤保险条例》

第五条　国务院社会保险行政部门负责全国的工伤保险工作。

县级以上地方各级人民政府社会保险行政部门负责本行政区域内的工伤保险工作。

社会保险行政部门按照国务院有关规定设立的社会保险经办机构（以下称经办机构）具体承办工伤保险事务。

第十五条　职工有下列情形之一的，视同工伤：

（一）在工作时间和工作岗位，突发疾病死亡或者在48小时之内经抢救无效死亡的；

（二）在抢险救灾等维护国家利益、公共利益活动中受到伤害的；

（三）职工原在军队服役，因战、因公负伤致残，已取得革命伤残军人证，到用人单位后旧伤复发的。

职工有前款第（一）项、第（二）项情形的，按照本条例的有关规定享受工伤保险待遇；职工有前款第（三）项情形的，按照本条例的有关规定享受除一次性伤残补助金以外的工伤保险待遇。

2.《行政诉讼法》

第七十条 行政行为有下列情形之一的，人民法院判决撤销或者部分撤销，并可以判决被告重新作出行政行为：

（一）主要证据不足的；

（二）适用法律、法规错误的；

（三）违反法定程序的；

（四）超越职权的；

（五）滥用职权的；

（六）明显不当的。

3.《关于进一步规范人口死亡医学证明和信息登记管理工作的通知》

一、人口死亡医学证明的签发

人口死亡医学证明是医疗卫生机构出具的、说明居民死亡及其原因的医学证明。

（一）自2014年1月1日起，各地医疗卫生机构使用全国统一制定的新版《居民死亡医学证明（推断）书》（以下简称《死亡证》)。《死亡证》共四联（式样见附件1）。

（二）《死亡证》签发对象为在中国大陆死亡的中国公民、台港澳居民和外国人（含死亡新生儿）。

（三）《死亡证》签发单位为负责救治或正常死亡调查的医疗卫生机构。

（四）《死亡证》签章后生效。医疗卫生机构和公安部门必须准确、完整、及时地填写《死亡证》四联（后三联一致）及《死亡调查记录》，严禁任何单位和个人伪造、私自涂改。

（五）死者家属遗失《死亡证》，可持有效身份证件向签发单位申请补发一次。补发办法如下：已办理户籍注销及殡葬手续的，仅补发第三联；未办理户籍注销及殡葬手续的，补发第二至第四联。

（六）未经救治的非正常死亡证明由公安司法部门按照现行规定及程序办理。

	是。
法条依据	《工伤保险条例》第十四条　职工有下列情形之一的，应当认定为工伤：……（六）在上下班途中，受到非本人主要责任的交通事故或者城市轨道交通、客运轮渡、火车事故伤害的；……

⚖ 基本案情

　　张某为某公司员工，公司上班时间为9：00—18：00。2017年1月3日17时45分左右，张某提前下班骑电动车回家，在回家途中与货车相撞发生交通事故。该事故经某交通警察大队认定张某承担此次事故的次要责任。2017年4月18日，某人力资源和社会保障局作出《认定工伤决定书》，对张某受到的事故伤害认定为工伤。某公司不服，认为张某系违反纪律早退提前回家，不排除其是去办理私事才发生的交通事故，不应认定为工伤，故向法院提起诉讼，请求判决撤销《认定工伤决定书》。

裁判结果

法院经审理认为，张某离岗时间距离下班时间较近，其发生交通事故确系在回家途中，可以认定张某是在提前下班回家途中发生非本人主要责任的交通事故导致伤害，张某提前下班的行为违反的是单位内部的规章制度，与享受工伤保险待遇是不同的法律关系，两者之间没有必然的联系，不能因为职工违反单位规章制度而导致其丧失工伤保险待遇。《工伤保险条例》的立法目的是保障因工作遭受事故损害的职工获得医疗救治和经济补偿，某人力资源和社会保障局对张某予以工伤认定的决定，事实清楚，适用法律正确，符合法定程序。法院遂驳回了某公司的诉讼请求。

律师提示

根据《工伤保险条例》第14条第6项规定，员工在上下班途中，受到非本人主要责任的交通事故伤害应认定为工伤。对于"上下班途中"的理解，笔者认为应有两个前提条件：一是在合理路线上，二是在合理时间内。

对于"上下班途中"的合理路线问题，最高人民法院《关于审理工伤保险行政案件若干问题的规定》第6条作出了详细规定。以上下班为目的，往返于工作地和居住地的合理路线都应该认定为上下班途中。如对路线问题存在争议，举证责任一般属于用人单位，如用人单位无法举证不是上下班途中，则用人单位应承担不利法律后果。

"上下班途中"的时间是否合理，应根据确定的职工居住地与工作地空间因素和用人单位规定的上下班时间，再结合交通工具、路况等综合情况考量从居住地到工作地（上班）或从工作地到居住地（下班）的时间是否在合理范围内。对上下班时间的解释不能简单理解为用人单位考勤规定的上下班时间，上下班时间应是一个时间区域，包括提前到岗、下班收尾或加班后的时间，或早或晚，但必须具有正当性。

违反公司规章制度，擅自提前离岗下班，能否认定为"上下班途中"？肯定观点认为，《工伤保险条例》没有对"上下班途中"界定为"正常上下班途中"，合理时间内下班回家应认定为"上下班途中"，擅自提前下班违反了用人单位考勤制度，用人单位可以对其进行处罚，但违反下班时间规定不应影响工伤认定，否则不符合立法精神。否定观点认为，提前下班属于"非正常下班"的行为，劳动者支付劳动的减少以及对规章制度的违反必然会对用人单位合法权益造成损害，提前下班只有在具备了一定合理性条件的情况下，如劳动者已经履行了请假手续，或者劳动者虽未履行请假手续，但是发生了不宜继续工作的其他合理情况，才能被视为下班途中。

经笔者整理发现，多数实务案例支持肯定观点。究其原因，《工伤保险条例》的立法目的是保障因工作遭受事故损害的职工获得医疗救治和经济补偿，如因违反劳动纪律的过错导致劳动者失去工伤保障的资格对于劳动者不公平，这是价值的倾向性选择。

📢 法条链接

1.《工伤保险条例》

第十四条 职工有下列情形之一的，应当认定为工伤：

（一）在工作时间和工作场所内，因工作原因受到事故伤害的；

（二）工作时间前后在工作场所内，从事与工作有关的预备性或者收尾性工作受到事故伤害的；

（三）在工作时间和工作场所内，因履行工作职责受到暴力等意外伤害的；

（四）患职业病的；

（五）因工外出期间，由于工作原因受到伤害或者发生事故下落不明的；

（六）在上下班途中，受到非本人主要责任的交通事故或者城市轨道交通、客运轮渡、火车事故伤害的；

（七）法律、行政法规规定应当认定为工伤的其他情形。

2.《最高人民法院关于审理工伤保险行政案件若干问题的规定》

第六条　对社会保险行政部门认定下列情形为"上下班途中"的，人民法院应予支持：

（一）在合理时间内往返于工作地与住所地、经常居住地、单位宿舍的合理路线的上下班途中；

（二）在合理时间内往返于工作地与配偶、父母、子女居住地的合理路线的上下班途中；

（三）从事属于日常工作生活所需要的活动，且在合理时间和合理路线的上下班途中；

（四）在合理时间内其他合理路线的上下班途中。

61 公司提供宿舍，员工擅自外出发生交通事故是工伤吗？

是。	
法条依据	《工伤保险条例》第十四条　职工有下列情形之一的，应当认定为工伤：……（六）在上下班途中，受到非本人主要责任的交通事故或者城市轨道交通、客运轮渡、火车事故伤害的；……

 基本案情

　　因某公司所属工厂离市区较远，某公司为包括张某在内的员工提供了宿舍。某公司规章制度规定："凡住公司员工宿舍的员工外出必须写书面请假条，如私自外出造成的后果由本人承担。"2019年6月4日，张某未向公司请假即回市区家中住宿。2019年6月5日上午8时左右，张某驾驶摩托车回公司厂区上班途中，在某路段与汽车相撞发生交通事故，该事故经某交通警察大队认定张某承担此次事故的次要责任。2019年8月18日，某人力资源和社会保障局作出《认定工伤决定书》，对张某受到的事故伤害认定为工伤。某公司不服，认为张某未履行任何请假手续私自外出造成损害，不应认定为工伤，故向法院提起诉讼，请求判决撤销《认定工伤决定书》。

裁判结果

法院经审理认为，某公司主张职工下班后，未经允许离开公司提供的宿舍回家居住违反了公司的管理制度，职工回家途中发生交通事故不能算为工伤。但公司提供宿舍供职工居住是企业生产经营的需要，职工下班后选择住宿舍或回家是职工个人的自由，公司不能以公司制度来限制职工在工作时间外的日常生活自由。公司规章制度规定因违反《劳动合同法》等相关规定，免除用人单位的法律责任属于无效条款。张某受伤符合《工伤保险条例》第14条第6项"在上下班途中，受到非本人主要责任的交通事故或者城市轨道交通、客运轮渡、火车事故伤害的"情形，某人力资源和社会保障局对张某予以工伤认定的决定，事实清楚，适用法律正确，符合法定程序。法院遂驳回了某公司的诉讼请求。

律师提示

企业基于便利员工管理或减轻员工负担等原因，为员工提供宿舍，并规定未经批准不得随意外出，如员工擅自外出发生交通事故能否认定为工伤呢？

根据《工伤保险条例》第14条第6项的规定，员工在上下班途中，受到非本人主要责任的交通事故伤害应认定为工伤。有观点认为，单位为员工提供宿舍的，应认定员工下班目的地是单位为其提供的宿舍，员工从单位的工作地点下班后回到宿舍，其下班目的地已经到达，下班行为实际已经完成，员工在连续工作日期间私自骑摩托回家，在往返途中因交通事故而受伤的过程，已不属于上下班途中。另有观点认为，根据《最高人民法院关于审理工伤保险行政案件若干问题的规定》第6条第1项的规定，在合理时间内往返于工作地与住所地、经常居住地的合理路线均属于"上下班途中"，不能局限于工作地与单位宿舍的路线。

笔者认为，根据相关法律规定，劳动者享有劳动和休息的权利，员工有下班后回家休息或回单位安排的宿舍休息的选择权。单位提供宿舍，是一种企业福利，不能成为员工休息权利的限制。另外，劳动立法重在保护劳动者的合法权益，应最大可能地保障主观上无恶意的劳动者在生产劳动过程中遭受事故后能获得医疗救治和经济补偿的权利，如对法律理解有争议时，应作出对劳动者有利的解释。

员工违反用人单位考勤制度或劳动纪律擅自外出，单位有权依据相关规定对员工作出相应处理，但不影响工伤的认定。工伤属于另一法律关系，工伤认定是无过错认定，只要员工符合在上下班途中发生事故的情形就应认定为工伤，不能将违反单位规章制度或劳动纪律作为否定工伤的理由。

需要注意的是，如员工在单位提供的宿舍外无住所地、经常居住地，也不符合往返于单位和员工配偶、父母、子女居住地的行为，而是由于其他私人原因私自外出、在外留宿，在往返途中发生非本人主要责任的交通事故，笔者认为不属于工伤，只能由员工自身承担相应责任。

综上，在公司提供宿舍的情况下，员工擅自外出发生交通事故能否认定为工伤，关键在于员工外出是否属于广义的"回家"范畴，不属于"回家"就不存在"上下班途中"的概念，也就不能认定为工伤。

法条链接

1.《工伤保险条例》

第十四条 职工有下列情形之一的，应当认定为工伤：

（一）在工作时间和工作场所内，因工作原因受到事故伤害的；

（二）工作时间前后在工作场所内，从事与工作有关的预备性或者收尾性工作受到事故伤害的；

（三）在工作时间和工作场所内，因履行工作职责受到暴力等意外伤害的；

（四）患职业病的；

（五）因工外出期间，由于工作原因受到伤害或者发生事故下落不明的；

（六）在上下班途中，受到非本人主要责任的交通事故或者城市轨道交通、客运轮渡、火车事故伤害的；

（七）法律、行政法规规定应当认定为工伤的其他情形。

2.《最高人民法院关于审理工伤保险行政案件若干问题的规定》

第六条　对社会保险行政部门认定下列情形为"上下班途中"的，人民法院应予支持：

（一）在合理时间内往返于工作地与住所地、经常居住地、单位宿舍的合理路线的上下班途中；

（二）在合理时间内往返于工作地与配偶、父母、子女居住地的合理路线的上下班途中；

（三）从事属于日常工作生活所需要的活动，且在合理时间和合理路线的上下班途中；

（四）在合理时间内其他合理路线的上下班途中。

62 员工在出差途中发生本人主要责任的交通事故是工伤吗？

	是。
法条依据	《工伤保险条例》第十四条　职工有下列情形之一的，应当认定为工伤：……（五）因工外出期间，由于工作原因受到伤害或者发生事故下落不明的；……

⚖ 基本案情

2017年6月26日，某公司员工张某驾驶车辆去外地出差，因操作不当，在回程途中与一辆大货车相撞，造成本人受伤。交警部门出具交通事故责任认定书，确定张某在该起交通事故中负主要责任，大货车驾驶员负次要责任。某公司没有为张某购买社会保险，不愿向某人力资源和社会保障局申请工伤。经张某个人申请，某人力资源和社会保障局认定张某为工伤。某公司认为在这起交通事故中张某负主要责任，不应被认定为工伤，故向法院提起诉讼，请求判决撤销《认定工伤决定书》。

👆 裁判结果

法院经审理认为，张某虽然在该起交通事故中负主要责任，但张某是在为公司出差回程途中发生的交通事故，依据《工伤保险条例》第14条第5项的规定，"因工外出期间，由于工作原因受到伤害"应当认定为工伤，某人力资源和社会保障局对张某予以工伤认定的决定，事实清楚，适用法律正确，符合法定程序。因此，法院遂驳回了某公司的诉讼请求。

律师提示

很多企业有个误区：员工发生交通事故，只有在非其本人主要责任的情形下才能认定为工伤。实际上，员工因工外出期间发生交通事故导致伤亡的，不受交通事故责任限制，只要不是故意犯罪等法律排除情形的都属于工伤。

《工伤保险条例》第14条第5项规定，"因工外出期间，由于工作原因受到伤害或者发生事故下落不明的"，该条文第6项规定，"在上下班途中，受到非本人主要责任的交通事故或者城市轨道交通、客运轮渡、火车事故伤害的"，前述两种情形都属于工伤，但需要鉴别和区分适用条件。因工外出期间受到交通事故伤害，或者其他任何形式的伤害，不论员工是否有责任都属于工伤；在上下班途中发生的交通事故，只有受到非本人主要责任的交通事故伤害的才属于工伤。

那么，如出差途中员工发生交通事故，且被判处犯交通肇事罪时，能否认定工伤呢？

出差期间本身属于工作场所的延伸，即由原来单位的工作场所延伸为出差地工作，该外出的时间也属于工作时间，因此，因工外出期间由于工作原因发生交通事故当然属于工伤。员工如被判处构成交通肇事罪，因员工为非故意犯罪，交通肇事罪属于过失犯罪，员工不存在《社会保险法》第37条和《工伤保险条例》第16条规定的故意犯罪、醉酒、自杀等情形的，仍应认定为工伤。

📑 法条链接

1.《社会保险法》

第三十七条　职工因下列情形之一导致本人在工作中伤亡的，不认定为工伤：

（一）故意犯罪；

（二）醉酒或者吸毒；

（三）自残或者自杀；

（四）法律、行政法规规定的其他情形。

2.《工伤保险条例》

第十四条　职工有下列情形之一的，应当认定为工伤：

（一）在工作时间和工作场所内，因工作原因受到事故伤害的；

（二）工作时间前后在工作场所内，从事与工作有关的预备性或者收尾性工作受到事故伤害的；

（三）在工作时间和工作场所内，因履行工作职责受到暴力等意外伤害的；

（四）患职业病的；

（五）因工外出期间，由于工作原因受到伤害或者发生事故下落不明的；

（六）在上下班途中，受到非本人主要责任的交通事故或者城市轨道交通、客运轮渡、火车事故伤害的；

（七）法律、行政法规规定应当认定为工伤的其他情形。

第十六条　职工符合本条例第十四条、第十五条的规定，但是有下列情形之一的，不得认定为工伤或者视同工伤：

（一）故意犯罪的；

（二）醉酒或者吸毒的；

（三）自残或者自杀的。

63 购买工伤保险后，工伤待遇的哪些费用仍需企业自己承担？

一次性伤残就业补助金等。	
法条依据	《社会保险法》第三十九条　因工伤发生的下列费用，按照国家规定由用人单位支付：（一）治疗工伤期间的工资福利；（二）五级、六级伤残职工按月领取的伤残津贴；（三）终止或者解除劳动合同时，应当享受的一次性伤残就业补助金。

⚖ 基本案情

张某为云南省昆明市某公司员工，某公司依法和张某签订书面劳动合同并购买社会保险。2015年6月6日，张某在上班期间被机器夹伤，经某人力资源和社会保障局认定为工伤，经劳动能力鉴定为伤残九级。2016年11月，张某和某公司解除劳动合同，社会保险基金依法支付了相关费用，某公司却不予支付其他工伤保险待遇。张某向某劳动人事争议仲裁院申请仲裁，请求裁决某公司支付一次性伤残就业补助金和停工留薪期工资。

裁判结果

仲裁院经审理认为，张某发生工伤，用人单位应依法向员工支付相应工伤待遇。依据《社会保险法》第39条、《工伤保险条例》第33条"职工因工作遭受事故伤害或者患职业病需要暂停工作接受工伤医疗的，在停工留薪期内，原工资福利待遇不变，由所在单位按月支付"及《云南省实施〈工伤保险条例〉办法》"由用人单位按照解除或者终止劳动关系时，统筹地区上年度职工月平均工资为基数支付一次性伤残就业补助金。标准为：七级22个月、八级18个月、九级13个月、十级7个月"的规定，某公司应依法支付张某一次性伤残就业补助金和停工留薪期工资。

律师提示

大部分企业老板误以为，购买了社会保险（部分行业可单独购买工伤保险），在员工发生工伤时就可高枕无忧。然而事实是，工伤保险待遇中部分费用仍由用人单位自行承担。

根据《社会保险法》等法律法规之规定，我们先来看哪些费用由工伤保险基金支付：

1.治疗工伤的医疗费用和康复费用。

2.住院伙食补助费。

3.统筹地区以外就医的交通食宿费。

4.经劳动能力鉴定委员会确认需安装配置伤残辅助器具的费用。

5.生活不能自理的，经劳动能力鉴定委员会确认的生活护理费。

6.一次性伤残补助金和一级至四级伤残职工按月领取的伤残津贴。

7.终止或者解除劳动合同时，应当享受的一次性工伤医疗补助金。

8.因工死亡遗属领取的丧葬补助金、供养亲属抚恤金和一次性工亡补助金。

9.因工致残劳动能力鉴定的所需费用。

10.工伤预防费。

以下费用则需要由用人单位自行承担：

1.治疗工伤期间的工资福利。

2.五级、六级伤残职工按月领取的伤残津贴。

3.终止或者解除劳动合同时的一次性伤残就业补助金。

从以上规定可以看出，用人单位在依法购买社会保险的情况下，仍需支付部分费用。用人单位如需进一步控制法律风险和经济成本，可选择雇主责任险或者其他商业保险来分担责任。

从金额上来看，职工五级至十级伤残的，用人单位和职工解除劳动关系时，需要由用人单位承担的治疗工伤期间的工资福利（停工留薪期待遇）和一次性伤残就业补助金占到全部赔偿金额（医疗费除外）的一半以上；职工五级、六级伤残的，保留劳动关系时，用人单位需按月向职工支付伤残津贴金额与保留劳动关系时长有关；职工四级伤残以上或工亡的，用人单位则无需自行承担相关费用。

综上，用人单位购买工伤保险后，部分费用仍需自行承担。用人单位如想完全规避工伤赔偿风险，应另行为员工购买雇主责任险。

🗨 法条链接

1.《社会保险法》

第三十八条 因工伤发生的下列费用，按照国家规定从工伤保险基金中支付：

（一）治疗工伤的医疗费用和康复费用；

（二）住院伙食补助费；

（三）到统筹地区以外就医的交通食宿费；

（四）安装配置伤残辅助器具所需费用；

（五）生活不能自理的，经劳动能力鉴定委员会确认的生活护理费；

（六）一次性伤残补助金和一至四级伤残职工按月领取的伤残津贴；

（七）终止或者解除劳动合同时，应当享受的一次性医疗补助金；

（八）因工死亡的，其遗属领取的丧葬补助金、供养亲属抚恤金和因工死亡补助金；

（九）劳动能力鉴定费。

第三十九条 因工伤发生的下列费用，按照国家规定由用人单位支付：

（一）治疗工伤期间的工资福利；

（二）五级、六级伤残职工按月领取的伤残津贴；

（三）终止或者解除劳动合同时，应当享受的一次性伤残就业补助金。

2.《工伤保险条例》

第三十三条 职工因工作遭受事故伤害或者患职业病需要暂停工作接受工伤医疗的，在停工留薪期内，原工资福利待遇不变，由所在单位按月支付。

停工留薪期一般不超过12个月。伤情严重或者情况特殊，经设区的市级劳动能力鉴定委员会确认，可以适当延长，但延长不得超过12个月。工伤职工评定伤残等级后，停发原待遇，按照本章的有关规定享受伤残待遇。工伤职工在停工留薪期满后仍需治疗的，继续享受工伤医疗待遇。

生活不能自理的工伤职工在停工留薪期需要护理的，由所在单位负责。

第三十七条 职工因工致残被鉴定为七级至十级伤残的，享受以下待遇：

（一）从工伤保险基金按伤残等级支付一次性伤残补助金，标准为：七级伤残为13个月的本人工资，八级伤残为11个月的本人工资，九级伤残为9个月的本人工资，十级伤残为7个月的本人工资；

（二）劳动、聘用合同期满终止，或者职工本人提出解除劳动、聘用合同的，由工伤保险基金支付一次性工伤医疗补助金，由用人单位支付一次性伤残就业补助金。一次性工伤医疗补助金和一次性伤残就业补助金的具体标准由省、自治区、直辖市人民政府规定。

64 用人单位赔不了，社保基金能否先行支付工伤待遇？

	能。
法条依据	《社会保险法》第四十一条第一款 职工所在用人单位未依法缴纳工伤保险费，发生工伤事故的，由用人单位支付工伤保险待遇。用人单位不支付的，从工伤保险基金中先行支付。

⚖ 基本案情

2009年8月10日，王某在下班回家途中发生交通事故，当场死亡，经某人力资源和社会保障局认定为工伤。张某系王某配偶，也是其唯一法定继承人。经某劳动人事争议仲裁院裁决由王某所供职的公司向张某支付各项工亡待遇共计40余万元。仲裁裁决生效后，张某向法院申请强制执行，法院在执行过程中查明公司暂无履行能力，且无可供执行财产，法院终结本次执行。

2016年3月10日，张某向某社会保险局递交《社保基金先行支付申请书》，2016年3月17日某社会保险局作出《答复》，决定不予先行支付。为此，张某向法院提起诉讼，请求：（1）撤销某社会保险局于2016年3月17日作出的《答复》；（2）判令某社会保险局向张某支付工亡待遇40余万元。

裁判结果

法院经审理认为，《社会保险法》第41条第1款规定："职工所在用人单位未依法缴纳工伤保险费，发生工伤事故的，由用人单位支付工伤保险待遇。用人单位不支付的，从工伤保险基金中先行支付。"《社会保险基金先行支付暂行办法》第6条第2款规定："职工被认定为工伤后，有下列情形之一的，职工或者其近亲属可以持工伤认定决定书和有关材料向社会保险经办机构书面申请先行支付工伤保险待遇：……（三）依法经仲裁、诉讼后仍不能获得工伤保险待遇，法院出具中止执行文书的；……"王某所在用人单位未支付工伤保险待遇，且在法院对案件终结本次执行后，张某向某社会保险局递交先行支付工伤保险待遇的申请，符合上述法律、规章的规定。法院遂判决：一、撤销某社会保险局2016年3月17日作出的《答复》，由某社会保险局于本判决生效之日起60日内重新作出具体行政行为；二、驳回张某的其他诉讼请求。

律师提示

工伤待遇先行支付制度由《社会保险法》首先确立。为了维护公民的社会保险合法权益，规范社会保险基金先行支付管理，《社会保险基金先行支付暂行办法》对社会保险基金先行支付的细节进行了规定。

职工由于第三人的侵权行为造成伤病被认定为工伤，第三人不支付工伤医疗费用或者无法确定第三人的，个人或者其近亲属可以持工伤认定决定书和有关材料向社会保险经办机构书面申请工伤保险基金先行支付。

职工所在用人单位未依法缴纳工伤保险费，发生工伤事故的，符合《社会保险基金先行支付暂行办法》第6条第2款规定情形之一的，职工或者其近亲属可以持工伤认定决定书和有关材料向社会保险经办机构书面申请先行支付工伤保险待遇。

职工因第三人的原因导致工伤，社会保险经办机构以职工或者其近亲属已经对第三人提起民事诉讼为由，拒绝支付工伤保险待遇的，法院不予支持。也就是说，只要构成工伤并符合《社会保险基金先行支付暂行办法》第6条第2款规定情形之一的，社会保险经办机构应无条件支付保险待遇。实践中，社会保险经办机构由于内部还未出台相应细则或者政策文件，明知《社会保险法》有相应规定，但都不愿或不敢进行先行赔付。

职工或者其近亲属对社会保险经办机构作出不予先行支付的决定不服或者对先行支付的数额不服的，可以依法申请行政复议或者提起行政诉讼。当然，法院在行政诉讼中一般不直接判决社会保险经办机构向职工或其近亲属支付工伤保险待遇，而是要求其按照相关法律规定认定工伤待遇并进行支付。

劳动者在工作过程中受工伤，胜诉后无法执行到位的情况时有发生。如果伤残等级较高的劳动者无法得到赔偿，那么治疗和生活可能面临绝境。工伤保险先行赔付制度，给了这样的劳动者一丝希望。

法条链接

1.《社会保险法》

第四十一条 职工所在用人单位未依法缴纳工伤保险费，发生工伤事故的，由用人单位支付工伤保险待遇。用人单位不支付的，从工伤保险基金中先行支付。

从工伤保险基金中先行支付的工伤保险待遇应当由用人单位偿还。用人单位不偿还的，社会保险经办机构可以依照本法第六十三条的规定追偿。

2.《社会保险基金先行支付暂行办法》

第四条 个人由于第三人的侵权行为造成伤病被认定为工伤，第三人不支付工伤医疗费用或者无法确定第三人的，个人或者其近亲属可以向社会保险经办机构书面申请工伤保险基金先行支付，并告知第三人不支付或者无法确定第三人的情况。

第六条 职工所在用人单位未依法缴纳工伤保险费，发生工伤事故的，用人单位应当采取措施及时救治，并按照规定的工伤保险待遇项目和标准支付费用。

职工被认定为工伤后，有下列情形之一的，职工或者其近亲属可以持工伤认定决定书和有关材料向社会保险经办机构书面申请先行支付工伤保险待遇：

（一）用人单位被依法吊销营业执照或者撤销登记、备案的；

（二）用人单位拒绝支付全部或者部分费用的；

（三）依法经仲裁、诉讼后仍不能获得工伤保险待遇，法院出具中止执行文书的；

（四）职工认为用人单位不支付的其他情形。

65 职工第三人侵权赔偿和工伤待遇可以双赔吗？

可以。	
法条依据	《最高人民法院关于审理工伤保险行政案件若干问题的规定》第八条第三款　职工因第三人的原因导致工伤，社会保险经办机构以职工或者其近亲属已经对第三人提起民事诉讼为由，拒绝支付工伤保险待遇的，人民法院不予支持，但第三人已经支付的医疗费用除外。

基本案情

2015年12月10日，王某在某公司工作过程中，被一辆来公司拉货的货车撞伤，经医院救治无效死亡。王某死亡事故经某人力资源和社会保障局认定为工伤。王某1系王某父亲，也是其唯一法定继承人。2016年9月26日，法院判决保险公司和货车司机向张某支付丧葬费、死亡赔偿金等共计40余万元。

2017年7月，某人力资源和社会保障局作出《企业职工工伤保险待遇支付审核表》，审核决定工伤保险基金不予支付丧葬费补助金、扣减侵权人货车司机及保险公司赔偿的死亡赔偿金38万元后予以补差支付一次性工亡补助金19万余元、核定从2016年1月起按750元月发放供养亲属抚恤金。王某1对上述不予支付丧葬费补助金、扣减死亡赔偿金的审核不服，于2017年8月8日向法院提起诉讼，请求判决撤销核定王某工亡保险待遇的行政行为。

裁判结果

法院经审理认为，由于第三人的原因造成工伤，社会保险机构是否履行支付工伤保险待遇的职责，取决于工伤职工是否符合享受工伤保险待遇的法定要件，而不是第三人是否赔偿或是否有过失。工伤保险机构亦不应将工伤职工或其近亲属已经获得的第三人侵权赔偿金额从工伤保险待遇中予以抵扣，第三人赔偿亦不应成为社会保险机构不履行或不完全履行支付工伤保险待遇的免责事由。

《最高人民法院关于审理工伤保险行政案件若干问题的规定》第8条第3款规定："职工因第三人的原因导致工伤，社会保险经办机构以职工或者其近亲属已经对第三人提起民事诉讼为由，拒绝支付工伤保险待遇的，人民法院不予支持，但第三人已经支付的医疗费用除外。"本案中，王某被认定为工亡，王某1申请某人力资源和社会保障局支付王某工亡待遇符合法律规定，故对该主张予以支持。法院遂判决撤销某人力资源和社会保障局于2017年7月作出的核定王某工亡保险待遇的行政行为，由某人力资源和社会保障局于本判决生效之日起60日内履行重新核定并支付王某工亡保险待遇的职责。

律师提示

企业职工因第三人侵权受到事故伤害，职工可向第三人主张侵权赔偿责任，而该情形同时又可认定为工伤，第三人侵权赔偿和工伤保险待遇发生竞合，该如何处理？

第一种观点认为"一赔一补"。部分地方性法律规范明确规定了此类情形实行差额赔偿。用人单位及职工参加工伤保险，由于第三人侵权行为导致工伤的，在获得侵权损害赔付后，由工伤保险基金补足相应的工伤保险待遇，或者职工获得工伤保险待遇后，在主张侵权损害赔偿时扣除工伤保险待遇，对工伤职工实行两者就高差额赔偿。

第二种观点认为"双赔"。根据《最高人民法院关于审理工伤保险行政案件若干问题的规定》第8条第3款的规定，职工因第三人的原因导致工伤，社会保险经办机构不得以职工或者其近亲属已经对第三人提起民事诉讼为由拒绝支付工伤保险待遇，但第三人已经支付的医疗费用除外。《最高人民法院关于审理人身损害赔偿案件适用法律若干问题的解释》第3条规定也体现了"双赔"原则。

笔者赞同第二种观点。工伤赔偿请求权的基础是劳动者因发生工伤事故获得的一种社会保险利益，职工依法参加工伤保险，因工作原因受到事故伤害应享受工伤保险待遇，工伤保险待遇赔偿实行无过错责任原则，有社会保险性质；而第三人侵权损害赔偿请求权基础是劳动者因第三人侵权导致人身权益受损，侵权损害赔偿实行的是损失填平原则和过错责任原则，二者权利基础及归责原则均不同。两种不同的法律关系中，工伤职工得到"双赔"体现了对人身权、健康权的尊重，不存在不公平问题。

经笔者对判例的研究，发现部分司法机关对于职工先取得工伤保险待遇，再向第三人请求侵权损害赔偿仍会判决"一赔一补"，而不是"双赔"。笔者推测，司法机关对于《最高人民法院关于审理工伤保险行政案件若干问题的规定》第8条第3款作单项理解，认为该条款只适用先赔人损，再赔工伤的情形，而不适用于先赔工伤，再赔人损的情形。笔者认为这种理解是错误的，是司法的滞后性造成的。笔者建议工伤职工应先走侵权人身损害赔偿，再要求社会保险行政部门给付工伤保险待遇。

综上所述，第三人侵权行为导致职工工伤的应"双赔"，但在司法实践中应注意维权顺序。

📖 法条链接

1.《社会保险法》

第三十六条　职工因工作原因受到事故伤害或者患职业病，且经工伤认定的，享受工伤保险待遇；其中，经劳动能力鉴定丧失劳动能力的，享受伤残待遇。

工伤认定和劳动能力鉴定应当简捷、方便。

第四十二条 由于第三人的原因造成工伤，第三人不支付工伤医疗费用或者无法确定第三人的，由工伤保险基金先行支付。工伤保险基金先行支付后，有权向第三人追偿。

2.《最高人民法院关于审理工伤保险行政案件若干问题的规定》

第八条 职工因第三人的原因受到伤害，社会保险行政部门以职工或者其近亲属已经对第三人提起民事诉讼或者获得民事赔偿为由，作出不予受理工伤认定申请或者不予认定工伤决定的，人民法院不予支持。

职工因第三人的原因受到伤害，社会保险行政部门已经作出工伤认定，职工或者其近亲属未对第三人提起民事诉讼或者尚未获得民事赔偿，起诉要求社会保险经办机构支付工伤保险待遇的，人民法院应予支持。

职工因第三人的原因导致工伤，社会保险经办机构以职工或者其近亲属已经对第三人提起民事诉讼为由，拒绝支付工伤保险待遇的，人民法院不予支持，但第三人已经支付的医疗费用除外。

3.《最高人民法院关于审理人身损害赔偿案件适用法律若干问题的解释》

第三条 依法应当参加工伤保险统筹的用人单位的劳动者，因工伤事故遭受人身损害，劳动者或者其近亲属向人民法院起诉请求用人单位承担民事赔偿责任的，告知其按《工伤保险条例》的规定处理。

因用人单位以外的第三人侵权造成劳动者人身损害，赔偿权利人请求第三人承担民事赔偿责任的，人民法院应予支持。

66 承包方承担工伤赔偿责任后，可向包工头追偿吗？

	可以。
法条依据	《最高人民法院关于审理工伤保险行政案件若干问题的规定》第三条第二款　前款第（四）、（五）项明确的承担工伤保险责任的单位承担赔偿责任或者社会保险经办机构从工伤保险基金支付工伤保险待遇后，有权向相关组织、单位和个人追偿。

⚖ 基本案情

2014年8月，某建筑公司将其承包的某楼盘电梯施工工程转包给包工头贾某，双方签订《施工合作协议》。贾某雇用包括张某在内的多名工人参与施工，张某在施工过程中不慎从高空坠落，经抢救无效后死亡。经张某家属起诉和法院判决，某建筑公司承担了108万元的赔偿。某建筑公司多次向贾某要求按照《施工合作协议》约定偿还赔偿款项无果，遂向法院起诉，请求判决贾某向某建筑公司支付赔偿款108万元及利息。

👆 裁判结果

法院经审理认为，因贾某无建设施工资质，贾某和某建筑公司签订的

《施工合作协议》无效，但不影响协议中关于工人人身损害赔偿的约定，且根据《最高人民法院关于审理工伤保险行政案件若干问题的规定》第3条第2款"前款第（四）、（五）项明确的承担工伤保险责任的单位承担赔偿责任或者社会保险经办机构从工伤保险基金支付工伤保险待遇后，有权向相关组织、单位和个人追偿"的规定，某建筑公司可依法依约向贾某追偿，贾某应向某建筑公司支付其已向死者家属支付的赔偿款项及利息。法院遂支持了某建筑公司的诉讼请求。

律师提示

在整个建筑施工行业中，违法分包和非法转包的情形颇为普遍，笔者认为这是现行法律规定和行业现状的严重脱节造成的。这些企业其实知道违法分包和非法转包的风险，但在法律风险与企业生存和发展之间做出选择时，它们不得不选择冒险才得以生存。

在前述案例中，某建筑公司应与包工头在《施工合作协议》（分包或转包协议）中约定双方各自的安全生产职责，并明确约定包工头雇用工人的人身伤亡责任由包工头承担，建筑公司可在工程款项中直接扣除相应赔偿费用。

根据《最高人民法院关于审理工伤保险行政案件若干问题的规定》第3条的规定，用工单位违反法律、法规规定将承包业务转包给不具备用工主体资格的组织或者自然人，该组织或者自然人聘用的职工从事承包业务时因工伤亡的，用工单位为承担工伤保险责任的单位，用工单位承担赔偿责任或者社会保险经办机构从工伤保险基金支付工伤保险待遇后，有权向相关组织、单位和个人追偿。因此，建筑公司向包工头追偿也有法律依据。

综上，存在违法分包和非法转包的情形，企业仍应与包工头等不具备资质的主体签订书面协议，对于劳务人员的安全责任问题作出约定，依法维护自身的合法权益。

法条链接

1.《民法典》

第一百五十三条　违反法律、行政法规的强制性规定的民事法律行为无效。但是，该强制性规定不导致该民事法律行为无效的除外。

违背公序良俗的民事法律行为无效。

第一百五十五条　无效的或者被撤销的民事法律行为自始没有法律约束力。

2.《劳动合同法》

第九十四条　个人承包经营违反本法规定招用劳动者，给劳动者造成损害的，发包的组织与个人承包经营者承担连带赔偿责任。

3.《最高人民法院关于审理工伤保险行政案件若干问题的规定》

第三条　社会保险行政部门认定下列单位为承担工伤保险责任单位的，人民法院应予支持：

（一）职工与两个或两个以上单位建立劳动关系，工伤事故发生时，职工为之工作的单位为承担工伤保险责任的单位；

（二）劳务派遣单位派遣的职工在用工单位工作期间因工伤亡的，派遣单位为承担工伤保险责任的单位；

（三）单位指派到其他单位工作的职工因工伤亡的，指派单位为承担工伤保险责任的单位；

（四）用工单位违反法律、法规规定将承包业务转包给不具备用工主体资格的组织或者自然人，该组织或者自然人聘用的职工从事承包业务时因工伤亡的，用工单位为承担工伤保险责任的单位；

（五）个人挂靠其他单位对外经营，其聘用的人员因工伤亡的，被挂靠单位为承担工伤保险责任的单位。

前款第（四）、（五）项明确的承担工伤保险责任的单位承担赔偿责任或者社会保险经办机构从工伤保险基金支付工伤保险待遇后，有权向相关组织、单位和个人追偿。

4.《关于确立劳动关系有关事项的通知》

四、建筑施工、矿山企业等用人单位将工程（业务）或经营权发包给不具备用工主体资格的组织或自然人，对该组织或自然人招用的劳动者，由具备用工主体资格的发包方承担用工主体责任。

67 工伤中无法报销的医疗费应由谁承担？

	由职工自行承担。
法条依据	《社会保险法》第三十八条　因工伤发生的下列费用，按照国家规定从工伤保险基金中支付：……（一）治疗工伤的医疗费用和康复费用；……

基本案情

2010年9月，张某到某公司上班，双方每年均签订一年期劳动合同，某公司每年均为张某办理社会保险。2014年10月15日，张某因工受伤在某医院住院治疗产生医疗费19110.75元，均由某公司垫付，经社会保险部门审核后报销了14214.25元，其余4896.5元未予报销。后因伤残待遇问题，张某向某劳动人事争议仲裁院申请劳动仲裁，因医药费已全额由公司支付，仲裁裁决：（1）由用人单位依法支付停工留薪期工资和一次性伤残就业补助金；（2）用人单位配合张某到社保局领取一次性伤残补助金、一次性伤残医疗补助金、交通费、住院伙食补助费等。某公司不服该裁决向法院起诉，请求判决工伤保险基金不予报销的医疗费4896.5元由张某自行承担。

裁判结果

法院经审理认为，《社会保险法》第38条规定："因工伤发生的下列费用，按照国家规定从工伤保险基金中支付：（一）治疗工伤的医疗费用和康复费用；……"从该法条内容可以知悉，治疗工伤的医疗费用全部均应从工伤保险基金中支付，因此，在用人单位已按照国家相关法律规定依法为张某购买了工伤保险的情况下，张某应自行承担工伤保险基金不予报销的医疗费4896.5元，由用人单位承担无法律依据，张某应向某公司退还该医疗费。法院遂支持了某公司的诉讼请求。

律师提示

工伤保险是我国社会保险制度最重要的内容之一。企业为员工购买工伤保险，员工因工作遭受事故伤害或者患职业病，就能从工伤保险基金获得相应医疗救治和经济补偿，但工伤保险药品目录、诊疗项目外的医疗费等费用，工伤保险基金不予报销及支付。

工伤保险基金不予报销的医疗费由谁来负担？有以下三种观点。

1.由工伤职工自行负担。理由：《社会保险法》第38条第1项已明确规定，治疗工伤的医疗费用由工伤保险基金支付，在用人单位已依照国家规定为员工购买工伤保险的情况下，医疗费未报销是职工治疗时部分药品超出规定药品目录之外，并非用人单位的责任，因此，由用人单位支付无法律依据，应由工伤员工自行负担。

2.由用人单位负担。理由：超出目录和标准不由工伤保险基金支付的医疗费，由用人单位还是工伤职工负担，当前法律法规未作直接明确的规定，应依据工伤保险立法精神、相关法律法规以及法理进行综合、体系考量。根据《工伤保险条例》第1条的规定，工伤保险通过社会化负担方式分散用人单位的工伤风险，但分散风险并不代表免除用人单位的全部损害赔偿责任，从保护处于弱势地位的劳动者以及工伤救治客观需要考虑，该部分费用由用人单位负担更为合理。

3.由工伤职工和用人单位按照公平原则按比例进行分担。理由：既然法律没有明确规定，选择工伤保险目录外的诊疗项目和药品产生医疗费是医院的职业要求，非双方能左右，双方均无过错，因此，应按照公平原则按比例进行分担。

笔者认为，应由工伤职工自行负担为宜。一方面，工伤职工对于选择工伤保险目录内的诊疗项目和药品有一定自主权，因医院客观原因使用了超出目录的药品，却让用人单位承担责任不合理；另一方面，《社会保险法》第38条第1项已明确规定，治疗工伤的医疗费用由工伤保险基金支付，并未规定工伤保险基金不予报销的医疗费由用人单位支付，在法律已有明确规定情形下，适用所谓立法精神让用人单位承担，将极大地打击用人单位购买工伤保险的积极性。

🗨️ 法条链接

1.《社会保险法》

第三十八条 因工伤发生的下列费用，按照国家规定从工伤保险基金中支付：

（一）治疗工伤的医疗费用和康复费用；

（二）住院伙食补助费；

（三）到统筹地区以外就医的交通食宿费；

（四）安装配置伤残辅助器具所需费用；

（五）生活不能自理的，经劳动能力鉴定委员会确认的生活护理费；

（六）一次性伤残补助金和一至四级伤残职工按月领取的伤残津贴；

（七）终止或者解除劳动合同时，应当享受的一次性医疗补助金；

（八）因工死亡的，其遗属领取的丧葬补助金、供养亲属抚恤金和因工死亡补助金；

（九）劳动能力鉴定费。

2.《工伤保险条例》

第一条 为了保障因工作遭受事故伤害或者患职业病的职工获得医疗救治和经济补偿，促进工伤预防和职业康复，分散用人单位的工伤风险，制定本条例。

第三十条 职工因工作遭受事故伤害或者患职业病进行治疗，享受工伤医疗待遇。

职工治疗工伤应当在签订服务协议的医疗机构就医，情况紧急时可以先到就近的医疗机构急救。

治疗工伤所需费用符合工伤保险诊疗项目目录、工伤保险药品目录、工伤保险住院服务标准的，从工伤保险基金支付。工伤保险诊疗项目目录、工伤保险药品目录、工伤保险住院服务标准，由国务院社会保险行政部门会同国务院卫生行政部门、食品药品监督管理部门等部门规定。

职工住院治疗工伤的伙食补助费，以及经医疗机构出具证明，报经办机构同意，工伤职工到统筹地区以外就医所需的交通、食宿费用从工伤保险基金支付，基金支付的具体标准由统筹地区人民政府规定。

工伤职工治疗非工伤引发的疾病，不享受工伤医疗待遇，按照基本医疗保险办法处理。

工伤职工到签订服务协议的医疗机构进行工伤康复的费用，符合规定的，从工伤保险基金支付。

68 员工外派期间受伤，应由谁承担赔偿责任？

	由原用人单位承担工伤保险责任。
法条依据	《工伤保险条例》第四十三条第三款　职工被借调期间受到工伤事故伤害的，由原用人单位承担工伤保险责任，但原用人单位与借调单位可以约定补偿办法。

⚖ 基本案情

　　某轮胎公司与某维修公司签订了《维修服务合同》，由某轮胎公司指派9名技术人员到某维修公司处进行维修工作，某维修公司安排技术人员的具体工作，并向某轮胎公司支付维修服务费用。在维修过程中，某维修公司员工因违规操作，导致某轮胎公司指派人员余某受伤。2014年4月26日，余某被认定为工伤，伤残等级鉴定结论为十级伤残，某轮胎公司依法向余某支付工伤待遇11万元。某轮胎公司认为，某维修公司在履行《维修服务合同》中未尽保护义务，其员工违规操作导致余某受伤，遂向法院起诉，请求判决某维修公司赔偿某轮胎公司损失11万元。

📋 裁判结果

　　法院经审理认为，《工伤保险条例》第43条第3款规定，职工被借调期间受到工伤事故伤害的，由原用人单位承担工伤保险责任，但原用人单位与借调单位可以约定补偿办法。根据前述法律规定，余某作为某轮胎公司的员工，在依法认定为工伤前提下，无论用人单位有无过错，均应依法承担劳动者工伤保险待遇责任。但法律法规并未规定用人单位就工伤待遇享有向侵权人某维修公司的追偿权，某轮胎公司请求判决某维修公司赔偿损失无法律依据。法院遂驳回了某维修公司的诉讼请求。

律师提示

员工在外派期间，因用人单位以外的第三人（包括本案中的用工单位）侵权造成劳动者人身损害构成工伤，劳动者与用人单位之间是工伤保险赔偿关系，劳动者与第三人之间形成人身损害侵权赔偿关系。

《工伤保险条例》第43条第3款规定，职工被借调期间受到工伤事故伤害的，由原用人单位承担工伤保险责任，但原用人单位与借调单位可以约定补偿办法。根据前述规定，工伤赔偿责任实行的是无过错责任原则，劳动者在依法认定为工伤前提下，无论用人单位有无过错，均应依法承担劳动者工伤保险责任。另外，因无明确法律规定，在用人单位和用工单位之间无特别约定情况下，用人单位承担工伤保险责任后无权向第三人追偿。

《最高人民法院关于审理人身损害赔偿案件适用法律若干问题的解释》第3条第2款规定，因用人单位以外的第三人侵权造成劳动者人身损害，赔偿权利人请求第三人承担民事赔偿责任的，人民法院应予支持。如果是第三人的员工造成劳动者人身损害，根据《民法典》第1191条第1款"用人单位的工作人员因执行工作任务造成他人损害的，由用人单位承担侵权责任"的规定，劳动者可以自身名义向第三人公司要求承担人身损害赔偿责任。

综上，员工外派期间发生工伤事故，可获得双重赔偿。但是用人单位不能越过员工，直接要求第三人赔偿，用人单位也不能在承担工伤保险责任后向第三人追偿。

法条链接

1.《民法典》

第一千一百九十一条 用人单位的工作人员因执行工作任务造成他人损害的，由用人单位承担侵权责任。用人单位承担侵权责任后，可以向有故意或者重大过失的工作人员追偿。

劳务派遣期间，被派遣的工作人员因执行工作任务造成他人损害的，由接受劳务派遣的用工单位承担侵权责任；劳务派遣单位有过错的，承担相应的责任。

2.《工伤保险条例》

第四十三条 用人单位分立、合并、转让的，承继单位应当承担原用人单位的工伤保险责任；原用人单位已经参加工伤保险的，承继单位应当到当地经办机构办理工伤保险变更登记。

用人单位实行承包经营的，工伤保险责任由职工劳动关系所在单位承担。

职工被借调期间受到工伤事故伤害的，由原用人单位承担工伤保险责任，但原用人单位与借调单位可以约定补偿办法。

企业破产的，在破产清算时依法拨付应当由单位支付的工伤保险待遇费用。

3.《最高人民法院关于审理人身损害赔偿案件适用法律若干问题的解释》

第三条 依法应当参加工伤保险统筹的用人单位的劳动者，因工伤事故遭受人身损害，劳动者或者其近亲属向人民法院起诉请求用人单位承担民事赔偿责任的，告知其按《工伤保险条例》的规定处理。

因用人单位以外的第三人侵权造成劳动者人身损害，赔偿权利人请求第三人承担民事赔偿责任的，人民法院应予支持。

69 退休返聘人员发生"工伤"如何赔偿？

	无需赔偿。
法条依据	《最高人民法院关于审理劳动争议案件适用法律问题的解释（一）》第三十二条第一款　用人单位与其招用的已经依法享受养老保险待遇或者领取退休金的人员发生用工争议而提起诉讼的，人民法院应当按劳务关系处理。

⚖ 基本案情

张某系退休职工，自2016年11月起开始享受退休待遇。2017年1月，张某到某公司工作，月工资5000元，双方未签订劳动合同。2017年12月29日，张某在办公室突发疾病，某公司工作人员开车送其到医院救治，经抢救无效于当天上午10时30分死亡。因对赔偿事宜协商无果，张某的儿子和配偶作为法定继承人向某劳动人事争议仲裁院申请仲裁，仲裁院认为不属于劳动争议受案范围而不予受理。张某的儿子和配偶不服向法院起诉，请求判决某公司承担一次性死亡补助金等费用90余万元。

某公司辩称：张某属于退休返聘，应按照劳务关系处理。张某是因自身原因猝死，公司对张某的聘用行为及岗位安排均不存在过错。在张某病发后，公司亦尽到了及时救助的义务。因此，公司不应承担赔偿责任。

裁判结果

法院经审理认为，张某退休并享受退休待遇后到某公司继续工作，应按照劳务关系处理。根据《最高人民法院关于审理人身损害赔偿案件适用法律若干问题的解释》第11条"雇员在从事雇佣活动中遭受人身损害，雇主应当承担赔偿责任"之规定，本案中，张某是在工作中突发疾病，并非某公司提供的劳务工具或工作事务本身性质等原因造成的人身损害，张某继承人举证不能证明某公司存在过错，故某公司不应承担赔偿责任。法院遂驳回了张某儿子和配偶的诉讼请求。

律师提示

退休返聘人员发生《工伤保险条例》规定的认定工伤或者视同工伤的情形时，是否需要进行赔偿？判断标准是发生前述情形是否构成工伤。

根据《劳动合同法》第44条第2项的规定，劳动者开始依法享受基本养老保险待遇时劳动合同终止，因此，达到退休年龄但没有办理退休手续的，劳动合同仍然存续，而不是自然终止。如果用人单位未与达到退休年龄的员工办理劳动合同终止手续，仍然为员工购买社会保险，发生前述情形时仍应按照工伤进行处理和赔偿。特别注意的是，达到退休年龄，但因没有购买社会保险而无法享受养老保险待遇的进城务工人员，也应按照工伤进行处理和赔偿。

根据《最高人民法院关于审理劳动争议案件适用法律问题的解释（一）》第32条第1款"用人单位与其招用的已经依法享受养老保险待遇或者领取退休金的人员发生用工争议而提起诉讼的，人民法院应当按劳务关系处理"之规定，已享受养老保险待遇的人员发生符合工伤的情形时，只能按照劳务关系处理，不能按照工伤进行处理和赔偿。

在劳务关系中，劳动者在工作中遭到人身伤害时，用人单位有过错才承担赔偿责任。笔者认为，在上下班途中，受到非本人主要责任的交通事故或者城市轨道交通、客运轮渡、火车事故伤害的；在工作时间和工作岗位，突发疾病死亡或者在48小时之内经抢救无效死亡的，这两种典型情形均不构成工伤，用人单位无需进行赔偿。

当然，司法实践在承认用人单位无赔偿责任的同时，也可能根据公平原则要求用人单位作出适当补偿。

法条链接

1.《劳动合同法》

第四十四条 有下列情形之一的，劳动合同终止：

（一）劳动合同期满的；

（二）劳动者开始依法享受基本养老保险待遇的；

（三）劳动者死亡，或者被人民法院宣告死亡或者宣告失踪的；

（四）用人单位被依法宣告破产的；

（五）用人单位被吊销营业执照、责令关闭、撤销或者用人单位决定提前解散的；

（六）法律、行政法规规定的其他情形。

2.《工伤保险条例》

第十五条 职工有下列情形之一的，视同工伤：

（一）在工作时间和工作岗位，突发疾病死亡或者在48小时之内经抢救无效死亡的；

（二）在抢险救灾等维护国家利益、公共利益活动中受到伤害的；

（三）职工原在军队服役，因战、因公负伤致残，已取得革命伤残军人证，到用人单位后旧伤复发的。

职工有前款第（一）项、第（二）项情形的，按照本条例的有关规定享受工伤保险待遇；职工有前款第（三）项情形的，按照本条例的有关规定享受除一次性伤残补助金以外的工伤保险待遇。

3.《最高人民法院关于审理人身损害赔偿案件适用法律若干问题的解释》

第三条 依法应当参加工伤保险统筹的用人单位的劳动者，因工伤事故遭受人身损害，劳动者或者其近亲属向人民法院起诉请求用人单位承担民事赔偿责任的，告知其按《工伤保险条例》的规定处理。

因用人单位以外的第三人侵权造成劳动者人身损害，赔偿权利人请求第三人承担民事赔偿责任的，人民法院应予支持。

4.《最高人民法院关于审理劳动争议案件适用法律问题的解释（一）》

第三十二条　用人单位与其招用的已经依法享受养老保险待遇或者领取退休金的人员发生用工争议而提起诉讼的，人民法院应当按劳务关系处理。

企业停薪留职人员、未达到法定退休年龄的内退人员、下岗待岗人员以及企业经营性停产放长假人员，因与新的用人单位发生用工争议而提起诉讼的，人民法院应当按劳动关系处理。

文书链接

劳务协议

甲方（用人单位）：＿＿＿＿＿＿＿＿＿＿

统一社会信用代码：＿＿＿＿＿＿＿＿＿＿

住所地：＿＿＿＿＿＿＿＿＿＿

法定代表人：＿＿＿＿＿＿＿＿＿＿

电话：＿＿＿＿＿＿＿＿＿＿

微信：＿＿＿＿＿＿＿＿＿＿　　　　电子邮箱：＿＿＿＿＿＿＿＿＿＿

乙方（劳务人员）：＿＿＿＿＿＿＿＿＿＿

身份证号：＿＿＿＿＿＿＿＿＿＿

住址：＿＿＿＿＿＿＿＿＿＿

电话：＿＿＿＿＿＿＿＿＿＿

微信：＿＿＿＿＿＿＿＿＿＿　　　　电子邮箱：＿＿＿＿＿＿＿＿＿＿

甲、乙双方经友好协商，根据《中华人民共和国民法典》等法律法规规定，就乙方向甲方提供劳务事宜签订如下协议，以资共同遵守。

一、劳务安排

乙方的工作岗位为：_____，工作地点为_____，甲方可根据乙方的工作能力及身体健康状况等因素对乙方进行调岗或调整乙方工作地点，乙方应服从甲方安排，否则甲方有权无条件解除本协议并不承担任何违约赔偿责任。

二、劳务期限

劳务合作期限为_____年，自_____年____月____日至_____年____月____日止。甲方可根据生产经营需要，提前3天通知乙方即可解除本协议。

三、劳务报酬

1.乙方劳务报酬为每月_____元，甲方有权代扣代缴个人所得税，甲方于每月15日前结算支付上月服务费用。

2.甲方已经向乙方说明其工作时间，并已经告知其岗位可能有不定时的加班。本合同约定的劳动报酬中已经包含超时报酬，乙方不得再向甲方要求加班费或其他额外报酬。

3.乙方因请假或假期等未向甲方提供劳务的，甲方有权扣除期间相应的劳务报酬。

四、工作交接

双方解除或终止本协议后，乙方应将与提供劳务相关的所有工作用品、信息载体、工作成果移交甲方，不能私自留存或复印相关涉密文件，否则乙方应向甲方支付违约金_____元，如甲方实际损失高于违约金的，乙方应进行赔偿。

五、声明与确认

1.甲、乙双方不建立劳动关系、劳务派遣关系、雇佣关系或类似其他关系，甲方不承担劳动法上的用人单位义务，双方不适用《中华人民共和国劳动合同法》《中华人民共和国劳动法》等劳动法规的调整。

2.甲方不承担有关缴纳社会保险的义务，也无须向乙方返还或支付有关社会保险费用补偿。

3.如因提供劳务需要，乙方佩戴有甲方标志的证件或办理其他与甲方员工类似的手续，也不代表双方建立劳动关系。

4.乙方确认，在其为甲方提供劳务的过程中受到财产损失，或者乙方因个人疾病、个人原因受到人身损害的，相关责任和后果均由乙方自行承担，甲方无需承担任何赔偿责任。

5.乙方应按合同约定的劳务内容、要求和方式全面谨慎去为甲方提供服务，不得利用业余时间从事与甲方业务性质相同的工作，更不得利用工作之便直接为其他同类单位提供服务。

六、保密

因签订和履行本协议知悉的对方的任何保密信息，甲、乙双方均负有保密的义务。否则违约方应向对方支付违约金_____元，如给对方造成损失大于前述违约金，违约方仍应赔偿。本条规定不因协议终止或解除而失效。

七、通知和送达

1.本协议首部双方预留的联系地址和信息系双方送达各类通知、协议等文件以及发生纠纷时相关文件及法律文书的送达地址。本协议约定的送达地址的适用范围包括协议履行阶段和争议进入仲裁、民事诉讼程序后的一审、二审、再审和执行程序，法院可直接通过邮寄或其他方式向双方预留的地址送达法律文书。

2.任何一方的送达地址变更的，应在变更当日书面通知对方。因一方提供或者确认的送达地址不准确、送达地址变更后未及时依程序告知对方和法院或仲裁机构、拒收或指定的接收人拒绝签收等原因，导致相关文件或法律文书未能被该方实际接收的，邮寄送达的，以文书退回之日视为送达之日；直接送达的，送达人当场在送达回证上记明情况之日视为送达之日。

八、附则

1.本协议一式两份，甲、乙双方各执一份，具有同等法律效力。

2.本协议自双方签名或盖章之日起成立并生效。

3.本协议与劳动合同不一致的，以本协议约定为准。

甲方（盖章）：　　　　　　　　乙方（签名）：

法定代表人（签名）：

　　　　　年　　月　　日　　　　　　年　　月　　日

70 用人单位和缴纳工伤保险主体不一致，职工工伤谁赔偿？

由用人单位赔偿。	
法条依据	《社会保险法》第四十一条第一款　职工所在用人单位未依法缴纳工伤保险费，发生工伤事故的，由用人单位支付工伤保险待遇。用人单位不支付的，从工伤保险基金中先行支付。

⚖ 基本案情

2016年1月1日，张某入职某服务公司，工作岗位为保洁，双方未签订书面劳动合同。为能单独缴纳工伤保险，某公司安排张某与某人力资源公司签订劳动合同并以该公司名义缴纳了工伤保险。2017年3月10日，张某在工作过程中意外摔伤致残。经劳动仲裁和诉讼等司法及行政程序处理，认定某服务公司与张某至2017年3月10日存在事实劳动关系，张某意外伤害属于工伤，伤残等级为八级。经申请，某人力资源和社会保障局以张某未在缴纳工伤保险的公司发生工伤事故为由，不予支付工伤保险待遇。张某无奈向某劳动人事争议仲裁院申请劳动仲裁，仲裁裁决后张某不服向法院起诉，请求判决某服务公司支付一次性伤残补助金等工伤保险待遇。

裁判结果

法院经审理认为，《社会保险法》第58条第1款规定："用人单位应当自用工之日起三十日内为其职工向社会保险经办机构申请办理社会保险登记。未办理社会保险登记的，由社会保险经办机构核定其应当缴纳的社会保险费。"依据上述规定，为职工缴纳社会保险是用人单位的法定义务。社会保险开户和缴费单位应当是与劳动者建立劳动关系的用人单位，劳动者享受社会保险待遇的前提应当是与参保单位存在劳动关系。由于社会保险涉及人身性质，代缴公司虽代替用人单位缴纳社保费用，但却不能代替用人单位为劳动者申请工伤待遇。根据《社会保险法》第41条"职工所在用人单位未依法缴纳工伤保险费，发生工伤事故的，由用人单位支付工伤保险待遇"的规定，某服务公司作为用人单位未为职工缴纳工伤保险，导致张某发生工伤后无法正常享受到相应的工伤待遇，故张某因工伤所产生的费用应由某服务公司支付。法院遂支持了张某的诉讼请求。

律师提示

职工在不存在劳动关系的第三方公司缴纳工伤保险，实际用人单位未为职工缴纳工伤保险，造成工伤保险缴纳主体与用人单位不一致的现实状况。此时，应由工伤保险基金支付工伤保险待遇还是由用人单位承担工伤赔偿责任呢？

在实务中，工伤保险缴纳主体与实际用人单位不一致的原因一般为以下几种情况：

1.用人单位实际控制人名下有多家公司，员工实际工作情况和工伤保险缴纳存在混合性和随意性。

2.用人单位为单独缴纳工伤保险或享受"社保洼地"便利等原因，委托人力资源服务公司等第三方代缴工伤保险，以达到降低用工成本的目的。

3.员工依法存在多重劳动关系，或者企业停薪留职人员、未达到法定退休年龄的内退人员、下岗待岗人员以及企业经营性停产放长假人员，老单位为其缴纳工伤保险，新用人单位无法再次缴纳工伤保险。

4.用人单位采用"逆向劳务派遣"，"假外包，真派遣"的非法方式用工，造成劳动关系认定的不确定性。

工伤保险缴纳主体与实际用人单位不一致的情况下，职工向司法机关起诉要求用人单位支付工伤保险待遇的，司法机关有两种观点。第一种观点，根据《社会保险法》第38条等的规定，治疗工伤的医疗费用、一次性伤残补助金和一次性医疗补助金等费用应从工伤保险基金中支付，因此，法院不支持由用人单位支付前述费用，职工应通过行政途径解决；第二种观点，不论是用人单位委托第三方代缴，还是其他原因造成用人单位未实际为职工缴纳工伤保险，符合《社会保险法》第41条和《工伤保险条例》第62条的相关规定，应由用人单位按照法律法规规定的工伤保险待遇项目和标准支付费用。

笔者赞同第二种观点。社会保险具有人身性质，只有与职工具有劳动关系的用人单位才能为劳动者缴纳工伤保险，不具备劳动关系却为职工缴纳工伤保险属于违法行为，涉嫌以欺诈、伪造证明材料或者其他手段骗取社会保险待遇，因此，人力资源和社会保障部门不应核发工伤保险待遇。职工在两个或者两个以上用人单位同时存在合法劳动关系时，各用人单位都应当依法为职工缴纳工伤保险费。职工发生工伤，由职工受到伤害时的用人单位依法承担工伤保险责任，即非职工受到伤害时的用人单位不承担工伤保险责任，工伤保险基金也不应支付工伤保险待遇。

综上，不论何种原因，职工受到伤害时的用人单位未为职工缴纳工伤保险的，应由该用人单位承担工伤赔偿责任，工伤保险基金依法不应支付工伤保险待遇。

法条链接

1.《社会保险法》

第三十三条 职工应当参加工伤保险，由用人单位缴纳工伤保险费，职工不缴纳工伤保险费。

第三十六条　职工因工作原因受到事故伤害或者患职业病，且经工伤认定的，享受工伤保险待遇；其中，经劳动能力鉴定丧失劳动能力的，享受伤残待遇。

工伤认定和劳动能力鉴定应当简捷、方便。

第三十八条　因工伤发生的下列费用，按照国家规定从工伤保险基金中支付：

（一）治疗工伤的医疗费用和康复费用；

（二）住院伙食补助费；

（三）到统筹地区以外就医的交通食宿费；

（四）安装配置伤残辅助器具所需费用；

（五）生活不能自理的，经劳动能力鉴定委员会确认的生活护理费；

（六）一次性伤残补助金和一至四级伤残职工按月领取的伤残津贴；

（七）终止或者解除劳动合同时，应当享受的一次性医疗补助金；

（八）因工死亡的，其遗属领取的丧葬补助金、供养亲属抚恤金和因工死亡补助金；

（九）劳动能力鉴定费。

第四十一条　职工所在用人单位未依法缴纳工伤保险费，发生工伤事故的，由用人单位支付工伤保险待遇。用人单位不支付的，从工伤保险基金中先行支付。

从工伤保险基金中先行支付的工伤保险待遇应当由用人单位偿还。用人单位不偿还的，社会保险经办机构可以依照本法第六十三条的规定追偿。

2.《工伤保险条例》

第六十二条　用人单位依照本条例规定应当参加工伤保险而未参加的，由社会保险行政部门责令限期参加，补缴应当缴纳的工伤保险费，并自欠缴之日起，按日加收万分之五的滞纳金；逾期仍不缴纳的，处欠缴数额1倍以上3倍以下的罚款。

依照本条例规定应当参加工伤保险而未参加工伤保险的用人单位职工发

生工伤的，由该用人单位按照本条例规定的工伤保险待遇项目和标准支付费用。

用人单位参加工伤保险并补缴应当缴纳的工伤保险费、滞纳金后，由工伤保险基金和用人单位依照本条例的规定支付新发生的费用。

3.《最高人民法院关于审理劳动争议案件适用法律问题的解释（一）》

第三十二条 用人单位与其招用的已经依法享受养老保险待遇或者领取退休金的人员发生用工争议而提起诉讼的，人民法院应当按劳务关系处理。

企业停薪留职人员、未达到法定退休年龄的内退人员、下岗待岗人员以及企业经营性停产放长假人员，因与新的用人单位发生用工争议而提起诉讼的，人民法院应当按劳动关系处理。

辞职辞退

71 员工不辞而别算自动离职吗?

不算。	
法条依据	《最高人民法院关于审理劳动争议案件适用法律问题的解释（一）》第四十四条　因用人单位作出的开除、除名、辞退、解除劳动合同、减少劳动报酬、计算劳动者工作年限等决定而发生的劳动争议，用人单位负举证责任。

基本案情

2008年8月8日，张某到某公司处工作，工作岗位为保安。双方于2014年12月10日签订了期限自2014年12月10日至2017年12月9日的劳动合同，某公司未为张某缴纳社会保险。2015年5月9日，张某离开某公司，张某离职前十二个月的平均工资为3000元。2015年8月22日，张某向某劳动人事争议仲裁院申请仲裁，请求裁决某公司向张某支付经济补偿金21000元。

某公司辩称：因公司某项目保安服务合同期满，需对张某另行安排工作地点，但张某不愿意到新的工作地点工作不辞而别，应视为张某自动离职和单方解除劳动合同，不属于《劳动合同法》规定的应支付经济补偿金的情形。

裁判结果

仲裁院经审理认为，根据本案查明的事实，双方当事人均认可于2015年5月9日解除劳动合同，但对于是哪方先提出解除合同的要求存在争议。某公司主张系张某不愿意到另行安排的工作地点而自动离职。本院以高度盖然性为标准，以日常的经验法则作出判断，某公司认为张某不辞而别，应该采取主动联系的方式，以信息、邮件或公告等方式留下痕迹，某公司没有任何间接证据保留，亦未做出任何反应，任其离职。张某认为系某公司口头上强制其离职，其在离职后一年内即申请仲裁，则可说明张某认为某公司侵害其合法权益以合法形式主张自己的权利，故本院根据《劳动合同法》第36条："用人单位与劳动者协商一致，可以解除劳动合同"之规定，认定双方系协商一致解除劳动关系。某公司应当按照《劳动合同法》第46条："有下列情形之一的，用人单位应当向劳动者支付经济补偿：……（二）用人单位依照本法第三十六条规定向劳动者提出解除劳动合同并与劳动者协商一致解除劳动合同的；……"和《劳动合同法》第47条的规定向张某支付经济补偿金。仲裁院遂支持了张某的仲裁请求。

律师提示

员工不辞而别，是指拟离职员工未依据合同约定和法律规定履行提前通知义务，也未办理离职手续而擅自离开工作岗位的行为。"不辞而别"使劳动者和用人单位之间的劳动关系处于不确定的状态，导致法律风险的发生。

员工不辞而别能否视为其自动离职，主动与用人单位解除劳动合同？一方面，"自动离职"这并非劳动法律法规规定的解除劳动合同的方式，《劳动合同法》第36条至第41条规定了协商一致解除、用人单位过失性解除、劳动者过失性解除、经济性裁员等劳动合同解除方式，但无任何条款中提到自动离职属于解除劳动合同的方式。另一方面，员工不辞而别，没有办理请假或辞职的合法手续，未向用人单位提供劳动可以按照旷工处理，但用人单位如未按照严重违纪作出解除劳动合同决定并有效送达劳动者前，双方的劳动关系也并未解除。

员工不辞而别，但用人单位未依法与其解除劳动关系，双方劳动关系存续。一段时间过后，员工可能要求用人单位支付不辞而别期间工资待遇或生活费，要求用人单位补缴或承担该期间的五险一金，甚至员工在此期间发生伤亡，都会产生争议。

用人单位与劳动者合法解除劳动合同，要解决实体和程序两方面的问题。在实体层面，用人单位需举证劳动者存在可被合法解除劳动合同的事实，以及解除劳动合同理由符合法律规定。如发生争议，根据《最高人民法院关于审理劳动争议案件适用法律问题的解释（一）》第44条的规定，用人单位应承担举证不能的不利后果。在程序层面，用人单位应将解除劳动合同的通知合法送达劳动者。用人单位应当优先采用直接送达的方式，有条件的应当进行录音录像；对于不能直接送达的，可以采用邮寄送达，选择邮政快递的方式；在上述送达方式均出现困难不能明确认定员工收到解除通知的情况下，才可以采用公告送达（登报）的方式。部分用人单位采用直接公告送达的方式是违法的，不能起到送达解除劳动合同通知的效果。

员工不辞而别，不能视为自动离职，用人单位应及时依法解除劳动合同，笔者建议如下：

1.如用人单位能联系上劳动者，务必让劳动者向公司出具主动辞职的材料。这是最简单也是最安全的做法。

2.向劳动者送达《催告函》，要求其返回上班，并告知逾期返回的法律后果。

3.如劳动者仍未返回上班，则按照规章制度或法律规定解除劳动合同，并将《解除劳动合同通知书》送达给劳动者。

4.为防止无法送达或送达瑕疵情况，应提前让劳动者签署《送达地址确认书》或在劳动合同中约定送达条款。

综上，员工和用人单位之间的劳动关系，不会因为员工不辞而别或"长期两不找"等原因自动解除，用人单位应主动行使劳动合同解除权，并依法送达员工。

📃 法条链接

1.《劳动合同法》

第三十九条　劳动者有下列情形之一的，用人单位可以解除劳动合同：

（一）在试用期间被证明不符合录用条件的；

（二）严重违反用人单位的规章制度的；

（三）严重失职，营私舞弊，给用人单位造成重大损害的；

（四）劳动者同时与其他用人单位建立劳动关系，对完成本单位的工作任务造成严重影响，或者经用人单位提出，拒不改正的；

（五）因本法第二十六条第一款第一项规定的情形致使劳动合同无效的；

（六）被依法追究刑事责任的。

第五十条　用人单位应当在解除或者终止劳动合同时出具解除或者终止劳动合同的证明，并在十五日内为劳动者办理档案和社会保险关系转移手续。

劳动者应当按照双方约定，办理工作交接。用人单位依照本法有关规定应当向劳动者支付经济补偿的，在办结工作交接时支付。

用人单位对已经解除或者终止的劳动合同的文本，至少保存二年备查。

2.《民事诉讼法》

第八十八条　送达诉讼文书，应当直接送交受送达人。受送达人是公民的，本人不在交他的同住成年家属签收；受送达人是法人或者其他组织的，应当由法人的法定代表人、其他组织的主要负责人或者该法人、组织负责收件的人签收；受送达人有诉讼代理人的，可以送交其代理人签收；受送达人已向人民法院指定代收人的，送交代收人签收。

受送达人的同住成年家属，法人或者其他组织的负责收件的人，诉讼代理人或者代收人在送达回证上签收的日期为送达日期。

第九十一条　直接送达诉讼文书有困难的，可以委托其他人民法院代为送达，或者邮寄送达。邮寄送达的，以回执上注明的收件日期为送达日期。

第九十五条　受送达人下落不明，或者用本节规定的其他方式无法送达的，公告送达。自发出公告之日起，经过三十日，即视为送达。

公告送达，应当在案卷中记明原因和经过。

3.《最高人民法院关于审理劳动争议案件适用法律问题的解释（一）》

第四十四条　因用人单位作出的开除、除名、辞退、解除劳动合同、减少劳动报酬、计算劳动者工作年限等决定而发生的劳动争议，用人单位负举证责任。

4.《最高人民法院关于以法院专递方式邮寄送达民事诉讼文书的若干规定》

第五条　当事人拒绝提供自己的送达地址，经人民法院告知后仍不提供的，自然人以其户籍登记中的住所地或者经常居住地为送达地址；法人或者其他组织以其工商登记或者其他依法登记、备案中的住所地为送达地址。

第十一条　因受送达人自己提供或者确认的送达地址不准确、拒不提供送达地址、送达地址变更未及时告知人民法院、受送达人本人或者受送达人指定的代收人拒绝签收，导致诉讼文书未能被受送达人实际接收的，文书退回之日视为送达之日。

受送达人能够证明自己在诉讼文书送达的过程中没有过错的，不适用前款规定。

📖 文书链接

送达地址确认书

致：＿＿＿＿公司

本人就与贵公司劳动关系存续期间，劳动合同的履行、变更、解除和争议解决中的送达事宜作如下确认：

1.本人接收贵公司或司法机关发送的各类文件及法律文书的送达地址

如下：

　　送达地址：＿＿＿＿＿＿＿＿＿＿＿＿＿＿＿＿

　　指定签收人：＿＿＿＿＿＿＿＿＿＿＿＿＿＿＿＿

　　联系电话：＿＿＿＿＿＿＿＿＿＿＿＿＿＿＿＿

　　电子邮箱：＿＿＿＿＿＿＿＿＿＿＿＿＿＿＿＿

　　微信号：＿＿＿＿＿＿＿＿＿＿＿＿＿＿＿＿

　　2.上述送达地址适用范围包括劳动合同履行期间、劳动仲裁、人民法院一审、二审、再审和执行程序期间。按上述送达地址向本人邮寄、发送相关文书时，若发生送达不成情形（包括但不限于收件人身份不明、无人签收、地址不详、地址搬迁、长期未自取、电子数据被退回、拒收等），以文书退回之日视为送达之日；按上述邮寄地址直接送达文书时，若发生送达不成情形，可以采用留置或张贴文书的方式送达，以留置或张贴文书之日视为送达之日。

　　3.贵公司或司法机关可通过向上述送达地址中约定的手机号码、电子邮箱和微信号向本人发送相关文件或法律文书，不论本人是否实际接收，一经发送即视为送达本人。

　　4.上述送达地址及信息如发生变更，本人将在五个工作日内向贵公司或有关司法机关送交书面变更告知书，否则按本确认书载明的送达地址进行的送达仍然合法有效，本人自行承担由此产生的法律后果。

　　5.贵公司对本确认书条款已向本人提请注意并主动进行了充分的释明，本人对各条款的含义均已知晓，并自行承担相应法律后果。

　　　　　　　　　　确认人（签名）：

　　　　　　　　　　　　年　　　月　　　日

员工辞职未办离职手续能反悔吗？

	不能。
法条依据	《劳动合同法》第三十七条　劳动者提前三十日以书面形式通知用人单位，可以解除劳动合同。劳动者在试用期内提前三日通知用人单位，可以解除劳动合同。

⚖ 基本案情

2018年9月10日，张某入职某公司，双方签订了为期3年的劳动合同。2020年1月10日，张某向某公司提交辞职信，表示因个人原因将于2020年2月9日离职。2020年1月23日，张某觉得自己辞职过于鲁莽草率，向某公司人力资源部发出电子邮件，表示收回此前提交的辞职信，其将继续履行劳动合同至合同期满。某公司人力资源部不同意张某撤销辞职信。张某则认为其尚未离职，也未办理工作交接，劳动合同尚在有效期内，其有权要求某公司继续履行劳动合同。2020年2月，张某向某劳动人事争议仲裁院申请仲裁，请求裁决某公司继续履行劳动合同。

☞ 裁判结果

仲裁院经审理认为，《劳动合同法》第37条规定："劳动者提前三十日以书面形式通知用人单位，可以解除劳动合同。劳动者在试用期内提前三日通知用人单位，可以解除劳动合同。"从上述规定可知，劳动者只要提前30日以书面形式通知用人单位就可以解除劳动合同，劳动者递交辞职信单方解除劳动合同行为所指向的权利内容，属于解除劳动合同的形成权，劳动者的辞职并不需要经过用人单位的批准或者同意。本案中，张某未办理离职工作交接，但并不影响其辞职行为发生效力。仲裁院遂驳回了张某的仲裁请求。

律师提示

劳动者向用人单位提出辞职，属于《劳动合同法》第37条规定的劳动合同预告解除。为保障劳动者的就业选择权，法律规定了劳动者的单方解除权，劳动者解除劳动合同仅需要提前通知用人单位，无需用人单位的批准或同意。

劳动者的劳动合同解除权属于形成权，劳动者一经行使该项权利即可产生单方解除劳动合同的法律效果。根据法律规定，形成权的意思表示可以在达到对方之前或之时撤回，但不得撤销；或者劳动者有确切证据证明其受到欺诈、重大误解等情形，可请求人民法院或者仲裁机构予以撤销。除此之外，辞职通知一经送达用人单位，即产生法律效力，劳动者无权要求撤回或撤销。

常见错误的观点有以下三种：（1）劳动者提交辞职申请后，在用人单位同意前都可以自由撤回；（2）劳动者提交辞职申请后还有30日劳动关系才解除，在此期间劳动者可以自由撤回；（3）劳动者提交辞职申请后，在办理完毕离职手续前可自由撤回。这些观点都混淆了劳动者劳动合同单方解除权和劳动合同协商一致解除中的邀约承诺行为，认清劳动者劳动合同解除权的即时性才能避免以上误解。

综上，劳动者申请辞职后，用人单位何时同意、双方是否办理交接等，都不影响劳动者辞职权的行使。劳动者应准确理解辞职行为的法律后果，结合自身情况谨慎行使辞职权。

法条链接

1.《劳动合同法》

第三十六条 用人单位与劳动者协商一致,可以解除劳动合同。

第三十七条 劳动者提前三十日以书面形式通知用人单位,可以解除劳动合同。劳动者在试用期内提前三日通知用人单位,可以解除劳动合同。

2.《民法典》

第一百四十七条 基于重大误解实施的民事法律行为,行为人有权请求人民法院或者仲裁机构予以撤销。

第一百四十八条 一方以欺诈手段,使对方在违背真实意思的情况下实施的民事法律行为,受欺诈方有权请求人民法院或者仲裁机构予以撤销。

第五百六十二条 当事人协商一致,可以解除合同。

当事人可以约定一方解除合同的事由。解除合同的事由发生时,解除权人可以解除合同。

第五百六十五条 当事人一方依法主张解除合同的,应当通知对方。合同自通知到达对方时解除;通知载明债务人在一定期限内不履行债务则合同自动解除,债务人在该期限内未履行债务的,合同自通知载明的期限届满时解除。对方对解除合同有异议的,任何一方当事人均可以请求人民法院或者仲裁机构确认解除行为的效力。

当事人一方未通知对方,直接以提起诉讼或者申请仲裁的方式依法主张解除合同,人民法院或者仲裁机构确认该主张的,合同自起诉状副本或者仲裁申请书副本送达对方时解除。

73 单位不批准员工辞职怎么办？

	无需批准。
法条依据	《劳动合同法》第三十七条　劳动者提前三十日以书面形式通知用人单位，可以解除劳动合同。劳动者在试用期内提前三日通知用人单位，可以解除劳动合同。

⚖ 基本案情

2017年6月9日，张某入职某公司，双方签订合同期限为3年的书面劳动合同，张某的工作岗位是财务人员。2018年9月8日，张某以家中孩子无人照看为由，向公司提出书面辞职申请。因某公司不予办理离职手续，张某向某劳动人事争议仲裁院提出仲裁申请，请求裁决确认其与某公司的劳动关系于2019年10月7日解除并办理离职手续。

某公司辩称：张某在工作期间经办了公司重大工程项目，离职未获公司董事会批准，其应在完成工作交接和离任审计后，方可办理离职手续，因此张某应继续履行劳动合同。

👤 裁判结果

仲裁院经审理认为，《劳动合同法》第37条规定："劳动者提前三十日以书面形式通知用人单位，可以解除劳动合同。劳动者在试用期内提前三日通知用人单位，可以解除劳动合同。"因此，劳动者在提前30日以书面形式通知用人单位的情况下，其可以单方解除劳动合同。张某工作是否交接完毕等情形不影响张某享有上述法律规定的解除劳动合同的权利，如某公司认为张某确实存在工作未完成交接等情形，可以另案主张权利。仲裁院遂支持了张某的仲裁请求。

👉 律师提示

为维持企业的稳定有序运行，企业常在规章制度中规定员工离职需由公司领导审批，员工未经公司批准不得擅自离职等内容。那么员工离职需要公司批准吗？

根据《劳动合同法》第37条的规定，员工在试用期内提前3日，试用期满转正后提前30日通知公司，即可单方解除劳动合同。员工提出辞职，无需任何合理合法的理由，仅需提前"通知"公司，无需公司"批准"。辞职（解除劳动合同）是员工的法定权利，规章制度或合同约定中有限制辞职权利的内容均属无效，用人单位不得以任何理由强行留下员工继续工作。

《劳动合同法》规定了用人单位为员工提供专项培训的，可以约定服务期；员工离职时应按照约定履行工作交接义务等内容。但是，前述规定仍不影响员工辞职的法定权利，即员工仅需提前预告辞职就可以辞职，如因此违约或者造成用人单位损失，只能另案进行处理。

因此，笔者建议，为维护公司管理秩序，可以设置员工离职的工作交接等流程，但应在员工辞职后30日内（或3日内）办理完毕。为防止员工不按约定办理离职，可根据实际情况约定违约责任或计算用人单位经济损失的办法，以利于公司维权。

法条链接

《劳动合同法》

第二十二条 用人单位为劳动者提供专项培训费用，对其进行专业技术培训的，可以与该劳动者订立协议，约定服务期。

劳动者违反服务期约定的，应当按照约定向用人单位支付违约金。违约金的数额不得超过用人单位提供的培训费用。用人单位要求劳动者支付的违约金不得超过服务期尚未履行部分所应分摊的培训费用。

用人单位与劳动者约定服务期的，不影响按照正常的工资调整机制提高劳动者在服务期期间的劳动报酬。

第三十七条 劳动者提前三十日以书面形式通知用人单位，可以解除劳动合同。劳动者在试用期内提前三日通知用人单位，可以解除劳动合同。

第五十条 用人单位应当在解除或者终止劳动合同时出具解除或者终止劳动合同的证明，并在十五日内为劳动者办理档案和社会保险关系转移手续。

劳动者应当按照双方约定，办理工作交接。用人单位依照本法有关规定应当向劳动者支付经济补偿的，在办结工作交接时支付。

用人单位对已经解除或者终止的劳动合同的文本，至少保存二年备查。

74 员工不提前30日通知就离职需承担责任吗？

法条依据	需赔偿用人单位损失。
	《劳动合同法》第九十条　劳动者违反本法规定解除劳动合同，或者违反劳动合同中约定的保密义务或者竞业限制，给用人单位造成损失的，应当承担赔偿责任。

⚖ 基本案情

2016年9月25日，张某进入某幼儿园任班主任，某幼儿园没有与张某签订书面劳动合同，也没有为张某购买社会保险。2017年8月10日，张某填写离职审批表，以个人原因为由申请离职。某幼儿园要求张某继续工作30日，待新员工接替张某工作后再离职，但张某自2017年8月11日起就未再上班。2017年8月18日，某幼儿园向某劳动人事争议仲裁院申请仲裁，请求裁决张某支付因违法解除劳动合同给某公司造成的经济损失5000元及因补充职位空缺另行招聘人员产生的费用400元。

👆 裁判结果

仲裁院经审理认为，劳动者因个人原因单方面解除劳动关系，应根据《劳动合同法》第37条的规定提前30日以书面形式通知用人单位。在劳动者未按上述规定提前30日以书面形式通知用人单位导致用人单位产生经济损失的情况下，应根据《劳动合同法》第90条的规定承担赔偿责任。本案中，张某确实未按照单位规章制度的规定及《劳动合同法》规定的期限履行提前通知的义务而解除了劳动合同，但某幼儿园并未提供充分有效的证据证明因张某的离职行为给单位造成了何种实际损失，也无法证明辞职行为和该两笔费用之间存在因果关系。故某幼儿园主张张某承担赔偿责任没有事实依据，本院不予支持。仲裁院遂驳回了某幼儿园的诉讼请求。

👆 律师提示

劳动者离职需要办理工作交接，用人单位也需要找到合适人员替代其岗位，因此，《劳动合同法》第37条规定，劳动者提前30日以书面形式通知用人单位才可以解除劳动合同。劳动者未提前30日通知用人单位，说走就走，甚至不辞而别，是很多用人单位非常头疼的问题。

根据《劳动合同法》第37条的规定，劳动者未提前30日通知用人单位即离职，属于违法解除劳动合同，给用人单位造成损失的，应当承担赔偿责任。用人单位需要对劳动者违法离职产生的经济损失以及所受损失与劳动者离职行为具有直接因果关系进行举证，否则应承担举证不能的不利法律后果。但在实践中，用人单位几乎无法完成举证，让劳动者赔偿损失形同虚设。

能否提前约定损失赔偿的计算方式或者数额，比如约定劳动者未按法定期限提前通知即离职，应赔偿用人单位一个月的工资。大部分观点认为，赔偿损失的属性是补偿，用来弥补非违约方所遭受的损失，该属性决定了赔偿损失的适用前提是违约行为造成损失的后果，损失赔偿的计算方式或数额的事先约定无效。笔者认为，劳动者违法离职必然给用人单位造成损失，在取得劳动者同意前提下事先约定合理赔偿应为有效，否则不利于劳动者诚信履职，也不利于用人单位的正常经营管理。

劳动者提前30日通知用人单位离职，试用期提前3日通知用人单位离职属于劳动合同的预告解除。但是如果用人单位存在《劳动合同法》第38条规定的过失情形时，劳动者可以不经预告通知即时解除劳动合同。劳动者预告解除和即时解除情形常常同时存在，用人单位应要求劳动者明确离职理由，否则将无法追究劳动者违法离职的法律责任。

综上，员工不提前30日通知离职造成用人单位损失的应予以赔偿，但实践中用人单位维权非常困难。

法条链接

《劳动合同法》

第三十七条　劳动者提前三十日以书面形式通知用人单位，可以解除劳动合同。劳动者在试用期内提前三日通知用人单位，可以解除劳动合同。

第三十八条　用人单位有下列情形之一的，劳动者可以解除劳动合同：

（一）未按照劳动合同约定提供劳动保护或者劳动条件的；

（二）未及时足额支付劳动报酬的；

（三）未依法为劳动者缴纳社会保险费的；

（四）用人单位的规章制度违反法律、法规的规定，损害劳动者权益的；

（五）因本法第二十六条第一款规定的情形致使劳动合同无效的；

（六）法律、行政法规规定劳动者可以解除劳动合同的其他情形。

用人单位以暴力、威胁或者非法限制人身自由的手段强迫劳动者劳动的，或者用人单位违章指挥、强令冒险作业危及劳动者人身安全的，劳动者可以立即解除劳动合同，不需事先告知用人单位。

第九十条　劳动者违反本法规定解除劳动合同，或者违反劳动合同中约定的保密义务或者竞业限制，给用人单位造成损失的，应当承担赔偿责任。

75 脱密期员工需提前多久通知公司才能辞职?

	提前30日通知。
法条依据	《劳动合同法》第三十七条　劳动者提前三十日以书面形式通知用人单位，可以解除劳动合同。劳动者在试用期内提前三日通知用人单位，可以解除劳动合同。

⚖ 基本案情

2012年1月1日，张某入职某银行，双方签订书面劳动合同，合同期限为2012年1月1日至2017年12月31日。劳动合同中约定："涉密人员凡离开涉密岗位，必须进行脱密，脱密期为六个月，脱密期满前不得离岗。"2012年11月12日，张某向某银行递交了书面《辞职报告》，某银行予以签收。张某离职后，某银行未为张某办理离职手续，也未为张某办理档案和社会保险关系转移手续。2013年3月7日，张某向某劳动人事争议仲裁院申请仲裁，请求裁决某银行为张某办理离职手续，并办理档案和社会保险关系转移手续。

📖 裁判结果

仲裁院经审理认为，《劳动合同法》第37条规定，劳动者提前30日以书面形式通知用人单位，可以解除劳动合同。张某已于2012年11月12日提前

30日向某银行递交了《辞职报告》，张某解除劳动关系的行为符合我国劳动法律法规的规定，而张某是否处于脱密期以及是否按照约定履行相应的保密义务等，均不能成为妨碍双方劳动关系解除的事由，不影响双方劳动关系的解除。《劳动合同法》第50条第1款规定："用人单位应当在解除或者终止劳动合同时出具解除或者终止劳动合同的证明，并在十五日内为劳动者办理档案和社会保险关系转移手续。"故某银行应当为张某出具解除劳动合同的书面证明，并为张某办理档案和社会保险关系转移手续。仲裁院遂支持了张某的仲裁请求。

🖐 律师提示

脱密期是指接触商业秘密的劳动者在离职前须提前通知用人单位，并在该用人单位继续工作一定期限（通常为6个月内），该期限届满后劳动者方可离职。在此期限内，用人单位有权调整劳动者工作岗位，变更劳动合同相关内容，淡化劳动者知悉的商业秘密，以达到保护企业商业秘密的目的。

《关于企业职工流动若干问题的通知》及部分地方性规范中规定了脱密期，而根据《劳动合同法》第37条的规定，劳动者提前30日以书面形式通知用人单位即可以解除劳动合同。用人单位与劳动者关于脱密期的约定是否有效呢？

肯定观点认为，用人单位与劳动者约定解除劳动合同的脱密期，且脱密期未超过《关于企业职工流动若干问题的通知》及部分地方性规范中规定的法定期限，该约定具有法律效力，应视为劳动者放弃《劳动合同法》第37条赋予的单方解除劳动合同的30日提前通知期。

否定观点认为，劳动者提前30日以书面形式通知用人单位，可以解除劳动合同，是《劳动合同法》对劳动者劳动合同解除权保护的强制性规定，劳动者是否处于脱密期以及是否按照约定履行相应的保密义务等，均不能成为妨碍双方劳动关系解除的事由，不影响双方劳动关系的解除。《关于企业职工流动若干问题的通知》法律效力低于《劳动合同法》，在冲突时应适用《劳动合同法》的规定。笔者赞同否定观点。

值得注意的是，《保守国家秘密法》也有脱密期的相关规定，但该法律规范的是国家秘密的保密行为，与用人单位的商业秘密保护属于两个范畴，不能混为一谈。

综上，劳动者的辞职权不受脱密期的限制。笔者建议，用人单位应通过与劳动者签订完善的保密协议或竞业限制协议，实现对商业秘密的保护，慎用脱密期约定。

📑 法条链接

1.《劳动合同法》

第二十三条 用人单位与劳动者可以在劳动合同中约定保守用人单位的商业秘密和与知识产权相关的保密事项。

对负有保密义务的劳动者，用人单位可以在劳动合同或者保密协议中与劳动者约定竞业限制条款，并约定在解除或者终止劳动合同后，在竞业限制期限内按月给予劳动者经济补偿。劳动者违反竞业限制约定的，应当按照约定向用人单位支付违约金。

第三十七条 劳动者提前三十日以书面形式通知用人单位，可以解除劳动合同。劳动者在试用期内提前三日通知用人单位，可以解除劳动合同。

第五十条 用人单位应当在解除或者终止劳动合同时出具解除或者终止劳动合同的证明，并在十五日内为劳动者办理档案和社会保险关系转移手续。

劳动者应当按照双方约定，办理工作交接。用人单位依照本法有关规定应当向劳动者支付经济补偿的，在办结工作交接时支付。

用人单位对已经解除或者终止的劳动合同的文本，至少保存二年备查。

2.《保守国家秘密法》

第三十八条 涉密人员离岗离职实行脱密期管理。涉密人员在脱密期内，应当按照规定履行保密义务，不得违反规定就业，不得以任何方式泄露国家秘密。

3.《关于企业职工流动若干问题的通知》

二、用人单位与掌握商业秘密的职工在劳动合同中约定保守商业秘密有关事项时，可以约定在劳动合同终止前或该职工提出解除劳动合同后的一定时间内（不超过六个月），调整其工作岗位，变更劳动合同中相关内容；用人单位也可规定掌握商业秘密的职工在终止或解除劳动合同后的一定期限内（不超过三年），不得到生产同类产品或经营同类业务且有竞争关系的其他用人单位任职，也不得自己生产与原单位有竞争关系的同类产品或经营同类业务，但用人单位应当给予该职工一定数额的经济补偿。

76 公司出资培训的员工要离职怎么办？

	向用人单位支付违约金。
法条依据	《劳动合同法》第二十二条第二款　劳动者违反服务期约定的，应当按照约定向用人单位支付违约金。违约金的数额不得超过用人单位提供的培训费用。用人单位要求劳动者支付的违约金不得超过服务期尚未履行部分所应分摊的培训费用。

⚖ 基本案情

　　2014年5月20日，张某入职某公司工作，岗位为口腔护士。双方签订劳动合同，其中约定：公司在合同期限内向员工提供价值60000元的培训，不论乙方（张某）因任何原因提前从甲方（某公司）离职，则乙方必须返还甲方培训费，按每年20000元计，不足一年按一年计。2015年9月12日，张某和某公司签订《员工专项培训协议》，其中约定：2015年9月10日至9月12日，某公司为张某提供价值4543元的培训，自培训结束后，张某的服务期限自2015年9月1日起至2018年8月31日止。2016年5月21日，张某与某公司解除劳动合同。某公司向某劳动人事争议仲裁院申请仲裁，请求裁决张某支付违约金64543元。

368

裁判结果

仲裁院经审理认为，根据《劳动合同法》第22条的规定，劳动者违反服务期约定的违约金数额不得超过用人单位提供的培训费用。尽管劳动合同约定，某公司向张某提供价值60000元的培训，不论张某因任何原因提前离职，均必须按每年20000元（不足一年按一年计）向某公司返还培训费，该约定与前述规定不符，且某公司未证明实际支出培训费60000元，本院对该项主张不予支持。根据《员工专项培训协议》约定，张某接受培训后于2016年5月21日与某公司解除劳动关系，服务期仅实际履行9个月，尚未履行27个月，张某应向某公司支付违反服务期约定的违约金人民币3407.25元（4543元÷36个月×27个月=3407.25元）。

律师提示

企业为了员工能胜任工作，甚至能创造更高的价值，就必须为员工培训和深造创造条件，但又担心员工接受培训、能力提高后跳槽。根据《劳动合同法》第22条的规定，用人单位为劳动者提供专项培训，可以与该劳动者约定服务期，员工培训后在服务期内为用人单位持续提供劳动，在用人单位和劳动者之间寻求利益平衡。

用人单位为劳动者提供专项培训才能约定服务期。专项培训目的在于提高员工的专业技术水平，包括专业知识与职业技能，一般由第三方培训机构对用人单位精心挑选的员工进行培训，与由公司统一安排的岗前培训、入职培训等普遍性培训或日常培训相区别。实务中，一般根据培训持续的时间、培训的内容、系统性、规范化程度来判断是否为专项培训。

服务期超过劳动合同期限时，根据《劳动合同法实施条例》第17条的规定，劳动合同期满，但是用人单位与劳动者依照《劳动合同法》第22条的规定约定的服务期尚未到期的，劳动合同应当续延至服务期满。但要注意，此规定是对劳动者离职期限的约束，是劳动者的义务和用人单位的权利，用人单位在劳动合同期满时有权终止劳动合同。

专项培训约定服务期，服务期满前员工能否离职？根据《劳动合同法》第37条的规定，员工只需依法提前通知用人单位，无需任何理由即可解除劳动合同，因此，服务期也无法对员工的劳动合同任意解除权形成限制。如用人单位与员工签订专项培训协议，可依约要求员工承担违约责任，但不能限制员工离职。

是否可以约定高额违约金，防止员工随意离职？根据《劳动合同法》第22条的规定，违约金数额不能随意约定，其数额不得超过用人单位提供的培训费用。专项培训产生的培训费、差旅费、住宿费等属于培训费用，但培训期间的工资一般不能作为培训费用，用人单位应约定培训费用构成，并且证明已实际产生。劳动者在服务期内离职的，用人单位要求劳动者支付的违约金不得超过服务期尚未履行部分所应分摊的培训费用。另外，劳动者在试用期内离职，用人单位能否要求劳动者支付违约金存在争议，因此，不建议在试用期对劳动者进行专项培训。

综上，用人单位出资为劳动者进行专项培训的，应当与劳动者签订专项培训协议，与劳动者约定服务期和违约责任，但此举无法完全限制劳动者离职。

法条链接

1.《劳动合同法》

第二十二条 用人单位为劳动者提供专项培训费用，对其进行专业技术培训的，可以与该劳动者订立协议，约定服务期。

劳动者违反服务期约定的，应当按照约定向用人单位支付违约金。违约金的数额不得超过用人单位提供的培训费用。用人单位要求劳动者支付的违约金不得超过服务期尚未履行部分所应分摊的培训费用。

用人单位与劳动者约定服务期的，不影响按照正常的工资调整机制提高劳动者在服务期期间的劳动报酬。

2.《劳动合同法实施条例》

第十六条 劳动合同法第二十二条第二款规定的培训费用，包括用人单位为了对劳动者进行专业技术培训而支付的有凭证的培训费用、培训期间的差旅费用以及因培训产生的用于该劳动者的其他直接费用。

第十七条 劳动合同期满，但是用人单位与劳动者依照劳动合同法第二十二条的规定约定的服务期尚未到期的，劳动合同应当续延至服务期满；双方另有约定的，从其约定。

📝 文书链接

员工专项培训协议

甲方（用人单位）：＿＿＿＿＿＿＿＿＿

统一社会信用代码：＿＿＿＿＿＿＿＿＿

住所地：＿＿＿＿＿＿＿＿＿

法定代表人：＿＿＿＿＿＿＿＿＿

电话：＿＿＿＿＿＿＿＿＿   微信：＿＿＿＿＿＿＿＿＿

乙方（劳动者）：＿＿＿＿＿＿＿＿＿

身份证号：＿＿＿＿＿＿＿＿＿

住址：＿＿＿＿＿＿＿＿＿

电话：＿＿＿＿＿＿＿＿＿   微信：＿＿＿＿＿＿＿＿＿

为提高员工的职业素质及职业技能，确保员工圆满完成专业技术培训，并按时返回甲方工作，依照《中华人民共和国劳动合同法》以及相关规定，经平等自愿协商一致签订本协议，供双方共同遵守。

一、培训情况

1.培训性质：专业技术培训。

2.培训内容为：_____。

3.培训地点：_____。

4.培训期限自_____年___月___日起至_____年___月___日止。如遇甲方业务发展需要、工作安排或培训机构的日程等安排发生变化，此次培训时间和地点发生变化的，乙方自愿服从安排，前述变更均不影响本协议关于服务期及违约金等内容的约定。

二、培训费用

本次培训费用共计_____元，该培训费用已由甲方全部承担。前述培训费用由下列费用组成：

（1）甲方为乙方进行专业技术培训而支付的培训费用；

（2）甲方为乙方支付的培训期间的住宿费、餐饮费和交通费等差旅费用；

（3）甲方支付给乙方的培训期间的工资或补助为_____元/天；

（4）因培训产生的资料费、调研费等其他直接费用。

三、服务期

1.甲、乙双方协商一致，乙方的服务期期限为自_____年___月___日起至_____年___月___日止。

2.本协议项下服务期期限的规定，不受劳动合同期限长短的影响。本协议约定的服务期长于劳动合同期限的，劳动合同依法续延至服务期满。但甲方有权提前放弃服务期利益，可以在劳动合同到期时或在劳动合同到期后服务期满前终止劳动关系。

四、双方权利和义务

1.乙方在培训期间应当遵守法律法规、遵守甲方的各项规章制度，不得缺席，否则甲方有权按照旷工处理，并有权据此取消乙方的培训资格，甲方有权要求乙方自行承担培训费用，并从乙方工资待遇中扣减。

2.乙方因个人原因终止培训，全部培训费用将由乙方自行承担，甲方已经支付的培训费用可以要求乙方返还，甲方有权直接从乙方工资待遇中扣减。

3.乙方保证在培训期限内参加完全部培训课程，认真学习掌握相应的技术和相关专项知识，准时通过有关的培训考试或取得相关证书。

4.培训期间，被培训方取消培训资格的，或擅自中断或终止培训的，或未通过培训相关考核，导致不能实现培训目的的，甲方有权要求乙方自行承担培训费用，并从乙方工资待遇中扣减。

5.培训结束后，乙方即应在合理的时间内返回甲方报到，不得随意在外逗留不归。否则，因此产生的费用自理，同时逾期报到的天数按旷工处理。

6.乙方学业完毕后愿尽所学之经验、知识、技能服务于甲方，所取得相关资料应留甲方存档。乙方利用所学取得的科研成果、专利等的知识产权权利人为甲方，不得私自向外出售或转让。

7.培训开始前，甲方有权解除本协议，不安排乙方进行培训，解除后本协议不发生效力。

五、违约责任

1.乙方违反服务期约定的，应当向甲方支付违约金_____元，依照劳动合同法等规定，按照服务期尚未履行部分所应分摊的培训费用计算。

2.服务期届满前，无论因何种原因乙方提出解除劳动合同的，属于违反服务期约定，应当向甲方支付违约金。

3.有下列情形之一的，甲方与乙方解除劳动合同，属于乙方违反服务期约定，应当向甲方支付违约金：

（1）乙方严重违反甲方的规章制度的；

（2）乙方严重失职，营私舞弊，给甲方造成重大损害的；

（3）乙方同时与其他用人单位建立劳动关系，对完成本单位的工作任务造成严重影响，或者经甲方提出，拒不改正的；

（4）乙方以欺诈、胁迫的手段或者乘人之危，使甲方在违背真实意思的情况下订立或者变更劳动合同的；

（5）乙方被依法追究刑事责任的。

六、保密

因签订和履行本协议知悉的对方的任何保密信息，甲、乙双方均负有保密的义务。否则违约方应向对方支付违约金_____元，如给对方造成损失大于前述违约金，违约方仍应赔偿。本条规定不因协议终止或解除而失效。

七、通知和送达

1.本协议首部双方预留的联系地址和信息系双方送达各类通知、协议等文件以及发生纠纷时相关文件及法律文书的送达地址。本协议约定的送达地址的适用范围包括协议履行阶段和争议进入仲裁、民事诉讼程序后的一审、二审、再审和执行程序，法院可直接通过邮寄或其他方式向双方预留的地址送达法律文书。

2.任何一方的送达地址变更的，应在变更当日书面通知对方。因一方提供或者确认的送达地址不准确、送达地址变更后未及时依程序告知对方和法院或仲裁机构、拒收或指定的接收人拒绝签收等原因，导致相关文件或法律文书未能被该方实际接收的，邮寄送达的，以文书退回之日视为送达之日；直接送达的，送达人当场在送达回证上记明情况之日视为送达之日。

八、附则

1.本协议一式二份，甲、乙双方各执一份，具有同等法律效力。

2.本协议自双方签字或盖章后成立并生效。

3.本协议与劳动合同不一致的，以本协议约定为准。

甲方（盖章）：　　　　　　　　乙方（签名）：

法定代表人（签名）：

　　　　　　年　　月　　日　　　　　　　年　　月　　日

附件：培训费用确认书

根据甲方（用人单位）已经向乙方（员工）详细说明甲方承担的培训费用的构成；鉴于部分费用不一定有正规票据，双方在此明确：

1.甲方已承担的培训费用见下表：

费用类别	金额（元）	备注
合计		

（上述金额均指分摊到乙方个人名下的金额）

2.乙方对培训费用金额无异议，不再要求甲方出示票据；

3.上述培训费用金额将作为计算违约金的基准。

确认人（签名）：

年　　　月　　　日

77 未通知工会的劳动合同解除效力如何？

	不一定。
法条依据	《劳动合同法》第四十三条　用人单位单方解除劳动合同，应当事先将理由通知工会。用人单位违反法律、行政法规规定或者劳动合同约定的，工会有权要求用人单位纠正。用人单位应当研究工会的意见，并将处理结果书面通知工会。

 基本案情

　　2010年12月1日，张某进入某百货公司工作，岗位为运营部部长。2017年12月12日，某百货公司以张某严重违反公司规章制度为由与其解除劳动合同，某百货公司向张某送达了《解除劳动合同通知》，但在解除劳动合同时未履行通知工会的程序。张某认为依据《劳动合同法》第43条的规定，用人单位单方解除劳动合同，应当事先通知工会，但某百货公司没有通知，程序违法，遂向某劳动人事争议仲裁院申请仲裁。仲裁裁决后张某不服向法院起诉，请求判决某百货公司支付违法解除劳动合同的经济赔偿金。

裁判结果

法院经审理认为，根据《最高人民法院关于审理劳动争议案件适用法律若干问题的解释（四）》第12条①之规定可知，解除劳动合同事先通知工会的前提是建立了工会组织，同时根据《工会法》第2条"工会是职工自愿结合的工人阶级的群众组织"之规定，建立工会组织是职工的自愿行为。某百货公司在未建立工会组织的情况下，无法完成通知程序。张某违反用人单位的规章制度，某百货公司以此为由解除与张某的劳动合同，符合法律规定的解除劳动合同的实质要件，该解除行为不属于违法解除或者终止劳动合同，因此，某百货公司无需支付经济赔偿金。法院遂驳回了张某的诉讼请求。

律师提示

用人单位与员工解除劳动合同，存在通知工会等程序上的诸多要求，稍有不慎，企业就会陷入因违法解除劳动合同而支付经济赔偿金的不利境地。

建立了工会组织的用人单位与劳动者解除劳动合同的，应事先通知工会。但是，如果用人单位没有建立工会组织，那么是否需要通知工会呢？本案的审判思路是，由于工会组织是自律性组织，因此没有建立工会的用人单位在解除劳动合同时，就无法也无需履行通知程序。根据《最高人民法院关于审理劳动争议案件适用法律问题的解释（一）》第47条的规定，"建立了工会组织的用人单位"解除劳动合同需要通知工会，也侧面体现了没有建立工会组织的用人单位没有履行通知工会程序不属于违法情形。

但在司法实践中，解除劳动合同未通知工会有不同判例。因此，若用人单位没有建立自己的工会组织也没联合其他公司建立工会组织，建议用人单位在单方解除员工时将解聘情形通知当地区县工会或行业工会，取得反馈意

---

① 现为《最高人民法院关于审理劳动争议案件适用法律问题的解释（一）》第47条。

见后再将解除劳动合同通知送达员工，防患于未然。

另外，根据《最高人民法院关于审理劳动争议案件适用法律问题的解释（一）》第47条的规定，解除劳动合同时未通知工会，但在起诉前已经补正的也视为解除程序合法。笔者认为，这里的"起诉前"应进行严格解释，在案件进入仲裁阶段后法院一审起诉前进行程序性补正是符合法律规定的。

法条链接

1.《劳动合同法》

第四十三条 用人单位单方解除劳动合同，应当事先将理由通知工会。用人单位违反法律、行政法规规定或者劳动合同约定的，工会有权要求用人单位纠正。用人单位应当研究工会的意见，并将处理结果书面通知工会。

第七十八条 工会依法维护劳动者的合法权益，对用人单位履行劳动合同、集体合同的情况进行监督。用人单位违反劳动法律、法规和劳动合同、集体合同的，工会有权提出意见或者要求纠正；劳动者申请仲裁、提起诉讼的，工会依法给予支持和帮助。

2.《工会法》

第二条 工会是中国共产党领导的职工自愿结合的工人阶级群众组织，是中国共产党联系职工群众的桥梁和纽带。

中华全国总工会及其各工会组织代表职工的利益，依法维护职工的合法权益。

3.《最高人民法院关于审理劳动争议案件适用法律问题的解释（一）》

第四十七条 建立了工会组织的用人单位解除劳动合同符合劳动合同法第三十九条、第四十条规定，但未按照劳动合同法第四十三条规定事先通知工会，劳动者以用人单位违法解除劳动合同为由请求用人单位支付赔偿金的，人民法院应予支持，但起诉前用人单位已经补正有关程序的除外。

📄 **文书链接**

解除劳动合同告知书

致：_____工会

　　兹有我公司员工_____（身份证号码：_____），因_____原因，根据《中华人民共和国劳动合同法》第____条的规定，及公司规章制度或者员工手册第____条的规定，经我公司研究决定，拟与其解除劳动合同。

　　贵工会如有异议，烦请在收到本告知书后____日内提出相关意见或建议。如贵工会在____日内没有回复，则视为同意我公司的处理意见。

　　特此告知。

公司（盖章）：

经办人（签名）：

年　　月　　日

- -

签收回执

　　我工会已收到上述贵公司与_____解除劳动合同告知书，已知悉其内容。

签收人（盖章）：

年　　月　　日

78 员工被抓，单位可以解除劳动合同吗？

不一定。	
法条依据	《劳动合同法》第三十九条　劳动者有下列情形之一的，用人单位可以解除劳动合同：……（六）被依法追究刑事责任的。

基本案情

　　张某为某公司员工，双方签订了无固定期限劳动合同，工作岗位为管理岗位。张某于2017年1月11日被刑事拘留，2017年1月28日被执行逮捕。2017年12月，某县人民法院作出《刑事判决书》，判决张某犯受贿罪，判处有期徒刑5年。张某不服上诉至某中级人民法院，该院于2018年9月作出《刑事裁定书》，裁定驳回上诉，维持原判，该裁定书于2018年9月25日送达至张某。2018年7月30日，某公司依据《劳动合同法》第39条第6项之规定解除与张某之间的劳动合同，并由张某配偶代为签署并领取解除劳动合同相关文书。后张某向某劳动人事争议仲裁院申请仲裁，请求裁决某公司向张某支付违法解除劳动合同的赔偿金15万余元。

裁判结果

仲裁院经审理认为，某公司以张某被依法追究刑事责任为由，依据《劳动合同法》第39条第6项之规定解除劳动合同。张某《刑事判决书》的生效时间，应为二审《刑事裁定书》送达张某的时间，即2018年9月25日。某公司在判决生效前的2018年7月30日解除与张某的劳动合同，不符合法律规定的用人单位可以解除劳动合同的法定情形，故某公司属于违法解除劳动合同，应当按照《劳动合同法》第87条等规定向张某支付违法解除劳动合同的赔偿金。仲裁院遂支持了张某的仲裁请求。

律师提示

员工被抓分为两种情况：一是违反治安管理法律法规被行政拘留，二是违反刑法涉嫌犯罪被刑事拘留或逮捕。员工被抓，被限制人身自由，客观上无法向用人单位提供劳动，用人单位能否解除劳动合同呢？

根据《劳动法》第25条和《劳动合同法》第39条第6项之规定，劳动者被依法追究刑事责任的，用人单位可以解除劳动合同。行政拘留是公安机关将违反治安管理的行为人强制关押在专门处所，暂时剥夺其人身自由的治安管理处罚。行政拘留不属于刑事处罚，劳动者不会被追究刑事责任，因此，用人单位不能据此解除劳动合同。

通常认为，"被依法追究刑事责任"指员工被人民法院的生效判决认定追究刑事责任。即使员工被一审人民法院作出有罪刑事判决，如果员工在法定上诉期限内提起上诉，一审刑事判决也不生效。只有二审人民法院作出判决或裁定并向员工送达后，刑事判决才真正生效，员工是否被追究刑事责任才能正式确认。因此，员工因涉嫌犯罪被刑事拘留或逮捕，是否能被定罪量刑还无法确定，用人单位不能据此解除劳动合同。

另外，根据《刑法》的相关规定，管制、拘役、有期徒刑等主刑以及罚金、剥夺政治权利、没收财产等附加刑都属于被判处刑罚的情形，缓刑是一种刑罚执行制度，前述各类情形都属于"被依法追究刑事责任"，用人单位可据此解除劳动合同。

员工被依法追究刑事责任，用人单位解除劳动合同还需要注意什么？用人单位和员工之间的劳动合同不会自动解除，用人单位需履行解除劳动合同的法定程序，并向员工送达解除劳动合同的通知。另外，用人单位在知晓员工被追究刑事责任后，应及时解除劳动合同，如刑罚执行完毕后再据此解除劳动合同，可能被认定为违法解除。

综上，员工被抓，用人单位不能当然解除劳动合同，通常只有人民法院出具生效的刑事判决，确认员工被依法追究刑事责任，用人单位才能解除劳动合同。

法条链接

1.《劳动法》

第二十五条　劳动者有下列情形之一的，用人单位可以解除劳动合同：

（一）在试用期间被证明不符合录用条件的；

（二）严重违反劳动纪律或者用人单位规章制度的；

（三）严重失职，营私舞弊，对用人单位利益造成重大损害的；

（四）被依法追究刑事责任的。

2.《劳动合同法》

第三十九条　劳动者有下列情形之一的，用人单位可以解除劳动合同：

（一）在试用期间被证明不符合录用条件的；

（二）严重违反用人单位的规章制度的；

（三）严重失职，营私舞弊，给用人单位造成重大损害的；

（四）劳动者同时与其他用人单位建立劳动关系，对完成本单位的工作任务造成严重影响，或者经用人单位提出，拒不改正的；

（五）因本法第二十六条第一款第一项规定的情形致使劳动合同无效的；

（六）被依法追究刑事责任的。

第八十七条 用人单位违反本法规定解除或者终止劳动合同的，应当依照本法第四十七条规定的经济补偿标准的二倍向劳动者支付赔偿金。

3.《关于贯彻执行〈中华人民共和国劳动法〉若干问题的意见》

28.劳动者涉嫌违法犯罪被有关机关收容审查、拘留或逮捕的，用人单位在劳动者被限制人身自由期间，可与其暂时停止劳动合同的履行。

暂时停止履行劳动合同期间，用人单位不承担劳动合同规定的相应义务。劳动者经证明被错误限制人身自由的，暂时停止履行劳动合同期间劳动者的损失，可由其依据《国家赔偿法》要求有关部门赔偿。

29.劳动者被依法追究刑事责任的，用人单位可依据劳动法第二十五条解除劳动合同。

"被依法追究刑事责任"是指：被人民检察院免予起诉的、被人民法院判处刑罚的、被人民法院依据刑法第三十二条免予刑事处分的。

劳动者被人民法院判处拘役、三年以下有期徒刑缓刑的，用人单位可以解除劳动合同。

79　劳动者连续工作满十年，合同期满后用人单位能终止劳动合同吗？

不能。	
法条依据	《劳动合同法》第十四条第二款　用人单位与劳动者协商一致，可以订立无固定期限劳动合同。有下列情形之一，劳动者提出或者同意续订、订立劳动合同的，除劳动者提出订立固定期限劳动合同外，应当订立无固定期限劳动合同：……（一）劳动者在该用人单位连续工作满十年的；……

 基本案情

2003年9月24日，张某入职某公司，担任稽核专员职务。在职期间，某公司和张某连续签订四次固定期限劳动合同，最后一次劳动合同期限为2015年5月23日至2020年5月22日，离职前12个月月平均工资6500元。2020年5月20日，某公司向张某出具《终止劳动合同通知书》，载明："您与公司签订的劳动合同将于2020年5月22日到期，根据劳动合同法第四十四条第二款第（一）项规定，公司与您终止劳动合同，请及时办理相关离职交接手续。"张某认为，其已在某公司连续工作超过十年，某公司应与其签订无固定期限劳动合同，公司终止劳动合同违法。张某向某劳动人事争议仲裁院申请仲裁，请求裁决某公司向张某支付2003年9月24日至2020年5月22日违法终止劳动关系的赔偿金221000元。

某公司辩称：根据《劳动合同法》第14条第2款第1项的规定，劳动者在用人单位连续工作满十年后，必须是劳动者提出或者同意续订、订立劳动合同前提下，且用人单位在没有提出终止劳动合同前，用人单位才应当与劳动者签订无固定期限劳动合同。而本案中，张某在还没有提出或者同意续订、订立劳动合同的前提下，某公司有权根据《劳动合同法》第44条之规定提前通知劳动者终止双方的劳动合同关系。

裁判结果

仲裁院经审理认为，根据《劳动合同法》第14条第2款第1项的规定，劳动者在该用人单位连续工作满十年的，劳动者提出或者同意续订、订立劳动合同的，除劳动者提出订立固定期限劳动合同外，应当订立无固定期限劳动合同。本案中，某公司与张某的劳动合同于2020年5月22日期限届满，因张某在某公司已连续工作满十年，某公司应当与张某签订无固定期限劳动合同。某公司没有与张某签订无固定期限劳动合同，并以合同期满为由终止双方的劳动合同，违反了上述法律的相关规定，应予支付张某违法终止劳动关系的赔偿金。仲裁院遂支持了张某的仲裁请求。

律师提示

为构建长期稳定的劳动关系，根据《劳动合同法》第14条第2款第1项的规定，劳动者在该用人单位连续工作满十年的，劳动者提出或者同意续订、订立劳动合同的，除劳动者提出订立固定期限劳动合同外，应当订立无固定期限劳动合同。但司法实践对该条款的理解仍存在争议。

《劳动合同法实施条例》第11条规定："……劳动者依照劳动合同法第十四条第二款的规定，提出订立无固定期限劳动合同的，用人单位应当与其订立无固定期限劳动合同……"因此，部分观点认为劳动者应在劳动合同期满前主动通知用人单位要求订立无固定期限劳动合同，否则用人单位有权终止劳动合同。笔者认为，在劳动者未明示放弃续订或订立劳动合同的情况下，用人单位应主动征求劳动者续订劳动合同意愿，劳动者明确放弃续订劳动合同的，用人单位才有权终止劳动合同。用人单位和劳动者不能采用"先下手为强"的方式，争相通知对方以达成续订或终止劳动合同目的。

劳动者在用人单位连续工作满十年后，又签订一份固定期限劳动合同，该劳动合同到期后，用人单位是否有权终止劳动合同？部分观点认为，劳动者在已经满足续订无固定期限劳动合同条件时选择订立固定期限劳动合同，表明其已经放弃订立无固定期限劳动合同的权利，用人单位可以终止劳动合同。笔者认为，劳动者在用人单位连续工作满十年，续订劳动合同时又签订固定期限劳动合同，无法得出劳动者放弃签订无固定期限劳动合同的结论，否则与避免用工关系的短期化、保障用工关系稳定性的立法目的相悖。前述固定期限劳动合同期满时，满足劳动者在用人单位连续工作满十年条件的，用人单位仍无权终止劳动合同。

在实务中，用人单位与劳动者签订的第一份固定期限劳动合同期限即为十年以上，该劳动合同期限届满时，根据《劳动合同法》第14条第2款第1项的规定，用人单位无权终止劳动合同。更常见的情况是，"劳动者在该用人单位连续工作满十年"和"连续订立二次固定期限劳动合同"两种情形同时存在，均符合用人单位必须订立无固定期限劳动合同的条件，劳动者可任意选择适用法律依据。根据《劳动合同法》第87条的规定，用人单位违法终止劳动合同的，应当向劳动者支付赔偿金。

综上所述，劳动者在该用人单位连续工作满十年，合同期满时用人单位无权单方终止劳动合同，否则应向劳动者支付赔偿金。为避免争议，笔者建议在劳动合同期满前，用人单位应主动征求劳动者续订劳动合同意见，劳动者则应主动向用人单位书面提出签订无固定期限劳动合同的请求。

法条链接

1.《劳动合同法》

第十四条 无固定期限劳动合同，是指用人单位与劳动者约定无确定终止时间的劳动合同。

用人单位与劳动者协商一致，可以订立无固定期限劳动合同。有下列情形之一，劳动者提出或者同意续订、订立劳动合同的，除劳动者提出订立固定期限劳动合同外，应当订立无固定期限劳动合同：

（一）劳动者在该用人单位连续工作满十年的；

（二）用人单位初次实行劳动合同制度或者国有企业改制重新订立劳动合同时，劳动者在该用人单位连续工作满十年且距法定退休年龄不足十年的；

（三）连续订立二次固定期限劳动合同，且劳动者没有本法第三十九条和第四十条第一项、第二项规定的情形，续订劳动合同的。

用人单位自用工之日起满一年不与劳动者订立书面劳动合同的，视为用人单位与劳动者已订立无固定期限劳动合同。

第四十四条 有下列情形之一的，劳动合同终止：

（一）劳动合同期满的；

（二）劳动者开始依法享受基本养老保险待遇的；

（三）劳动者死亡，或者被人民法院宣告死亡或者宣告失踪的；

（四）用人单位被依法宣告破产的；

（五）用人单位被吊销营业执照、责令关闭、撤销或者用人单位决定提前解散的；

（六）法律、行政法规规定的其他情形。

第四十七条 经济补偿按劳动者在本单位工作的年限，每满一年支付一个月工资的标准向劳动者支付。六个月以上不满一年的，按一年计算；不满六个月的，向劳动者支付半个月工资的经济补偿。

劳动者月工资高于用人单位所在直辖市、设区的市级人民政府公布的本地区上年度职工月平均工资三倍的，向其支付经济补偿的标准按职工月平均工资三倍的数额支付，向其支付经济补偿的年限最高不超过十二年。

本条所称月工资是指劳动者在劳动合同解除或者终止前十二个月的平均工资。

第八十七条 用人单位违反本法规定解除或者终止劳动合同的，应当依照本法第四十七条规定的经济补偿标准的二倍向劳动者支付赔偿金。

2.《劳动合同法实施条例》

第九条 劳动合同法第十四条第二款规定的连续工作满10年的起始时间，应当自用人单位用工之日起计算，包括劳动合同法施行前的工作年限。

第十一条 除劳动者与用人单位协商一致的情形外，劳动者依照劳动合同法第十四条第二款的规定，提出订立无固定期限劳动合同的，用人单位应当与其订立无固定期限劳动合同。对劳动合同的内容，双方应当按照合法、公平、平等自愿、协商一致、诚实信用的原则协商确定；对协商不一致的内容，依照劳动合同法第十八条的规定执行。

80 员工连续工作满十五年，还能被辞退吗？

	不一定。
法条依据	《劳动合同法》第四十二条 劳动者有下列情形之一的，用人单位不得依照本法第四十条、第四十一条的规定解除劳动合同：……（五）在本单位连续工作满十五年，且距法定退休年龄不足五年的；……

⚖ 基本案情

2003年8月24日，张某入职某学院工作，工作岗位为司机。2019年8月30日，因张某多次违反劳动纪律不服从工作安排，某学院向该院教育工会出具《拟解除与张某劳动用工关系的请示函》，2019年9月23日，教育工会作出回复同意解除与张某的劳动关系。张某认为其已在某学院连续工作满15年，且距法定退休年龄不足3年，依据《劳动合同法》第45条的规定，双方劳动合同关系应当续延至退休之日。张某向某劳动人事争议仲裁院申请仲裁，仲裁裁决后张某不服向法院起诉，请求判决确认某学院与其解除劳动关系违法并恢复劳动关系。

👤 裁判结果

法院经审理认为，张某多次不服从工作安排的行为，符合《劳动合同法》

第39条第2项规定，某学院与张某解除劳动合同合法。张某称其已在某学院连续工作满15年，且距法定退休年龄不足3年，劳动合同关系应当续延至退休之日，但张某属于严重违反学院规章制度，不能适用《劳动合同法》第42条和第45条的规定。法院遂驳回了张某的诉讼请求。

🖐 律师提示

很多劳动者认为，在用人单位连续工作满15年，且距法定退休年龄不足5年的，用人单位一律不得解除劳动合同，劳动合同期满，劳动关系还应延续到退休之日。这种理解其实是对法律规定的误解。

根据《劳动合同法》第42条第5项的规定，在本单位连续工作满15年，且距法定退休年龄不足5年的，用人单位不得依照《劳动合同法》第40条、第41条的规定解除劳动合同。《劳动合同法》第40条规定的是员工无过失性辞退情形，《劳动合同法》第41条规定的是用人单位经济性裁员情形，在这两种情形下员工并不存在过失，在员工医疗期满、能力不胜任或企业业务调整、经营困难等情形下，为了保护该类特殊员工利益和社会稳定，用人单位应维持劳动关系到员工退休。

值得注意的是，《劳动合同法》第42条规定用人单位不得依照《劳动合同法》第40条、第41条的规定解除劳动合同，并没有规定用人单位不得依照《劳动合同法》的其他条款解除劳动合同。因此，如劳动者存在严重违反公司规章制度、严重失职给用人单位造成重大损害、被依法追究刑事责任等过失时，用人单位可依法解除劳动合同。

综上，劳动者在用人单位连续工作满15年，且距法定退休年龄不足5年的，仅在用人单位经济性裁员或员工无过失情形下有辞退保护。用人单位有权依法辞退有过失劳动者，因此，劳动者不可任性而为。

法条链接

《劳动合同法》

第三十九条 劳动者有下列情形之一的，用人单位可以解除劳动合同：

（一）在试用期间被证明不符合录用条件的；

（二）严重违反用人单位的规章制度的；

（三）严重失职，营私舞弊，给用人单位造成重大损害的；

（四）劳动者同时与其他用人单位建立劳动关系，对完成本单位的工作任务造成严重影响，或者经用人单位提出，拒不改正的；

（五）因本法第二十六条第一款第一项规定的情形致使劳动合同无效的；

（六）被依法追究刑事责任的。

第四十二条 劳动者有下列情形之一的，用人单位不得依照本法第四十条、第四十一条的规定解除劳动合同：

（一）从事接触职业病危害作业的劳动者未进行离岗前职业健康检查，或者疑似职业病病人在诊断或者医学观察期间的；

（二）在本单位患职业病或者因工负伤并被确认丧失或者部分丧失劳动能力的；

（三）患病或者非因工负伤，在规定的医疗期内的；

（四）女职工在孕期、产期、哺乳期的；

（五）在本单位连续工作满十五年，且距法定退休年龄不足五年的；

（六）法律、行政法规规定的其他情形。

第四十五条 劳动合同期满，有本法第四十二条规定情形之一的，劳动合同应当续延至相应的情形消失时终止。但是，本法第四十二条第二项规定丧失或者部分丧失劳动能力劳动者的劳动合同的终止，按照国家有关工伤保险的规定执行。

81 入职时提供虚假信息，公司可开除员工吗？

不一定。	
法条依据	《劳动合同法》第二十六条第一款　下列劳动合同无效或者部分无效：……（一）以欺诈、胁迫的手段或者乘人之危，使对方在违背真实意思的情况下订立或者变更劳动合同的；……

基本案情

　　2018年3月15日，张某到某公司应聘时提交了个人简历，该简历所载学历和工作履历信息均为虚假捏造。2018年5月28日，张某到某公司上班，担任该公司业务主管，双方未签订书面劳动合同。2018年12月4日，某公司以张某学历、履历造假，不符合录用条件为由通知张某解除劳动关系。2019年1月15日，张某向某劳动人事争议仲裁院申请仲裁，仲裁裁决后张某不服向法院起诉，请求判决某公司支付未签订书面劳动合同二倍工资差额及违法解除劳动合同赔偿金。

裁判结果

　　法院经审理认为，劳动者在应聘时向用人单位提供的学历和工作履历是用人单位招工时重要的考量因素。本案中，张某向某公司提供的个人简历中载明的学历和工作履历均存在虚假陈述，张某的行为明显构成了欺诈。根据《劳动合同法》第26条第1款第1项之规定，双方之间的劳动合同无效，张某采用欺诈手段建立劳动合同关系违反诚实信用原则，张某的行为应当予以纠正，故某公司即使未与张某订立书面劳动合同，亦不应承担相应的责任。此外，根据《劳动合同法》第39条第1款第5项之规定，用人单位在劳动者采用欺诈手段订立劳动合同的情况下享有依法解除劳动合同的权利。因此，张某要求某公司支付未签订书面劳动合同二倍工资差额和违法解除劳动合同赔偿金的诉讼请求于法无据，不应予以支持。法院遂驳回了张某的诉讼请求。

律师提示

劳动者为了获得更好的工作机会，可能会在应聘时提供虚假学历证明、工作经历、家庭成员关系、婚姻关系等信息，企业可以此为由与劳动者解除劳动合同吗？

根据《劳动合同法》第26条和第39条的规定，劳动者以欺诈、胁迫的手段或者乘人之危，使用人单位在违背真实意思的情况下订立劳动合同的，该劳动合同无效，用人单位可以据此解除劳动合同。如劳动者提供虚假信息，用人单位因该虚假信息而产生错误认识，且足以影响是否订立劳动合同，用人单位可以欺诈为由解除劳动合同。劳动者婚姻、怀孕、宗教信仰等信息属于员工隐私，可能涉及平等就业原则，因此，用人单位以此为由解除劳动合同需要慎重。

对于劳动者提供的入职信息，用人单位应在合理期限内进行审查核实。如劳动者入职时间较长，且劳动表现优异，司法机关可能认为劳动者学历和任职经历等信息不能等同于工作能力，不论员工提供的入职信息是否真实均不会让用人单位产生错误认识，不影响劳动合同的订立，不构成欺诈。因此，用人单位对员工入职信息应尽到及时合理的审查和注意义务，才能降低以欺诈为由解除劳动合同的法律风险。

司法实践中，劳动者提供虚假入职信息并不当然会被认定为欺诈，用人单位据此解除劳动合同存在风险。因此，笔者建议，用人单位可将劳动者提供虚假入职信息明确为不符合录用条件或严重违反公司规章制度的行为，劳动者存在前述情形时，用人单位据此解除劳动合同，而不以欺诈导致劳动合同无效为由解除劳动合同。

综上，劳动者入职时提供虚假信息，用人单位要解除劳动合同需慎重，只有构成欺诈行为，用人单位才能以劳动合同无效为由解除劳动合同。

法条链接

《劳动合同法》

第三条 订立劳动合同，应当遵循合法、公平、平等自愿、协商一致、诚实信用的原则。

依法订立的劳动合同具有约束力，用人单位与劳动者应当履行劳动合同约定的义务。

第八条 用人单位招用劳动者时，应当如实告知劳动者工作内容、工作条件、工作地点、职业危害、安全生产状况、劳动报酬，以及劳动者要求了解的其他情况；用人单位有权了解劳动者与劳动合同直接相关的基本情况，劳动者应当如实说明。

第二十六条 下列劳动合同无效或者部分无效：

（一）以欺诈、胁迫的手段或者乘人之危，使对方在违背真实意思的情况下订立或者变更劳动合同的；

（二）用人单位免除自己的法定责任、排除劳动者权利的；

（三）违反法律、行政法规强制性规定的。

对劳动合同的无效或者部分无效有争议的，由劳动争议仲裁机构或者人民法院确认。

第三十九条 劳动者有下列情形之一的，用人单位可以解除劳动合同：

（一）在试用期间被证明不符合录用条件的；

（二）严重违反用人单位的规章制度的；

（三）严重失职，营私舞弊，给用人单位造成重大损害的；

（四）劳动者同时与其他用人单位建立劳动关系，对完成本单位的工作任务造成严重影响，或者经用人单位提出，拒不改正的；

（五）因本法第二十六条第一款第一项规定的情形致使劳动合同无效的；

（六）被依法追究刑事责任的。

82 工伤职工严重违反公司规章制度，可以开除吗？

	不可以。
法条依据	《工伤保险条例》第三十三条第一款　职工因工作遭受事故伤害或者患职业病需要暂停工作接受工伤医疗的，在停工留薪期内，原工资福利待遇不变，由所在单位按月支付。

基本案情

2015年5月7日，张某入职某公司工作。2016年6月13日，张某在车间工作时不慎受伤，张某事故伤害经相关部门认定为工伤，劳动功能障碍程度为六级，无生活自理障碍，停工留薪期为12个月。停工留薪期满后，某公司多次向张某送达《告知上班通知书》，安排张某至门卫处工作，允许张某在工作中以坐姿上岗并愿意提供利于伤情的便利，张某以身体原因需要继续治疗为由未到岗上班，某公司以张某旷工3天以上，严重违反公司规章制度为由解除了劳动合同。张某向某劳动人事争议仲裁院申请仲裁，请求裁决确认某公司解除与张某的劳动合同违法，双方继续履行劳动合同。

裁判结果

仲裁院经审理认为，根据《工伤保险条例》的规定，职工因工致残等级被鉴定为五级、六级伤残的，保留与用人单位的劳动关系，由用人单位安排适当工作，难以安排工作的，由用人单位按月发放伤残津贴。张某伤残程度为六级，某公司在张某因工受伤后保留与张某的劳动关系符合法律规定，张某作为工伤职工应当依法正确行使相关权利，履行相关义务。张某在公司通知其到岗上班的情况下，如认为某公司安排的工作不适合其身体状况，应当提交相关诊疗机构或劳动能力鉴定机构作出的诊断结论或鉴定结论予以证实。张某在某公司多次通知到岗的情况下，未到岗工作亦未按照公司规章制度履行请假手续，违反了公司规章制度。某公司经征求工会意见后解除与张某的劳动合同，符合法律规定。仲裁院遂驳回了张某的仲裁请求。

律师提示

职工因工作遭受事故伤害或者患职业病属于工伤，职工有权获得医疗救治和保险待遇。那么，工伤职工严重违反公司规章制度，公司能否与工伤职工解除劳动合同呢？

第一种情况，职工严重违反公司规章制度（如操作规程）造成了事故伤害，因为工伤适用无过错责任原则，所以员工在事故中存在过错也应认定为工伤，享受全额工伤保险待遇。但是，用人单位能否在职工认定工伤的同时，以职工在该工伤事故中严重违反了规章制度为由解除劳动合同呢？根据《工伤保险条例》第33条的规定，工伤职工需要暂停工作接受工伤医疗，享有停工留薪期，在该期间内原工资福利不变。因此，用人单位不得以职工在工伤事故中严重违反规章制度为由解除劳动合同。

第二种情况，停工留薪期满后，职工又发生了严重违反公司规章制度的行为，用人单位可以与职工解除劳动合同吗？根据《劳动法》第29条和《劳动合同法》第42条的规定，职工患职业病或者因工负伤并被确认丧失或者部分丧失劳动能力的，用人单位不得对职工进行经济性裁员或无过失性辞退，但并未排除依照其他条款解除劳动合同，包括因职工严重违反规章制度为由解除劳动合同。因此，职工严重违反公司规章制度，用人单位有权与职工解除劳动合同。

工伤职工被鉴定为一级至四级伤残，用人单位能否解除劳动合同呢？关键在于对《工伤保险条例》第35条规定的理解。《工伤保险条例》第35条第1款规定："职工因工致残被鉴定为一级至四级伤残的，保留劳动关系，退出工作岗位，享受以下待遇：……"部分观点认为，职工因工致残被鉴定为一级至四级伤残的，用人单位不再享有劳动合同解除权。笔者认为，职工在保留劳动关系并退出工作岗位期间如发生严重违反规章制度的情形，用人单位仍可依法解除劳动合同。

综上，用人单位不得以职工在工伤事故中严重违反规章制度为由解除劳动合同，但在停工留薪期满后，工伤职工又发生严重违反规章制度的行为，用人单位可依法解除劳动合同。

法条链接

1.《劳动法》

第二十九条 劳动者有下列情形之一的，用人单位不得依据本法第二十六条、第二十七条的规定解除劳动合同：

（一）患职业病或者因工负伤并被确认丧失或者部分丧失劳动能力的；

（二）患病或者负伤，在规定的医疗期内的；

（三）女职工在孕期、产期、哺乳期内的；

（四）法律、行政法规规定的其他情形。

2.《劳动合同法》

第四十二条 劳动者有下列情形之一的，用人单位不得依照本法第四十条、第四十一条的规定解除劳动合同：

（一）从事接触职业病危害作业的劳动者未进行离岗前职业健康检查，或者疑似职业病病人在诊断或者医学观察期间的；

（二）在本单位患职业病或者因工负伤并被确认丧失或者部分丧失劳动能力的；

（三）患病或者非因工负伤，在规定的医疗期内的；

（四）女职工在孕期、产期、哺乳期的；

（五）在本单位连续工作满十五年，且距法定退休年龄不足五年的；

（六）法律、行政法规规定的其他情形。

3.《工伤保险条例》

第三十三条　职工因工作遭受事故伤害或者患职业病需要暂停工作接受工伤医疗的，在停工留薪期内，原工资福利待遇不变，由所在单位按月支付。

停工留薪期一般不超过12个月。伤情严重或者情况特殊，经设区的市级劳动能力鉴定委员会确认，可以适当延长，但延长不得超过12个月。工伤职工评定伤残等级后，停发原待遇，按照本章的有关规定享受伤残待遇。工伤职工在停工留薪期满后仍需治疗的，继续享受工伤医疗待遇。

生活不能自理的工伤职工在停工留薪期需要护理的，由所在单位负责。

第三十五条　职工因工致残被鉴定为一级至四级伤残的，保留劳动关系，退出工作岗位，享受以下待遇：

（一）从工伤保险基金按伤残等级支付一次性伤残补助金，标准为：一级伤残为27个月的本人工资，二级伤残为25个月的本人工资，三级伤残为23个月的本人工资，四级伤残为21个月的本人工资；

（二）从工伤保险基金按月支付伤残津贴，标准为：一级伤残为本人工资的90%，二级伤残为本人工资的85%，三级伤残为本人工资的80%，四级伤残为本人工资的75%。伤残津贴实际金额低于当地最低工资标准的，由工伤保险基金补足差额；

（三）工伤职工达到退休年龄并办理退休手续后，停发伤残津贴，按照国家有关规定享受基本养老保险待遇。基本养老保险待遇低于伤残津贴的，由工伤保险基金补足差额。

职工因工致残被鉴定为一级至四级伤残的，由用人单位和职工个人以伤残津贴为基数，缴纳基本医疗保险费。

员工严重违规，公司可在多长时间内解除劳动合同？

一年。	
法条依据	《民法典》第五百六十四条第二款　法律没有规定或者当事人没有约定解除权行使期限，自解除权人知道或者应当知道解除事由之日起一年内不行使，或者经对方催告后在合理期限内不行使的，该权利消灭。

 基本案情

2009年7月1日，张某入职某公司，岗位为研发工程师。2014年7月1日，双方订立无固定期限劳动合同。2020年2月12日，某公司向张某送达《解除劳动合同通知书》，以公司于2020年1月发现张某在2015年存在虚假报销5万余元的行为，给公司造成重大损害，已严重违反公司规章制度为由，依据《劳动合同法》第39条第2项及第3项的规定解除与张某的劳动合同关系。张某向某劳动人事争议仲裁院申请仲裁，请求裁决某公司支付违法解除劳动合同赔偿金20余万元。

📌 裁判结果

仲裁院经审理认为，用人单位提出解除劳动合同的，用人单位应就解除原因的合法性承担举证责任。某公司主张《解除劳动合同通知书》的解除事由为2015年张某虚假报销5万余元，经查，张某提交的报销材料中除附有相关票据及本人签字外，尚有某公司项目经理及财务负责人签字审核，某公司提交的证据不足以证实张某存在虚假报销行为。即使张某存在虚假报销行为，某公司亦应当在知道或应当知道劳动者存在上述情形之日起合理期限内解除劳动合同，现距事发已逾4年，且某公司未提交证据证实其于2020年1月发现该事实，故某公司的解除行为应属违法解除。仲裁院遂支持了张某的仲裁请求。

👆 律师提示

劳动者出现《劳动合同法》第39条规定情形时，用人单位有权立即单方解除劳动合同并无需支付经济补偿。用人单位未及时解除劳动合同，而是在相应情形发生后很长时间才解除劳动合同的，是否合法呢？

肯定观点认为，用人单位未立即解除劳动合同，不代表其对该权利的放弃。因相关劳动法律法规没有明确的限制性规定，用人单位的劳动合同单方解除权不受时间限制，可随时行使。否定观点认为，为让法律权利不处于长期不确定的状态，法律对权利的保障都有期限的限制。用人单位的劳动合同单方解除权作为企业享有的一项权利，同样应当在一定期限内行使。

笔者赞同否定观点，用人单位在合理期限内未解除劳动合同，劳动者产生了用人单位不再解劳动合同的合理期待，用人单位超过合理期限解除劳动合同应属违法。实践中，浙江省、辽宁省、天津市和重庆市等地发布的相关法律规范，均规定了5个月至1年的劳动合同解除权行使期限。参照《民法典》关于合同解除权行使期限的规定，劳动合同解除权自解除权人知道或者应当知道解除事由之日起一年内行使，在此期间内怠于行使则解除权消灭。

另外，《劳动合同法》第38条规定了用人单位存在过错时，劳动者享有劳动合同单方解除权。最常见的纠纷是，劳动者刚入职时，用人单位未为其缴纳社会保险，入职一段时间后又依法缴纳社会保险，多年后劳动者以未依法缴纳社会保险为由解除劳动合同并要求支付经济补偿。笔者认为，劳动者的单方解除权也应受行使期限的限制，参照《民法典》的规定，劳动者在用人单位依法购买社会保险后1年内未行使解除权的，该解除原因和解除权消灭。

综上，劳动合同解除权属于形成权，其行使应受一定期限的限制。司法实践中对于劳动合同解除权行使期限有不同裁判观点，笔者建议参照《民法典》关于合同解除权期限1年为宜。

法条链接

1.《劳动合同法》

第三十九条　劳动者有下列情形之一的，用人单位可以解除劳动合同：

（一）在试用期间被证明不符合录用条件的；

（二）严重违反用人单位的规章制度的；

（三）严重失职，营私舞弊，给用人单位造成重大损害的；

（四）劳动者同时与其他用人单位建立劳动关系，对完成本单位的工作任务造成严重影响，或者经用人单位提出，拒不改正的；

（五）因本法第二十六条第一款第一项规定的情形致使劳动合同无效的；

（六）被依法追究刑事责任的。

2.《民法典》

第五百六十四条　法律规定或者当事人约定解除权行使期限，期限届满当事人不行使的，该权利消灭。

法律没有规定或者当事人没有约定解除权行使期限，自解除权人知道或者应当知道解除事由之日起一年内不行使，或者经对方催告后在合理期限内不行使的，该权利消灭。

84 规章制度无规定或无效，公司可辞退旷工员工吗？

可以。	
法条依据	《劳动合同法》第三条　订立劳动合同，应当遵循合法、公平、平等自愿、协商一致、诚实信用的原则。依法订立的劳动合同具有约束力，用人单位与劳动者应当履行劳动合同约定的义务。

 基本案情

2017年7月31日，张某入职某公司，双方签订无固定期限劳动合同。2020年4月8日，某公司认为张某自2020年3月25日起未按照公司要求使用钉钉打卡，也未到公司上班，以旷工为由向张某发出《辞退通知书》。张某认为自己一直在出差，不存在旷工，且公司规章制度未规定旷工可解除劳动合同，遂向某劳动人事争议仲裁院申请仲裁，仲裁裁决后张某不服向法院起诉，请求判决某公司支付违法解除劳动合同的赔偿金68068元。

裁判结果

法院经审理认为，张某未举证证明出差事实，可认定张某已旷工14天。

根据《劳动合同法》第29条的规定，用人单位和劳动者均应按照劳动合同的约定全面履行各自的义务。双方执行标准工作制，按时到用人单位上班系劳动者履行劳动合同的基本义务。即使某公司未对旷工作出相应规定，但张某长达14天未到公司上班亦超出了合理限度，符合《劳动合同法》第39条第2项"严重违反用人单位的规章制度的"情形，某公司有权依照该规定与张某解除劳动关系。某公司以张某旷工为由解除劳动关系系合法解除，无需支付违法解除劳动关系的赔偿金。法院遂驳回了张某的诉讼请求。

律师提示

劳动者长期旷工，用人单位欲与其解除劳动关系，但尴尬的是用人单位却没有规章制度，或者规章制度中没有劳动者旷工用人单位可解除劳动合同的相关规定，或者规章制度未经民主程序、未公示，规章制度不能作为确定双方权利义务的依据。

与旷工劳动者解除劳动关系是否应有规章制度的依据，实务中有两种不同观点。

否定观点认为，《劳动法》第3条中规定，劳动者应当完成劳动任务，遵守劳动纪律和职业道德。

遵守劳动纪律，诚信勤勉是劳动者应当恪守的基本职业道德，正常出勤是劳动者应当遵守的劳动合同义务，用人单位无须以规章制度的形式加以规定。《企业职工奖惩条例》中就有规定：连续旷工时间超过15天，或者1年以内累计旷工时间超过30天的，企业有权予以除名。该条例虽已失效，但其中体现的立法本意可参考。因此，劳动者长期旷工，用人单位采取救济措施解除劳动关系并未违反法律规定和劳动合同约定。

肯定观点认为，《劳动合同法》第39条第2项规定，劳动者严重违反了用人单位的规章制度的，用人单位才可以与劳动者解除劳动合同。因此，根据《最高人民法院关于审理劳动争议案件适用法律问题的解释（一）》第50条规定，用人单位应有经民主程序讨论制定的规章制度，规章制度中应明确规定旷工几日属于严重违反用人单位的规章制度，并已向劳动者公示。否则，用人单位解除劳动关系无规章制度依据和法律依据，属于违法解除。

笔者认为，根据《最高人民法院关于审理劳动争议案件适用法律问题的解释（一）》第50条的规定，合法制定并已公示的规章制度可以作为确定双方权利义务的依据。很明显，除了规章制度外，劳动者和用人单位之间签订的劳动合同或者其他文件也可作为双方权利义务的依据，未按照劳动合同约定的时间上班属于违反劳动纪律。如劳动者和用人单位未签订书面劳动合同，双方已实际履行的上班时间规定也应约束劳动者。劳动者长期旷工违反劳动纪律、诚信原则和勤勉义务，用人单位解除劳动关系应属合法。

当然，如果劳动者旷工时间较短，用人单位还需要证明解除劳动关系具有合理性，司法裁判者也就拥有了极大的自由裁量权。

法条链接

1.《劳动法》

第三条　劳动者享有平等就业和选择职业的权利、取得劳动报酬的权利、休息休假的权利、获得劳动安全卫生保护的权利、接受职业技能培训的权利、享受社会保险和福利的权利、提请劳动争议处理的权利以及法律规定的其他劳动权利。

劳动者应当完成劳动任务，提高职业技能，执行劳动安全卫生规程，遵守劳动纪律和职业道德。

2.《劳动合同法》

第三条　订立劳动合同，应当遵循合法、公平、平等自愿、协商一致、诚实信用的原则。

依法订立的劳动合同具有约束力，用人单位与劳动者应当履行劳动合同约定的义务。

第二十九条　用人单位与劳动者应当按照劳动合同的约定，全面履行各自的义务。

第三十九条　劳动者有下列情形之一的，用人单位可以解除劳动合同：

（一）在试用期间被证明不符合录用条件的；

（二）严重违反用人单位的规章制度的；

（三）严重失职，营私舞弊，给用人单位造成重大损害的；

（四）劳动者同时与其他用人单位建立劳动关系，对完成本单位的工作任务造成严重影响，或者经用人单位提出，拒不改正的；

（五）因本法第二十六条第一款第一项规定的情形致使劳动合同无效的；

（六）被依法追究刑事责任的。

3.《最高人民法院关于审理劳动争议案件适用法律问题的解释（一）》

第五十条　用人单位根据劳动合同法第四条规定，通过民主程序制定的规章制度，不违反国家法律、行政法规及政策规定，并已向劳动者公示的，可以作为确定双方权利义务的依据。

用人单位制定的内部规章制度与集体合同或者劳动合同约定的内容不一致，劳动者请求优先适用合同约定的，人民法院应予支持。

85 司机被吊销驾驶证，公司能否解除劳动合同？

	能。
法条依据	《劳动法》第三条第二款 劳动者应当完成劳动任务，提高职业技能，执行劳动安全卫生规程，遵守劳动纪律和职业道德。

基本案情

2015年12月10日，某公司与张某签订劳动期限自2016年1月1日起至2020年12月31日止的劳动合同。2018年5月27日，张某因醉酒后驾驶机动车，故某公安局交通管理局对其作出吊销机动车驾驶证、5年内不得重新取得机动车驾驶证的行政处罚。张某因此无法继续从事公交车驾驶员的工作，休年假至2018年5月31日，自2018年6月起处于停班状态，某公司根据《薪酬管理办法》的相关规定在其停班期间按照当地最低工资标准向其发放工资。某公司《劳动合同管理办法》第9.1条规定：驾驶员因吸毒、酒驾、驾车违法等各种行为被公安机关给予注销、吊销驾驶证或驾驶证降级（档），而不能从事劳动合同约定的驾驶岗位工作的，公司有权与其解除劳动合同。2018年8月20日，某公司作出《关于解除张某劳动合同的决定》，载明因张某醉驾被吊销驾驶证的行为严重违反了公司规章制度，公司决定解除与张某的劳动合同。后张某向某劳动人事争议仲裁院申请仲裁，仲裁裁决后张某不服向法院起诉，请求判决某公司支付2018年6月至8月克扣的劳动报酬12000元和经济补偿67800元。

裁判结果

　　法院经审理认为，关于张某主张某公司支付2018年6月至8月克扣的工资问题，因张某醉酒驾驶，致使驾驶证被吊销，其自2018年6月起处于停班状态，某公司在其停班期间按照当地最低工资标准向其支付劳动报酬未违反相关法律规定，亦未侵害张某的合法权益，故本院对于张某的该项诉讼请求不予支持。关于张某主张某公司支付经济赔偿金问题，张某系公交车驾驶员，其对于安全驾驶应有更高的谨慎注意义务。张某于2018年5月27日醉驾被查处，后被吊销驾驶证，致使无法继续从事公交车驾驶员的工作，其行为已严重违反了某公司的规章制度及劳动合同的约定，某公司据此于2018年8月20日单方解除劳动合同并无不当。现劳动合同无法继续履行系张某自身过错造成，张某要求某公司向其支付经济补偿于法无据，本院不予支持。法院遂驳回了张某的诉讼请求。

律师提示

　　司机作为特殊的劳动岗位，劳动者需要具备符合规定等级的驾驶证，才能履行岗位职责和劳动合同约定义务。劳动者因违反交通法规，被交通管理部门吊销机动车驾驶证，用人单位能否依法解除劳动合同？

　　用人单位规章制度明确规定，驾驶员因酒驾、驾车违法等行为被公安机关吊销驾驶证或驾驶证降级（档），属于严重违反公司规章制度的行为。劳动者在履职过程中存在酒驾、驾车违法等行为，用人单位依据《劳动合同法》第39条第2项规定和规章制度规定，与劳动者解除劳动合同具备合法性和合理性。但如果劳动者酒驾、驾车违法等行为并未发生在履职过程中，而是发生在非工作时间和场景，用人单位仍依据前述规定与劳动者解除劳动合同，其合法合理性将存在一定挑战。

劳动者因酒驾、驾车违法等行为被吊销驾驶证，无相应规章制度规定或规章制度无效时，用人单位能否依法解除劳动合同，是否需要支付经济补偿？

第一种观点认为，劳动者被吊销驾驶证，属于《劳动合同法》第40条第2项规定的"劳动者不能胜任工作"情形，劳动者经过培训或者调整工作岗位仍不能胜任工作的，用人单位可以解除劳动合同，需要支付经济补偿。"不能胜任工作"一般理解为劳动者不能按要求完成劳动合同中约定的任务或者同工种同岗位人员的工作量，指的是劳动者工作或劳动能力，驾驶证被吊销是因劳动者过错造成的资质丧失，明显不属于不能胜任范畴。

第二种观点认为，劳动者被吊销驾驶证，属于《劳动合同法》第40条第3项规定的"劳动合同订立时所依据的客观情况发生重大变化，致使劳动合同无法履行"情形，经用人单位与劳动者协商，未能就变更劳动合同内容达成协议的，用人单位可以解除劳动合同，需要支付经济补偿。按照原劳动部《关于〈劳动法〉若干条文的说明》的规定，客观情况发生重大变化是指发生不可抗力或出现致使劳动合同全部或部分条款无法履行的其他情况，如企业迁移、被兼并、企业资产转移等，劳动者驾驶证被吊销明显不属于"客观情况"。

第三种观点认为，劳动者被吊销驾驶证，客观上不能从事驾驶岗位工作，违反了《劳动法》第3条第2款"劳动者应当完成劳动任务，提高职业技能，执行劳动安全卫生规程，遵守劳动纪律和职业道德"的规定，用人单位可以据此及诚信原则解除劳动合同，无需支付经济补偿。笔者赞同该观点，但风险在于该规定不属于法定的解除劳动合同理由，且裁判理由已上升至法律原则层面，裁判结果具有不确定性。

综上所述，特殊岗位的劳动者被取消资质无法履行岗位职责，笔者认为用人单位可以解除劳动合同，无需支付经济补偿。但是，建议用人单位将该行为规定为严重违反规章制度，用人单位可以解除劳动合同行为，以避免不必要的争议。

法条链接

1.《劳动法》

第三条　劳动者享有平等就业和选择职业的权利、取得劳动报酬的权利、休息休假的权利、获得劳动安全卫生保护的权利、接受职业技能培训的权利、享受社会保险和福利的权利、提请劳动争议处理的权利以及法律规定的其他劳动权利。

劳动者应当完成劳动任务，提高职业技能，执行劳动安全卫生规程，遵守劳动纪律和职业道德。

2.《劳动合同法》

第三十九条　劳动者有下列情形之一的，用人单位可以解除劳动合同：

（一）在试用期间被证明不符合录用条件的；

（二）严重违反用人单位的规章制度的；

（三）严重失职，营私舞弊，给用人单位造成重大损害的；

（四）劳动者同时与其他用人单位建立劳动关系，对完成本单位的工作任务造成严重影响，或者经用人单位提出，拒不改正的；

（五）因本法第二十六条第一款第一项规定的情形致使劳动合同无效的；

（六）被依法追究刑事责任的。

第四十条　有下列情形之一的，用人单位提前三十日以书面形式通知劳动者本人或者额外支付劳动者一个月工资后，可以解除劳动合同：

（一）劳动者患病或者非因工负伤，在规定的医疗期满后不能从事原工作，也不能从事由用人单位另行安排的工作的；

（二）劳动者不能胜任工作，经过培训或者调整工作岗位，仍不能胜任工作的；

（三）劳动合同订立时所依据的客观情况发生重大变化，致使劳动合同无法履行，经用人单位与劳动者协商，未能就变更劳动合同内容达成协议的。

公司能否与失信被执行人员工解除劳动合同？

不一定。	
法条依据	《劳动合同法》第八条　用人单位招用劳动者时，应当如实告知劳动者工作内容、工作条件、工作地点、职业危害、安全生产状况、劳动报酬，以及劳动者要求了解的其他情况；用人单位有权了解劳动者与劳动合同直接相关的基本情况，劳动者应当如实说明。

 基本案情

2019年6月6日，张某入职某公司工作，担任营销部总监一职，属于某公司的高级管理人员。双方签订期限自2019年6月6日至2021年6月5日的劳动合同，张某每月工资为2万元，某公司于次月20日发放张某上月工资。张某《员工入职登记表》中何时何处何原因受到何种处分一栏空白，是否有重大的负债到期未清偿一栏填写"无"。2020年4月18日，张某因民间借贷纠纷被某人民法院纳入失信被执行人名单。2020年5月10日，某公司向张某出具解除劳动合同的通知，载明："因你在担任我司营销部总监期间，故意隐瞒存在重大负债的事实，且被列为失信被执行人，无法继续任职，现公司与你解除劳动合同。"张某向某劳动人事争议仲裁院申请仲裁，仲裁裁决后张某不服向法院起诉,请求恢复张某与某公司之间的劳动关系,并补发2020年5月10日至恢复劳动关系时的工资。

裁判结果

法院经审理认为,张某系某公司高级管理人员,不仅所负债务数额较大到期未清偿,且被列入失信被执行人名单,依法不得再担任公司高级管理人员,因此某公司认定张某缺乏高级管理人员任职资格,影响劳动合同的继续履行,进而解除劳动合同,并无不当。至于某公司在聘任张某过程中未对张某进行尽职调查及张某并未主动告知大额负债等影响任职资格情况,并不能否定某公司的解除行为合法有效。故张某认为某公司违法解除劳动合同要求恢复劳动关系,缺乏事实和法律依据,本院依法不予支持。法院遂驳回了张某的诉讼请求。

律师提示

人民法院有权将存在有履行能力而拒不履行生效法律文书确定义务等行为的人员纳入失信被执行人名单,依法对其进行信用惩戒,禁止其乘坐飞机、高铁等交通工具,不得担任企业的法定代表人、董事、监事和高级管理人员等职务。

员工被列入失信被执行人名单,可能存在诸多影响劳动关系的因素。员工入职时未如实告知被列入失信被执行人名单的事实,可能侵犯了用人单位知情权,构成欺诈;员工无法乘坐飞机、高铁等交通工具,客观上导致其无法完成用人单位安排的工作任务;员工不得担任企业的法定代表人、董事、监事、高级管理人员等职务,客观上也导致员工无法继续履行岗位职责。另外,员工被列入失信被执行人名单,本身可能损害用人单位声誉,对公司造成不利影响。在用人单位无明确规章制度规定时,前述因素能否构成用人单位解除劳动合同的法定条件?

根据《劳动合同法》第8条的规定，用人单位有权了解劳动者与劳动合同直接相关的基本情况，劳动者应当如实说明。"与劳动合同直接相关的基本情况"是指与拟任岗位的履职能力要求直接相关的事实，被列入失信被执行人名单是否属于前述事实，在实务中存在较大争议，大部分观点认为应根据具体工作岗位具体认定。如员工为销售岗位，经常出差需要乘坐飞机、高铁等交通工具，被列入失信被执行人名单必然严重影响其完成工作任务，如果是其他岗位则不然，应区别对待。被列入失信被执行人名单被认定为与劳动合同履行直接相关的事实，其隐瞒行为使得用人单位在违背真实意思的情况下订立劳动合同，该劳动合同无效，用人单位也有权根据《劳动合同法》第39条第5项规定解除劳动合同。

失信被执行人员工不得担任企业的法定代表人、董事、监事、高级管理人员等职务，用人单位能否解除劳动合同？肯定观点认为，员工为不具备前述职务任职资格，无法履行工作岗位职责，影响劳动合同的继续履行，用人单位可解除劳动合同。否定观点认为，高级管理人员等人员与用人单位之间并非仅有劳动关系，作为具有特殊身份的劳动者，其受《公司法》和《劳动法》双重调整，因此根据《公司法》丧失任职资格，并不能以此推论双方劳动关系不能继续履行。笔者认为，《公司法》规定职务与劳动工作岗位重合时，不能担任职务势必影响劳动合同的继续履行，但尴尬的问题是该情形不属于《劳动合同法》第39条用人单位可以解除劳动合同的法定情形，用人单位以此为由解除劳动合同合法性存疑。

员工被列入失信被执行人名单本身就可能损害用人单位声誉，客观上对用人单位造成不利影响，但探讨用人单位能否以此为由解除劳动合同的前提是，用人单位已已将其列为严重违反公司规章制度的情形。在实践中，用人单位也很难举证员工被列入失信被执行人名单对其造成不利影响或损失，以此为由解除劳动合同几乎不具有可操作性。因此，笔者建议，用人单位应将员工不属于失信被执行人约定为岗位职责、转正录用条及严重违反公司规章制度情形，并在入职前对员工进行尽职调查。

综上所述，员工被列入失信被执行人名单的，用人单位并不当然拥有解除劳动合同的权利，而是需要根据不同岗位性质，以及是否符合解除劳动合同法定条件作出判断。

法条链接

1.《劳动合同法》

第八条　用人单位招用劳动者时，应当如实告知劳动者工作内容、工作条件、工作地点、职业危害、安全生产状况、劳动报酬，以及劳动者要求了解的其他情况；用人单位有权了解劳动者与劳动合同直接相关的基本情况，劳动者应当如实说明。

第二十六条　下列劳动合同无效或者部分无效：

（一）以欺诈、胁迫的手段或者乘人之危，使对方在违背真实意思的情况下订立或者变更劳动合同的；

（二）用人单位免除自己的法定责任、排除劳动者权利的；

（三）违反法律、行政法规强制性规定的。

对劳动合同的无效或者部分无效有争议的，由劳动争议仲裁机构或者人民法院确认。

第三十九条　劳动者有下列情形之一的，用人单位可以解除劳动合同：

（一）在试用期间被证明不符合录用条件的；

（二）严重违反用人单位的规章制度的；

（三）严重失职，营私舞弊，给用人单位造成重大损害的；

（四）劳动者同时与其他用人单位建立劳动关系，对完成本单位的工作任务造成严重影响，或者经用人单位提出，拒不改正的；

（五）因本法第二十六条第一款第一项规定的情形致使劳动合同无效的；

（六）被依法追究刑事责任的。

2.《最高人民法院关于公布失信被执行人名单信息的若干规定》

第一条　被执行人未履行生效法律文书确定的义务，并具有下列情形之一的，人民法院应当将其纳入失信被执行人名单，依法对其进行信用惩戒：

（一）有履行能力而拒不履行生效法律文书确定义务的；

（二）以伪造证据、暴力、威胁等方法妨碍、抗拒执行的；

（三）以虚假诉讼、虚假仲裁或者以隐匿、转移财产等方法规避执行的；

（四）违反财产报告制度的；

（五）违反限制消费令的；

（六）无正当理由拒不履行执行和解协议的。

87 能否辞退长期病休员工?

不一定。	
法条依据	《企业职工患病或非因工负伤医疗期规定》第六条 企业职工非因工致残和经医生或医疗机构认定患有难以治疗的疾病,在医疗期内医疗终结,不能从事原工作,也不能从事用人单位另行安排的工作的,应当由劳动鉴定委员会参照工伤与职业病致残程度鉴定标准进行劳动能力的鉴定。被鉴定为一至四级的,应当退出劳动岗位,终止劳动关系,办理退休、退职手续,享受退休、退职待遇;被鉴定为五至十级的,医疗期内不得解除劳动合同。

⚖ 基本案情

2012年11月1日,张某进入某公司工作,双方签订合同期限为5年的书面劳动合同。2014年4月1日,张某被查出身患癌症,其向某公司长期请假治疗。2015年3月4日,某公司以张某旷工为由解除了劳动关系并停止缴纳社会保险。张某无奈向某劳动人事争议仲裁院提起仲裁,请求裁决继续履行劳动合同并补缴社会保险。

裁判结果

仲裁院经审理认为，根据《企业职工患病或非因工负伤医疗期规定》第2条"根据目前的实际情况，对某些患特殊疾病（如癌症、精神病、瘫痪等）的职工，在24个月内尚不能痊愈的，经企业和劳动主管部门批准，可以适当延长医疗期"的规定，张某所患癌症为重大疾病，依法应当享受至少24个月的医疗期，某公司在医疗期内解除劳动关系违法，张某请求继续履行劳动合同并补缴社会保险于法有据。仲裁院遂支持了张某的仲裁请求。

律师提示

企业用工压力普遍很大，如何处理与长期病休员工，尤其重病员工的劳动关系是比较棘手的问题。这里其实涉及的是医疗期问题，笔者对其要点进行介绍。

1.医疗期有多长？

医疗期是指企业职工因患病或非因工负伤停止工作治病休息不得解除劳动合同的时限。根据《企业职工患病或非因工负伤医疗期规定》的规定，企业职工因患病或非因工负伤，需要停止工作进行医疗时，企业应当根据职工实际参加工作年限和在本单位工作年限，给予职工3个月到24个月的医疗期。

2.医疗期满后能否解除劳动关系？

企业职工非因工致残和经医生或医疗机构认定患有难以治疗的疾病，在医疗期内医疗终结，不能从事原工作，也不能从事用人单位另行安排的工作的，应当由劳动鉴定委员会参照工伤与职业病致残程度鉴定标准进行劳动能力的鉴定。被鉴定为一级至四级的，应当退出劳动岗位，终止劳动关系，办理退休、退职手续，享受退休、退职待遇。被鉴定为五级至十级的，医疗期满后可解除劳动合同。根据《劳动合同法》第45条的规定，劳动合同期满，劳动者仍在规定的医疗期内的，劳动合同应当续延至医疗期满为止。

3.员工患有癌症等重大疾病的可以解除劳动关系吗?

根据目前的实际情况,对某些患特殊疾病(如癌症、精神病、瘫痪等)的职工,在24个月内尚不能痊愈的,经企业和劳动主管部门批准,可以适当延长医疗期。笔者认为,该类职工在医疗期满后应进行伤残鉴定,如果被鉴定为五级至十级的,医疗期满后不能从事原工作,也不能从事用人单位另行安排的工作的,可解除劳动合同。

综上,企业职工因患病或非因工负伤可以给予3个月至24个月的医疗期,患特殊疾病可以适当延长,医疗期满后能否解除劳动合同与劳动能力鉴定伤残等级有关。

💬 法条链接

1.《企业职工患病或非因工负伤医疗期规定》

第一条 为了保障企业职工在患病或非因工负伤期间的合法权益,根据《中华人民共和国劳动法》第二十六、二十九条规定,制定本规定。

第二条 医疗期是指企业职工因患病或非因工负伤停止工作治病休息不得解除劳动合同的时限。

第三条 企业职工因患病或非因工负伤,需要停止工作医疗时,根据本人实际参加工作年限和在本单位工作年限,给予三个月到二十四个月的医疗期:

(一)实际工作年限十年以下的,在本单位工作年限五年以下的为三个月;五年以上的为六个月。

(二)实际工作年限十年以上的,在本单位工作年限五年以下的为六个月;五年以上十年以下的为九个月;十年以上十五年以下的为十二个月;十五年以上二十年以下的为十八个月;二十年以上的为二十四个月。

第四条 医疗期三个月的按六个月内累计病休时间计算;六个月的按十二个月内累计病休时间计算;九个月的按十五个月内累计病休时间计算;十二个月的按十八个月内累计病休时间计算;十八个月的按二十四个月内累计病休时间计算;二十四个月的按三十个月内累计病休时间计算。

第五条　企业职工在医疗期内，其病假工资、疾病救济费和医疗待遇按照有关规定执行。

第六条　企业职工非因工致残和经医生或医疗机构认定患有难以治疗的疾病，在医疗期内医疗终结，不能从事原工作，也不能从事用人单位另行安排的工作的，应当由劳动鉴定委员会参照工伤与职业病致残程度鉴定标准进行劳动能力的鉴定。被鉴定为一至四级的，应当退出劳动岗位，终止劳动关系，办理退休、退职手续，享受退休、退职待遇；被鉴定为五至十级的，医疗期内不得解除劳动合同。

第七条　企业职工非因工致残和经医生或医疗机构认定患有难以治疗的疾病，医疗期满，应当由劳动鉴定委员会参照工伤与职业病致残程度鉴定标准进行劳动能力的鉴定。被鉴定为一至四级的，应当退出劳动岗位，解除劳动关系，并办理退休、退职手续，享受退休、退职待遇。

第八条　医疗期满尚未痊愈者，被解除劳动合同的经济补偿问题按照有关规定执行。

第九条　本规定自一九九五年一月一日起施行。

2.《企业职工患病或非因工负伤医疗期规定》

一、关于医疗期的计算问题

1.医疗期计算应从病休第一天开始，累计计算。如：应享受三个月医疗期的职工，如果从1995年3月5日起第一次病休，那么，该职工的医疗期应在3月5日至9月5日之间确定，在此期间累计病休三个月即视为医疗期满。其它依此类推。

2.病休期间，公休、假日和法定节日包括在内。

二、关于特殊疾病的医疗期问题

根据目前的实际情况，对某些患特殊疾病（如癌症、精神病、瘫痪等）的职工，在24个月内尚不能痊愈的，经企业和劳动主管部门批准，可以适当延长医疗期。

各省、自治区、直辖市在实施《医疗期规定》时，可根据当地实际情况，抓紧制定具体细则，并及时报我部备案。

88 用人单位任性开除员工怎么办？

要求继续履行劳动合同或支付赔偿金。	
法条依据	《劳动合同法》第四十八条　用人单位违反本法规定解除或者终止劳动合同，劳动者要求继续履行劳动合同的，用人单位应当继续履行；劳动者不要求继续履行劳动合同或者劳动合同已经不能继续履行的，用人单位应当依照本法第八十七条规定支付赔偿金。

⚖ 基本案情

2015年6月26日，张某入职某公司，双方签订无固定期限劳动合同，工作岗位为研发工程师，月薪为18000元。2018年5月15日，某公司认为张某工作表现差，与同事相处不融洽，工作能力不能胜任工作，向张某出具《劳动合同解除通知书》："因你不胜任工作，根据劳动合同法相关规定，公司决定于2018年5月16日解除您的劳动合同，公司将依法支付解除劳动合同经济补偿金和额外一个月工资，公司将在您的劳动合同解除手续办理完毕后一次性发放。"张某在《劳动合同解除通知书》的员工意见一栏写明"不同意"。张某向某劳动人事争议仲裁院申请仲裁，请求裁决某公司恢复与张某的劳动关系，并按照每月18000元的标准支付2018年5月16日至恢复双方劳动关系之日的工资。

裁判结果

仲裁院经审理认为，根据《劳动合同法》第40条的规定，劳动者不能胜任工作，经过培训或者调整工作岗位，仍不能胜任工作的，用人单位提前30日以书面形式通知劳动者本人或者额外支付劳动者1个月工资后，可以解除劳动合同。本案中，某公司无证据证明张某不能胜任工作，且未经培训直接解除劳动合同属于违法解除劳动合同。某公司在违法解除与张某的劳动关系后，重新招聘员工从事张某原岗位工作，该行为不应被认定为《劳动合同法》第48条规定的"劳动合同已经不能继续履行"的情形，某公司应与张某恢复劳动关系。用人单位单方解除劳动者的劳动关系引起劳动争议，经劳动争议仲裁部门或人民法院裁决撤销单位原决定的，用人单位应当支付劳动者在仲裁、诉讼期间的工资。因此，某公司应按照18000元/月的标准向张某支付2018年5月16日起至裁决生效之日止的工资。仲裁院遂支持了张某的仲裁请求。

律师提示

公司与员工解除劳动合同要有法定事由，并且解除程序合法，否则属于违法解除劳动合同。企业在用工过程中，经常会发生老板不满员工表现，明知属于违法解除劳动合同，仍不惜代价任性开除员工的情况，员工该如何应对？

根据《劳动合同法》第48条的规定，用人单位违法解除劳动合同有两种责任形式：一是要求用人单位继续履行劳动合同；二是劳动者不要求继续履行劳动合同或不能继续履行时，可要求用人单位支付违法解除赔偿金。是否恢复劳动关系并继续履行合同，劳动者有选择权，首先需考虑劳动者的意愿。劳动者要求继续履行合同的，除非客观情况导致无法继续履行合同，司法机关应裁判恢复劳动关系并由用人单位支付违法解除劳动时起至恢复劳动关系时止的工资。

"劳动合同已经不能继续履行"的认定应主客观相结合综合判定。从客观方面看，参照原劳动部办公厅发布的《关于〈中华人民共和国劳动法〉若干条文的说明》第26条的规定，劳动合同已经不能继续履行应指客观上不能履行，具体指发生不可抗力或出现致使劳动合同全部或部分条款无法履行的其他情况，如企业迁移、被兼并、企业资产转移等。企业内部机构调整、劳动者岗位已被新员工顶替等不应构成不能继续履行的事由。从主观方面看，需要考察劳动者要求继续履行时，用人单位是否愿意继续履行劳动合同，双方继续履行劳动合同的信任基础是否存在，继续履行合同是否造成人身冲突等不良后果。

从赔偿角度考虑，如劳动者被违法解除劳动关系后未能找到新工作，笔者建议劳动者应首选要求恢复劳动关系继续履行合同，因为司法机关一般会同时裁判用人单位支付违法解除劳动时起至恢复劳动关系时止的工资。用人单位恢复劳动关系后，劳动者仍享有劳动合同的任意解除权，是否继续工作取决于员工。如司法机关认定劳动合同已经不能继续履行，不支持继续履行合同，劳动者仍能要求用人单位支付违法解除劳动合同的赔偿金。

综上，用人单位违法解除劳动合同时，劳动者有要求赔偿或继续履行劳动合同的选择权。因此，如不想再继续聘用员工，笔者建议用人单位开诚布公地与员工进行协商，签订离职协议书，一次性了结双方劳动关系解除问题。

🗨 法条链接

1.《劳动合同法》

第三条 订立劳动合同，应当遵循合法、公平、平等自愿、协商一致、诚实信用的原则。

依法订立的劳动合同具有约束力，用人单位与劳动者应当履行劳动合同约定的义务。

第四十八条 用人单位违反本法规定解除或者终止劳动合同，劳动者要求继续履行劳动合同的，用人单位应当继续履行；劳动者不要求继续履行劳动合同或者劳动合同已经不能继续履行的，用人单位应当依照本法第八十七条规定支付赔偿金。

第八十七条　用人单位违反本法规定解除或者终止劳动合同的，应当依照本法第四十七条规定的经济补偿标准的二倍向劳动者支付赔偿金。

2.《关于〈中华人民共和国劳动法〉若干条文的说明》

第二十六条　有下列情形之一的，用人单位可以解除劳动合同，但是应当提前三十日以书面形式通知劳动者本人：

（一）劳动者患病或者非因工负伤，医疗期满后，不能从事原工作也不能从事由用人单位另行安排的工作的；

（二）劳动者不能胜任工作，经过培训或者调整工作岗位，仍不能胜任工作的；

（三）劳动合同订立时所依据的客观情况发生重大变化，致使原劳动合同无法履行，经当事人协商不能就变更劳动合同达成协议的。

本条第（一）项指劳动者医疗期满后，不能从事原工作的，由原用人单位另行安排适当工作之后，仍不能从事另行安排的工作的，可以解除劳动合同。

本条第（二）项中的"不能胜任工作"，是指不能按要求完成劳动合同中约定的任务或者同工种，同岗位人员的工作量。用人单位不得故意提高定额标准，使劳动者无法完成。

本条中的"客观情况"指：发生不可抗力或出现致使劳动合同全部或部分条款无法履行的其他情况，如企业迁移、被兼并、企业资产转移等，并且排除本法第二十七条所列的客观情况。

第二十七条　用人单位濒临破产进行法定整顿期间或者生产经营状况发生严重困难，确需裁减人员的，应当提前三十日向工会或者全体职工说明情况，听取工会或者职工的意见，经向劳动行政部门报告后，可以裁减人员。

用人单位依据本条规定裁减人员，在六个月内录用人员的，应当优先录用被裁减的人员。

本条中的"法定整顿期间"指依据《中华人民共和国破产法》和《民事

诉讼法》的破产程序进入的整顿期间。"生产经营状况发生严重困难"可以根据地方政府规定的困难企业标准来界定。"报告"仅指说明情况，无批准的含义。"优先录用"指同等条件下优先录用。

📝 文书链接

离职协议书

甲方（用人单位）：＿＿＿＿＿＿＿＿＿＿＿

统一社会信用代码：＿＿＿＿＿＿＿＿＿＿＿

住所地：＿＿＿＿＿＿＿＿＿＿＿

法定代表人：＿＿＿＿＿＿＿＿＿＿＿

电话：＿＿＿＿＿＿＿＿＿＿＿

微信：＿＿＿＿＿＿＿＿＿＿　　　电子邮箱：＿＿＿＿＿＿＿＿＿＿＿

乙方（劳动者）：＿＿＿＿＿＿＿＿＿＿＿

身份证号：＿＿＿＿＿＿＿＿＿＿＿

住址：＿＿＿＿＿＿＿＿＿＿＿

电话：＿＿＿＿＿＿＿＿＿＿＿

微信：＿＿＿＿＿＿＿＿＿＿　　　电子邮箱：＿＿＿＿＿＿＿＿＿＿＿

　　甲、乙双方在平等自愿的基础上，经协商一致，就解除劳动合同事宜，订立本协议，供双方共同遵守。

　　1.乙方于＿＿＿年＿＿月＿＿日入职甲方公司，双方未签订书面劳动合同，未购买社会保险。现乙方因个人原因向甲方提出辞职，甲、乙双方之间劳动关系于＿＿＿年＿＿月＿＿日解除，乙方对此不持异议。在职期间甲方按时足额向乙方支付了工资。

　　2.乙方应当自本协议签订之日起3日内办理本人工作和财物的交接，以及解除/终止劳动合同关系的相关手续。

3.甲方按照当地劳动行政部门的规定为乙方办理退工退档及社会保险转移手续，乙方应当予以配合。因乙方原因导致甲方无法正常办理上述手续的，甲方不承担任何责任，如造成甲方损失，甲方有权向乙方追偿。

4.甲方应于_____年___月___日前一次性向乙方支付人民币_____元，该款项为甲、乙双方基于劳动关系的一次性对价补偿。该补偿款项包括但不限于甲、乙双方未结算的工资、奖金、加班费、各项津贴补贴、未休年休假工资报酬、经济补偿金、赔偿金、未签订书面劳动合同的双倍工资差额赔偿等基于劳动关系（包括但不限于劳动合同履行、解除）乙方可能获得的全部费用。乙方应当依法申报个人所得税的，甲方在支付时可以代扣代缴。

5.甲、乙双方确认，对国家相关法律法规及自身权益进行了充分的了解，确认本协议约定的补偿款项为甲、乙双方所自愿协商之数额，若与法定数额有所出入，乃为一方自愿对其合法权利进行的适当处分，故任何一方不得以存在欺诈、胁迫、重大误解或协商数额显失公平等为由主张撤销本协议或确认本协议无效。

6.甲、乙双方确认，双方就劳动关系建立、履行、解除等各项事宜再无任何争议，乙方不再基于劳动关系向甲方要求支付其他任何费用、补偿或赔偿。乙方不得以任何方式对甲方进行诋毁、诽谤和恶意中伤，不得有任何有损甲方形象或利益的行为，也不得再提起任何异议或权利主张程序（包括但不限于劳动争议仲裁、监察投诉、举报、民事诉讼等）。

7.本协议同样适用于甲方的关联企业，即本协议约定的补偿款项已经包括乙方可能基于劳动关系、劳务关系、借调关系等可能向甲方的关联企业主张的各项费用，乙方与甲方的关联企业之间亦再无任何争议。乙方承诺自本协议上述款项履行完毕后，乙方不再以任何理由、任何方式向甲方或甲方关联公司（包括但不限于集团公司、母公司、子公司、分公司等）主张权利。

8.乙方应对本协议内容保密，亦不得泄露甲方的商业秘密，乙方不应从事有损甲方声誉的行为，不得直接或间接地劝诱、帮助他人劝诱甲方内部掌握商业秘密的员工从甲方离职。

9.甲、乙双方应严格遵守本协议约定，如乙方违反本协议约定，甲方有权要求其退还已付款项，并要求其支付违约金_____元。

10.本协议一式二份，甲、乙双方各执一份，具有同等法律效力。

11.本协议自双方签名或盖章之日起成立并生效。

甲方（盖章）：   乙方（签名）：

法定代表人（签名）：

      年   月   日   年   月   日

89 公司不给员工出具离职证明有什么法律后果?

赔偿损失。	
法条依据	《劳动合同法》第八十九条　用人单位违反本法规定未向劳动者出具解除或者终止劳动合同的书面证明，由劳动行政部门责令改正；给劳动者造成损害的，应当承担赔偿责任。

基本案情

张某于2018年9月1日入职某公司，岗位为销售经理，双方签订2018年9月1日至2021年8月31日的劳动合同。2020年6月1日，张某因个人原因向某公司提出书面辞职，表示其将于2020年6月30日与公司解除劳动合同。2020年7月19日，张某收到某文化公司录用通知书，要求张某于2020年8月1日携带离职证明等资料办理入职。因某公司一直拒绝为张某办理离职手续，张某未能入职该公司。2020年10月21日，张某向某劳动人事争议仲裁院申请仲裁，仲裁裁决后张某不服向法院起诉，请求判决某公司立即为其出具离职证明并办理档案和社会保险转移手续并赔偿工资损失4万余元。

🖈 裁判结果

法院经审理认为，依据《劳动合同法》第50条第1款规定，用人单位应当在解除或者终止劳动合同时出具解除或者终止劳动合同的证明，并在15日内为劳动者办理档案和社会保险关系转移手续。张某和某公司的劳动关系于2020年6月30日解除，某公司依法应当出具解除劳动合同书面证明并办理档案和社会保险关系转移手续。关于工资损失，依据《劳动合同法》第89条的规定，用人单位违反本法规定未向劳动者出具解除或者终止劳动合同的书面证明，给劳动者造成损害的，应当承担赔偿责任。某公司未及时为张某出具离职证明，对张某失去工作机会，产生经济损失的后果负有责任，应予以赔偿。法院遂支持了张某的诉讼请求。

👆 律师提示

离职证明指用人单位与劳动者解除或者终止劳动合同的证明材料，应当写明劳动合同期限、解除或者终止劳动合同的日期、工作岗位、在本单位的工作年限。劳动者办理失业登记，新用人单位为劳动者办理入职手续，都需要离职证明。

根据《劳动合同法》第50条第1款的规定，用人单位应当在解除或者终止劳动合同时出具解除或者终止劳动合同的证明，并在15日内为劳动者办理档案和社会保险关系转移手续。用人单位办理离职证明不应附加任何条件，员工不配合办理工作交接，用人单位也不能据此拒绝出具离职证明，只能通过其他途径维权。

用人单位拒绝或迟延履行出具离职证明，会对劳动者办理失业、入职新单位等产生障碍，进而在一定程度上产生经济损失，员工能否要求用人单位办理离职手续并赔偿损失呢？笔者认为，根据《劳动合同法》第50条和第89条的规定，劳动者有权要求用人单位办理离职手续并赔偿损失。但有的司法观点认为，根据《劳动合同法》第89条"用人单位违反本法规定未向劳动者出具解除或者终止劳动合同的书面证明，由劳动行政部门责令改正；……"的规定，责令用人单位向劳动者出具解除或者终止劳动合同的书面证明，属行政部门的法定职责，不属于人民法院民事案件受案范围。

用人单位未依法为劳动者出具离职证明应赔偿损失，但难点在于如何证明存在损失。劳动者在劳动关系解除或终止后未再就业的事实，并不能证明与用人单位不开具离职证明有直接因果关系。在实务层面，只有劳动者举证证明其已被新用人单位录用，且因无离职证明未能办理正式入职，才足以证明劳动者因用人单位未依法办理离职手续遭受损失。根据《实施〈中华人民共和国社会保险法〉若干规定》第19条的规定，用人单位未依法为劳动者办理离职手续造成劳动者无法享受社会保险待遇的，用人单位也应进行赔偿。

综上，用人单位应依法及时为劳动者出具离职证明，办理档案和社会保险关系转移手续，否则可能面临经济赔偿。

法条链接

1.《劳动合同法》

第五十条　用人单位应当在解除或者终止劳动合同时出具解除或者终止劳动合同的证明，并在十五日内为劳动者办理档案和社会保险关系转移手续。

劳动者应当按照双方约定，办理工作交接。用人单位依照本法有关规定应当向劳动者支付经济补偿的，在办结工作交接时支付。

用人单位对已经解除或者终止的劳动合同的文本，至少保存二年备查。

第八十九条　用人单位违反本法规定未向劳动者出具解除或者终止劳动合同的书面证明，由劳动行政部门责令改正；给劳动者造成损害的，应当承担赔偿责任。

2.《社会保险法》

第五十条　用人单位应当及时为失业人员出具终止或者解除劳动关系的证明，并将失业人员的名单自终止或者解除劳动关系之日起十五日内告知社会保险经办机构。

失业人员应当持本单位为其出具的终止或者解除劳动关系的证明，及时到指定的公共就业服务机构办理失业登记。

失业人员凭失业登记证明和个人身份证明，到社会保险经办机构办理领取失业保险金的手续。失业保险金领取期限自办理失业登记之日起计算。

3.《劳动合同法实施条例》

第二十四条 用人单位出具的解除、终止劳动合同的证明，应当写明劳动合同期限、解除或者终止劳动合同的日期、工作岗位、在本单位的工作年限。

4.《实施〈中华人民共和国社会保险法〉若干规定》

第十九条 用人单位在终止或者解除劳动合同时拒不向职工出具终止或者解除劳动关系证明，导致职工无法享受社会保险待遇的，用人单位应当依法承担赔偿责任。

90 离职员工不配合工作交接怎么办？

	要求办理交接并赔偿损失。
法条依据	《劳动合同法》第五十条第二款 劳动者应当按照双方约定，办理工作交接。用人单位依照本法有关规定应当向劳动者支付经济补偿的，在办结工作交接时支付。

基本案情

2017年9月1日，某公司与张某签订劳动合同，劳动期限自2017年9月1日至2019年8月31日，张某工作岗位为销售。2019年3月1日，张某因个人原因提出辞职后未再到公司上班。某公司要求张某尽快做好交接工作，但张某一直拒绝办理交接手续。2019年3月20日，某公司向某劳动人事争议仲裁院申请仲裁，请求裁决张某依法与其办理工作交接并赔偿经济损失6万元。

裁判结果

仲裁院经审理认为，某公司所主张的交接内容为与财务处核对离职前发生的广告费未回款的金额信息。某公司向本院提交的证据中虽然包含了张某所经办的广告单，但相关广告单具体的欠款情况仅为其自行统计的电子表格，因此，某公司要求张某予以交接证据不足。关于某公司要求张某赔偿损失的主张，某公司提交的证据不足以证实上述欠款的存在。即使存在欠款的事实，也应当向欠款的合同相对方主张。在某公司不能举证证明张某存在故意或者重大过失导致欠款无法收回的情况下，要求员工承担不能追回的广告款，系将企业的经营风险转嫁劳动者的表现，该请求无事实和法律依据，本院不予支持。仲裁院遂驳回了某公司的仲裁请求。

律师提示

员工不办理工作交接手续，说走就走，是很令企业头疼的事情。特别是销售或技术岗位员工离职，不交接客户资料，不交接项目文件，以至于企业无法继续跟进项目、追讨欠款等，企业应如何应对？

根据《劳动合同法》第50条第2款的规定，劳动者应当按照双方约定，办理工作交接。因此，员工有义务办理工作交接，但工作交接的内容用人单位却很少和员工进行约定。工作交接内容一般包括资料归还、财务款项结清、办公用品及钥匙的归还、工作资产的归还等，除此之外无特别工作交接内容约定的，司法机关将不支持作为交接内容要求员工予以交接。

员工拒不办理工作交接，用人单位有什么救济措施吗？

1.暂缓办理劳动合同解除手续。根据《劳动合同法》第50条第1款的规定，用人单位应当在解除或者终止劳动合同时出具解除或者终止劳动合同的证明，并在15日内为劳动者办理档案和社会保险关系转移手续。用人单位可暂缓办理相关手续，但不应超过前述规定的15天，否则造成员工损失的应予以赔偿。

2.不予支付经济补偿金。根据《劳动合同法》第50条第2款的规定，用人单位依法应当向劳动者支付经济补偿的，在办结工作交接时予以支付，未办理工作交接的可暂不予以支付。但用人单位不能扣发员工工资、提成、奖金等其他未结费用。

3.要求员工赔偿损失。员工拒不办理工作交接，如造成用人单位损失，用人单位可要求赔偿。但是，用人单位证明员工不办理工作交接和损害后果之间的因果关系，以及自己的实际经济损失则非常困难。

综上，员工拒不办理工作交接，用人单位可通过司法途径要求办理工作交接并赔偿损失，但在实践中维权效果实难如意。用人单位只有与员工对工作交接内容、损失计算等内容提前作出约定，才能更有利于维权。

📢 法条链接

1.《劳动合同法》

第五十条 用人单位应当在解除或者终止劳动合同时出具解除或者终止劳动合同的证明，并在十五日内为劳动者办理档案和社会保险关系转移手续。

劳动者应当按照双方约定，办理工作交接。用人单位依照本法有关规定应当向劳动者支付经济补偿的，在办结工作交接时支付。

用人单位对已经解除或者终止的劳动合同的文本，至少保存二年备查。

第八十九条 用人单位违反本法规定未向劳动者出具解除或者终止劳动合同的书面证明，由劳动行政部门责令改正；给劳动者造成损害的，应当承担赔偿责任。

第九十条 劳动者违反本法规定解除劳动合同，或者违反劳动合同中约定的保密义务或者竞业限制，给用人单位造成损失的，应当承担赔偿责任。

2.《工资支付暂行规定》

第十六条 因劳动者本人原因给用人单位造成经济损失的，用人单位可按照劳动合同的约定要求其赔偿经济损失。经济损失的赔偿，可从劳动者本人的工资中扣除。但每月扣除的部分不得超过劳动者当月工资的20%。若扣除后的剩余工资部分低于当地月最低工资标准，则按最低工资标准支付。

其　他

91 公司被注销，员工应如何维权？

	以企业股东为被告起诉。
法条依据	《最高人民法院关于适用〈中华人民共和国民事诉讼法〉的解释》第六十四条　企业法人解散的，依法清算并注销前，以该企业法人为当事人；未依法清算即被注销的，以该企业法人的股东、发起人或者出资人为当事人。

基本案情

2018年11月16日，张某至某公司从事运营工作，月工资5000元，双方未签订书面劳动合同。2019年4月10日，张某以公司考核要求与入职承诺的差异较大，存在不签订劳动合同、不合理罚款、欠发工资等情形为由离职。某公司为自然人独资的有限责任公司，贾某为公司股东，某公司于2019年5月1日注销登记。2019年6月6日，张某诉至人民法院，请求判决贾某支付欠付工资、未签订书面劳动合同二倍工资差额赔偿。

裁判结果

法院经审理认为，当事人对自己提出的诉讼请求所依据的事实有责任提供证据加以证明，没有证据或者证据不足以证明当事人的事实主张的，由负有举证责任的当事人承担不利后果。根据张某向本院提交的工服照片、微信记录、某公司的法定代表人及注销时的唯一股东贾某的陈述意见，张某与某公司确属存在劳动关系，本院予以确认。经本院核算，某公司应向张某支付欠付工资11609元，以及2018年12月16日至2019年4月10日未签劳动合同二倍工资差额19137元。

根据《最高人民法院关于适用〈中华人民共和国公司法〉若干问题的规定（二）》第20条的规定，公司解散应当在依法清算完毕后，申请办理注销登记。公司未经清算即办理注销登记，导致公司无法进行清算，债权人主张有限责任公司的股东、股份有限公司的董事和控股股东，以及公司的实际控制人对公司债务承担清偿责任的，人民法院应依法予以支持。公司未经依法清算即办理注销登记，股东或者第三人在公司登记机关办理注销登记时承诺对公司债务承担责任，债权人主张其对公司债务承担相应民事责任的，人民法院应依法予以支持。本案贾某为某公司注销时的唯一股东，某公司在注销登记时未对涉案债务进行清算，张某要求贾某对某公司的债务承担相应民事责任符合法律规定，本院予以支持。因此，法院遂支持了张某的诉讼请求。

律师提示

部分企业老板为逃避法律责任，在劳动者未申请劳动争议仲裁时就注销公司，或者在劳动仲裁、诉讼过程中注销公司。劳动者与用人单位的劳动争议如何进行，劳动者该如何维权？

公司注销需履行法定程序，股东会可以决议解散公司，解散公司应成立清算组，清算组应当自成立之日起10日内，将公司解散清算事宜书面通知全体已知债权人（包括劳动争议当事人），公司清算结束后，清算组应当制作清算报告，报股东会确认，报送公司登记机关后可申请注销公司。由于未通知导致债权人未及时申报债权而未获清偿，公司被违法注销时，债权人有权要求清算组成员（股东）承担法律责任。

劳动争议是劳动者和用人单位之间因确认劳动关系，订立、履行、变更、解除和终止劳动合同，工作时间、休息休假、社会保险、福利、培训以及劳动保护，劳动报酬、工伤医疗费、经济补偿或者赔偿金等发生的争议。如果公司一方主体资格消灭，不再具有诉讼主体资格，在司法程序中，不应再将公司列为被申请人或被告。根据《最高人民法院关于适用〈中华人民共和国民事诉讼法〉的解释》第64条的规定，企业未依法清算即被注销的，员工仲裁或诉讼的，以该企业法人的股东、发起人或者出资人为被申请人或被告。根据《最高人民法院关于适用〈中华人民共和国公司法〉若干问题的规定（二）》第10条的规定，公司决议解散后成立清算组的，员工可以清算组为被申请人或被告，由清算组负责人代表公司参加诉讼；尚未成立清算组的，由原法定代表人代表公司参加诉讼。

在劳动争议仲裁中，员工以被注销公司的股东、发起人或者出资人为被申请人的，劳动人事争议仲裁院通常不予受理案件；在仲裁或诉讼过程中，公司被注销后丧失法人资格，依法应变更诉讼主体，但在劳动争议仲裁过程中公司被注销的，劳动人事争议仲裁委员会通常会决定撤销案件，不再继续审理；根据《最高人民法院关于民事执行中变更、追加当事人若干问题的规定》第21条的规定，执行过程中公司被违法注销的，申请执行人申请变更、追加有限责任公司的股东、股份有限公司的董事和控股股东为被执行人，对公司债务承担连带清偿责任。

综上，公司被违法注销的，员工不能再以公司作为劳动争议当事人，应以被注销公司的股东、发起人或者出资人为被申请人或被告进行维权，由前述人员依法承担给付或赔偿法律责任。

法条链接

1.《劳动人事争议仲裁办案规则》

第三十一条 对不符合本规则第三十条第（一）、（二）、（三）项规定之一的仲裁申请，仲裁委员会不予受理，并在收到仲裁申请之日起五日内向申请人出具不予受理通知书；对不符合本规则第三十条第（四）项规定的仲裁申请，仲裁委员会应当在收到仲裁申请之日起五日内，向申请人作出书面说明并告知申请人向有管辖权的仲裁委员会申请仲裁。

对仲裁委员会逾期未作出决定或者决定不予受理的，申请人可以就该争议事项向人民法院提起诉讼。

第三十二条 仲裁委员会受理案件后，发现不应当受理的，除本规则第九条规定外，应当撤销案件，并自决定撤销案件后五日内，以决定书的形式通知当事人。

2.《最高人民法院关于适用〈中华人民共和国民事诉讼法〉的解释》

第六十四条 企业法人解散的，依法清算并注销前，以该企业法人为当事人；未依法清算即被注销的，以该企业法人的股东、发起人或者出资人为当事人。

3.《最高人民法院关于适用〈中华人民共和国公司法〉若干问题的规定（二）》

第十条 公司依法清算结束并办理注销登记前，有关公司的民事诉讼，应当以公司的名义进行。

公司成立清算组的，由清算组负责人代表公司参加诉讼；尚未成立清算组的，由原法定代表人代表公司参加诉讼。

第二十条 公司解散应当在依法清算完毕后，申请办理注销登记。公司未经清算即办理注销登记，导致公司无法进行清算，债权人主张有限责任公司的股东、股份有限公司的董事和控股股东，以及公司的实际控制人对公司债务承担清偿责任的，人民法院应依法予以支持。

公司未经依法清算即办理注销登记，股东或者第三人在公司登记机关办理注销登记时承诺对公司债务承担责任，债权人主张其对公司债务承担相应民事责任的，人民法院应依法予以支持。

4.《最高人民法院关于民事执行中变更、追加当事人若干问题的规定》

第二十一条 作为被执行人的公司，未经清算即办理注销登记，导致公司无法进行清算，申请执行人申请变更、追加有限责任公司的股东、股份有限公司的董事和控股股东为被执行人，对公司债务承担连带清偿责任的，人民法院应予支持。

92 包工头招用的农民工因工受伤该如何维权?

	由用工单位承担工伤保险责任。
法条依据	《最高人民法院关于审理工伤保险行政案件若干问题的规定》第三条第一款　社会保险行政部门认定下列单位为承担工伤保险责任单位的,人民法院应予支持:……(四)用工单位违反法律、法规规定将承包业务转包给不具备用工主体资格的组织或者自然人,该组织或者自然人聘用的职工从事承包业务时因工伤亡的,用工单位为承担工伤保险责任的单位;……

🏛 基本案情

　　某工程公司承建某消防工程安装工作,并将其中的砌砖工程转包给了王某。张某通过王某招用在工地做工,口头约定工资按天计算,每天工价为240元,具体做工任务和时间由王某安排。2016年11月9日上午,张某因砖块掉落造成小腿骨折,被送往医院进行治疗,王某垫付了医疗费。经劳动仲裁、一审、二审及再审判决,张某与某工程公司不存在劳动关系。经工伤认定、复议、一审、二审,张某被不予认定为工伤。2018年8月,张某以工伤保险待遇纠纷为由向法院提起诉讼,请求判决某工程公司支付一次性伤残就业补助金、一次性工伤医疗补助金等各项工伤保险待遇20余万元。

裁判结果

法院经审理认为，《关于执行〈工伤保险条例〉若干问题的意见》第7条规定："具备用工主体资格的承包单位违反法律、法规规定，将承包业务转包、分包给不具备用工主体资格的组织或者自然人，该组织或者自然人招用的劳动者从事承包业务时因工伤亡的，由该具备用工主体资格的承包单位承担用人单位依法应承担的工伤保险责任。"《最高人民法院关于审理工伤保险行政案件若干问题的规定》第3条第1款第4项也有相应规定。因某工程公司承建消防工程安装工作，并将其中的砌砖工程转包给不具备用工主体资格的王某，张某被王某雇用到工地做工期间受伤致残，故某工程公司应对张某承担工伤保险责任。法院遂支持了张某的诉讼请求。

律师提示

建设工程施工中，绝大多数的进城务工人员均是由包工头招用，由包工头管理和发放工资，不签订劳动合同和购买社会保险。尽管国家出台了诸多进城务工人员权益保障的规定，但因司法实践的混乱，进城务工人员因工受伤维权难仍是一个现实问题。

在未签订书面劳动合同时，进城务工人员请求工伤损害赔偿一般应先认定事实劳动关系。《关于确立劳动关系有关事项的通知》第4条规定："建筑施工、矿山企业等用人单位将工程（业务）或经营权发包给不具备用工主体资格的组织或自然人，对该组织或自然人招用的劳动者，由具备用工主体资格的用工单位承担用工主体责任。"以前的司法机关一般根据前述规定，径直认定进城务工人员与用工单位成立事实劳动关系。然而，现在司法机关已基本达成共识，认为承担用工主体责任，并不等于认定劳动关系。劳动者服从用人单位的管理并提供劳动力，用人单位提供生产资料和支付工资，才能构成劳动关系。进城务工人员经包工头招用，由包工头管理和发放工资，显然不符合构成劳动关系的特征。

相关文件指出，劳动行政部门在工伤认定程序中，具有认定受到伤害的职工与企业之间是否存在劳动关系的职权。因此，为节省维权时间成本，进城务工人员可尝试绕过劳动关系认定流程直接请求劳动行政部门认定工伤，也可避免进城务工人员和用工单位被司法机关认定为不存在劳动关系，导致无法进一步认定工伤。

进城务工人员与用工单位不存在劳动关系时，劳动行政部门对于是否认定工伤有两种观点。否定观点认为，认定工伤以具备劳动关系为前提，不存在劳动关系则不能认定工伤。肯定观点认为，《最高人民法院关于审理工伤保险行政案件若干问题的规定》第3条第1款第4项是针对特殊工伤认定申请的特殊规定，在这种情况下，劳动行政部门认定用人单位承担工伤保险责任并不必须以存在实际劳动关系为前提，因此，劳动行政部门应将此种情形认定为工伤。

如劳动行政部门不予认定工伤，是否还能请求工伤损害赔偿呢？否定观点认为，不存在劳动关系，则不能认定工伤，自然不能请求工伤损害赔偿。肯定观点认为，根据《关于执行〈工伤保险条例〉若干问题的意见》第7条和《最高人民法院关于审理工伤保险行政案件若干问题的规定》第3条第1款第4项等规定，有无劳动关系并不影响用工单位对工伤赔偿责任的承担，用工单位虽与进城务工人员不存在劳动关系，但其将业务违法转包、分包给不具备用工主体资格的组织或者自然人，其作为具备用工主体资格的单位依法应当承担工伤赔偿责任。

由以上分析可知，造成进城务工人员维权困境的根源在于，司法解释规定了具备用工主体资格的单位将承包业务违法转包、分包给不具备用工主体资格的组织或者自然人，该组织或者自然人招用的劳动者从事承包业务时因工伤亡的，由该具备用工主体资格的承包单位承担工伤保险责任，但却未明确此种情形下，具备用工主体资格的承包单位与劳动者之间是否具有劳动关系，是否应认定为工伤。笔者期待司法机关尽早出台相关规定，以保障进城务工人员的合法权益。

法条链接

1.《关于确立劳动关系有关事项的通知》

四、建筑施工、矿山企业等用人单位将工程（业务）或经营权发包给不具备用工主体资格的组织或自然人，对该组织或自然人招用的劳动者，由具备用工主体资格的发包方承担用工主体责任。

2.《关于执行〈工伤保险条例〉若干问题的意见》

七、具备用工主体资格的承包单位违反法律、法规规定，将承包业务转包、分包给不具备用工主体资格的组织或者自然人，该组织或者自然人招用的劳动者从事承包业务时因工伤亡的，由该具备用工主体资格的承包单位承担用人单位依法应承担的工伤保险责任。

3.《最高人民法院关于审理工伤保险行政案件若干问题的规定》

第三条　社会保险行政部门认定下列单位为承担工伤保险责任单位的，人民法院应予支持：

（一）职工与两个或两个以上单位建立劳动关系，工伤事故发生时，职工为之工作的单位为承担工伤保险责任的单位；

（二）劳务派遣单位派遣的职工在用工单位工作期间因工伤亡的，派遣单位为承担工伤保险责任的单位；

（三）单位指派到其他单位工作的职工因工伤亡的，指派单位为承担工伤保险责任的单位；

（四）用工单位违反法律、法规规定将承包业务转包给不具备用工主体资格的组织或者自然人，该组织或者自然人聘用的职工从事承包业务时因工伤亡的，用工单位为承担工伤保险责任的单位；

（五）个人挂靠其他单位对外经营，其聘用的人员因工伤亡的，被挂靠单位为承担工伤保险责任的单位。

前款第（四）、（五）项明确的承担工伤保险责任的单位承担赔偿责任或者社会保险经办机构从工伤保险基金支付工伤保险待遇后，有权向相关组织、单位和个人追偿。

93 工伤保险待遇纠纷是否适用"一裁终局"？

	适用。
法条依据	《劳动争议调解仲裁法》第四十七条　下列劳动争议，除本法另有规定的外，仲裁裁决为终局裁决，裁决书自作出之日起发生法律效力：……（二）因执行国家的劳动标准在工作时间、休息休假、社会保险等方面发生的争议。

📖 基本案情

2016年8月1日，张某到某公司从事机修工作，某公司未为张某购买社会保险。2018年3月31日，张某在工作中受伤。经张某申请，2018年7月21日，某市人力资源和社会保障局作出工伤认定决定书，认定张某所受伤害为工伤。2018年11月19日，某市劳动能力鉴定委员会确认张某劳动功能障碍程度为十级，并出具了鉴定结论书。2019年3月，张某向某劳动人事争议仲裁院申请仲裁，仲裁院作出《仲裁裁决书》，裁决某公司向张某支付一次性伤残补助金、一次性工伤医疗补助金和一次性伤残就业补助金共计9万余元。某公司不服裁决向法院起诉，请求判决无需向张某支付任何工伤保险待遇。

裁判结果

法院经审理认为，《最高人民法院关于审理劳动争议案件适用法律若干问题的解释（四）》第2条①规定："仲裁裁决的类型以仲裁裁决书确定为准。仲裁裁决书未载明该裁决为终局裁决或非终局裁决，用人单位不服该仲裁裁决向基层人民法院提起诉讼的，应当按照以下情形分别处理：（一）经审查认为该仲裁裁决为非终局裁决的，基层人民法院应予受理；（二）经审查认为该仲裁裁决为终局裁决的，基层人民法院不予受理，但应告知用人单位可以自收到不予受理裁定书之日起三十日内向劳动人事争议仲裁委员会所在地的中级人民法院申请撤销该仲裁裁决；已经受理的，裁定驳回起诉。"本案中，某劳动人事争议仲裁院作出的《仲裁裁决书》已经载明该裁决为终局裁决，依照上述司法解释的规定，用人单位不服裁决的，只能向劳动争议仲裁机构所在地的中级人民法院申请撤销裁决，而不能向人民法院提起诉讼，某公司向本院提起诉讼于法无据，应予驳回。法院遂裁定驳回了某公司的起诉。

律师提示

"一裁终局"制度指符合一定条件的仲裁裁决经仲裁委员会作出后，劳动者不服的有权向人民法院起诉，用人单位不得向人民法院起诉的制度。本制度的创设是为了提高劳动争议案件的处理效率，降低劳动者的维权成本，但在一定程度上限制了用人单位的权利行使。

仲裁庭裁决案件时，裁决内容同时涉及终局裁决和非终局裁决的，应当分别制作裁决书，并告知当事人相应的救济权利。劳动人事争议仲裁委员会作出的同一仲裁裁决同时包含终局裁决事项和非终局裁决事项，当事人不服该仲裁裁决向人民法院提起诉讼的，应当按照非终局裁决处理。用人单位有

① 现为《最高人民法院关于审理劳动争议案件适用法律问题的解释（一）》第18条。

证据证明终局裁决适用法律、法规确有错误的，劳动争议仲裁委员会无管辖权的；违反法定程序的，裁决所根据的证据是伪造的，对方当事人隐瞒了足以影响公正裁决的证据的，仲裁员在仲裁该案时有索贿受贿、徇私舞弊、枉法裁决行为等情形之一的，可以自收到仲裁裁决书之日起30日内向劳动争议仲裁委员会所在地的中级人民法院申请撤销裁决。

根据《劳动争议调解仲裁法》第47条的规定，适用"一裁终局"的劳动争议仲裁案件有两类：一是追索劳动报酬、工伤医疗费、经济补偿或者赔偿金，不超过当地月最低工资标准12个月金额的争议；二是因执行国家的劳动标准在工作时间、休息休假、社会保险等方面发生的争议。工伤保险待遇纠纷如能适用"一裁终局"，则可缩短纠纷处理时间，提高劳动争议仲裁效率，切实维护工伤职工的合法权益。

工伤医疗费属于工伤保险待遇的一部分，工伤保险待遇除了工伤医疗费，还包括停工留薪期待遇、生活护理费、一次性伤残补助金、一次性医疗补助金、一次性伤残就业补助金等待遇，这些工伤保险待遇纠纷是否适用"一裁终局"，取决于如何理解"因执行国家的劳动标准在社会保险方面发生的争议"。第一种观点认为仅限于劳资双方对是否执行国家在社会保险等方面的标准发生的争议适用"一裁终局"，不包括社会保险补偿或赔偿争议，即不包括因工伤待遇纠纷引发的争议；第二种观点认为是社会保险方面发生的除工伤医疗费的一切补偿、赔偿和标准性争议适用"一裁终局"，即包括因工伤待遇纠纷引发的争议。

从法条理解层面看，笔者支持第一种观点，如果泛指第二种观点，工伤医疗费纠纷从工伤保险待遇纠纷中分割出来就毫无意义，并且工伤医疗费纠纷适用"一裁终局"有金额限制，而其他工伤待遇却没有金额限制，显然就是立法缺陷。从立法精神层面看，追索工伤待遇纠纷案件中，工伤职工因工作能力发生障碍，导致生活窘迫，工伤待遇可能是维持其家庭基本生活的主要来源，且现行法律法规对工伤保险待遇标准有明确具体规定，适用"一裁终局"有利于工伤职工权利的保护，也不会对用人单位权利造成损害，反而能遏制用人单位拖延时间、逃避赔偿的"恶意诉讼"。

司法实践中，工伤保险待遇纠纷是否适用"一裁终局"并不统一。云南省、重庆市等地出台了关于终局裁决的审判指导意见，将工伤保险待遇纠纷明确为"一裁终局"适用范围。

综上所述，工伤保险待遇纠纷是否适用"一裁终局"，司法实践仍存在不同情形。从降低劳动者的维权成本，保护劳动者合法权益的立法本意出发，立法者应尽快修订和完善相关法律法规，将工伤保险待遇争议明确纳入"一裁终局"范围。

法条链接

1.《劳动争议调解仲裁法》

第四十七条　下列劳动争议，除本法另有规定的外，仲裁裁决为终局裁决，裁决书自作出之日起发生法律效力：

（一）追索劳动报酬、工伤医疗费、经济补偿或者赔偿金，不超过当地月最低工资标准十二个月金额的争议；

（二）因执行国家的劳动标准在工作时间、休息休假、社会保险等方面发生的争议。

第四十九条　用人单位有证据证明本法第四十七条规定的仲裁裁决有下列情形之一，可以自收到仲裁裁决书之日起三十日内向劳动争议仲裁委员会所在地的中级人民法院申请撤销裁决：

（一）适用法律、法规确有错误的；

（二）劳动争议仲裁委员会无管辖权的；

（三）违反法定程序的；

（四）裁决所根据的证据是伪造的；

（五）对方当事人隐瞒了足以影响公正裁决的证据的；

（六）仲裁员在仲裁该案时有索贿受贿、徇私舞弊、枉法裁决行为的。

人民法院经组成合议庭审查核实裁决有前款规定情形之一的，应当裁定撤销。

仲裁裁决被人民法院裁定撤销的，当事人可以自收到裁定书之日起十五日内就该劳动争议事项向人民法院提起诉讼。

2.《劳动人事争议仲裁办案规则》

第五十条 仲裁庭裁决案件时，申请人根据调解仲裁法第四十七条第（一）项规定，追索劳动报酬、工伤医疗费、经济补偿或者赔偿金，如果仲裁裁决涉及数项，对单项裁决数额不超过当地月最低工资标准十二个月金额的事项，应当适用终局裁决。

前款经济补偿包括《中华人民共和国劳动合同法》（以下简称劳动合同法）规定的竞业限制期限内给予的经济补偿、解除或者终止劳动合同的经济补偿等；赔偿金包括劳动合同法规定的未签订书面劳动合同第二倍工资、违法约定试用期的赔偿金、违法解除或者终止劳动合同的赔偿金等。

根据调解仲裁法第四十七条第（二）项的规定，因执行国家的劳动标准在工作时间、休息休假、社会保险等方面发生的争议，应当适用终局裁决。

仲裁庭裁决案件时，裁决内容同时涉及终局裁决和非终局裁决的，应当分别制作裁决书，并告知当事人相应的救济权利。

3.《最高人民法院关于审理劳动争议案件适用法律问题的解释（一）》

第十八条 仲裁裁决的类型以仲裁裁决书确定为准。仲裁裁决书未载明该裁决为终局裁决或者非终局裁决，用人单位不服该仲裁裁决向基层人民法院提起诉讼的，应当按照以下情形分别处理：

（一）经审查认为该仲裁裁决为非终局裁决的，基层人民法院应予受理；

（二）经审查认为该仲裁裁决为终局裁决的，基层人民法院不予受理，但应告知用人单位可以自收到不予受理裁定书之日起三十日内向劳动争议仲裁机构所在地的中级人民法院申请撤销该仲裁裁决；已经受理的，裁定驳回起诉。

94 如何建立合法的劳务外包关系？

避免构成事实劳动关系。	
法条依据	《民法典》第七百七十条第一款　承揽合同是承揽人按照定作人的要求完成工作，交付工作成果，定作人支付报酬的合同。

⚖ 基本案情

2016年6月，某销售公司与某人力资源服务公司签订《劳务外包合同书》，该合同约定：（1）甲方（某销售公司）将保安工作承包给乙方（某人力资源服务公司）。甲方负责给乙方提供的委派人员安排食宿；（2）甲方为乙方的委派人员提供执勤中的服装、通信器材等；（3）甲方按时支付乙方委派人员的工资及管理费等一切费用。合同签订后，某人力资源服务公司将张某等12名保安人员派至某销售公司工作。2017年8月，张某在工作过程中制止盗窃行为，导致被捅伤造成伤残。因对赔偿事宜协商未果，为向某销售公司主张工伤待遇，张某诉至人民法院，请求判决确认其与某销售公司存在劳动关系。

👉 裁判结果

法院经审理认为，张某虽与某销售公司没有签订书面劳动合同，但张某接受某销售公司的管理，从事某销售公司安排的工作，为某销售公司提供保安劳动，由某销售公司支付劳动报酬，张某与某销售公司之间符合事实劳动关系的特征，符合《关于确立劳动关系有关事项的通知》的相关规定，因此，张某主张与某销售公司存在劳动关系，本院予以支持。法院遂支持了张某的诉讼请求。

律师提示

随着社保入税政策的推进及劳务派遣的规范，企业用工成本越来越大。劳务外包几乎是唯一能降低企业用工成本，转嫁劳动用工法律风险的合法方式，但很多企业由于缺乏专业法律知识，难以建立行之有效的劳务外包关系。

1.劳务外包的核心问题是什么？

劳务外包一般指用工单位将某项业务发包给外包公司，由外包公司组织其自有人员完成该业务。劳务外包合同的法律性质实际上为承揽合同，而承揽合同是指承揽人按照定作人的要求完成工作，交付工作成果，定作人给付报酬的合同。劳务外包的核心是承包人交付的是工作成果，而不是指派劳务人员，即只要工作成果合格，承包人指派多少劳务人员，甚至不指派劳务人员，用工单位均在所不问，无权干涉。

2.劳务外包的承包主体性质是否有限制？

规范的劳务外包是用工单位与劳务外包公司建立劳务外包关系，劳务外包公司与劳动者建立劳动关系并购买社会保险。然而，规范的劳务外包关系无法解决企业的痛点——降低用工成本，因为劳务外包公司与劳动者建立规范劳动关系的成本必将转移到用工单位身上。实际上，司法实践承认劳务外包的承包主体可以是个人（包工头），然后由包工头和劳务人员建立雇佣关系或其他法律关系，以降低用工成本和法律风险，但需要对发包方、包工头及劳务人员之间的关系进行完美设计，才能避免法律风险。

3.劳务外包应避免哪些行为？

劳务外包在实际操作过程中，应避免被认定为事实劳动关系。反过来看，构成事实劳动关系的行为，用工单位均应该避免：不参与承包方对劳务人员的招聘、面试等环节，不对承包方委派人员进行实际管理，不直接向承包方委派人员发放劳动报酬，不在劳务外包合同中约定前述内容并让劳务人员书面确认劳务外包关系。

4.劳务外包的承包主体是否需要资质？

除了工程建设等特殊领域，劳务外包的承包主体是不需要资质的，比如保安、后勤、物业、搬运、生产线、运输服务等领域均可以外包。这和劳务派遣需要资质不同，给企业带来很多便利。

综上，建立合法劳务外包关系的核心就是避免构成事实劳动关系，发包人要求承包人依约交付劳务成果，但不对劳务人员进行管理和发放工资报酬。

法条链接

1.《民法典》

第七百七十条　承揽合同是承揽人按照定作人的要求完成工作，交付工作成果，定作人支付报酬的合同。

承揽包括加工、定作、修理、复制、测试、检验等工作。

第七百七十一条　承揽合同的内容一般包括承揽的标的、数量、质量、报酬，承揽方式，材料的提供，履行期限，验收标准和方法等条款。

第七百七十二条　承揽人应当以自己的设备、技术和劳力，完成主要工作，但是当事人另有约定的除外。

承揽人将其承揽的主要工作交由第三人完成的，应当就该第三人完成的工作成果向定作人负责；未经定作人同意的，定作人也可以解除合同。

2.《关于确立劳动关系有关事项的通知》

一、用人单位招用劳动者未订立书面劳动合同，但同时具备下列情形的，劳动关系成立。

（一）用人单位和劳动者符合法律、法规规定的主体资格；

（二）用人单位依法制定的各项劳动规章制度适用于劳动者，劳动者受用人单位的劳动管理，从事用人单位安排的有报酬的劳动；

（三）劳动者提供的劳动是用人单位业务的组成部分。

二、用人单位未与劳动者签订劳动合同，认定双方存在劳动关系时可参照下列凭证：

（一）工资支付凭证或记录（职工工资发放花名册）、缴纳各项社会保险费的记录；

（二）用人单位向劳动者发放的"工作证"、"服务证"等能够证明身份的证件；

（三）劳动者填写的用人单位招工招聘"登记表"、"报名表"等招用记录；

（四）考勤记录；

（五）其他劳动者的证言等。

其中，（一）、（三）、（四）项的有关凭证由用人单位负举证责任。

文书链接

业务外包合同

甲方（发包人）：＿＿＿＿＿＿＿＿＿

统一社会信用代码：＿＿＿＿＿＿＿＿＿

住所地：＿＿＿＿＿＿＿＿＿

法定代表人：＿＿＿＿＿＿＿＿＿

电话：＿＿＿＿＿＿＿＿＿

乙方（承包人）：＿＿＿＿＿＿＿＿＿

统一社会信用代码：＿＿＿＿＿＿＿＿＿

住所地：＿＿＿＿＿＿＿＿＿

法定代表人：＿＿＿＿＿＿＿＿＿

电话：＿＿＿＿＿＿＿＿＿

甲方根据生产工作需要，甲、乙双方本着诚信及互利互惠的原则，依照《中华人民共和国民法典》以及相关规定，经平等自愿协商一致签订本合同，供双方共同遵守。

一、外包业务

1.甲方根据生产情况将_____业务外包给乙方承揽，具体工作内容为：_____。

2.乙方在承包业务时，已知晓通知外包性质、外包要求、人员素质等情况，乙方在接到甲方通知之日起3日内安排合适人员和设施设备等，为甲方提供服务。

3.乙方应自行组织人员完成相关服务，不得转包或分包给第三人。

二、服务期限

1.服务期限自_____年___月___日起至_____年___月___日止。

2.服务期限内，甲方有权提前60天通知乙方解除本合同。除正常结算解除前的费用以外，甲方无需承担其他违约责任。

三、外包费用

1.计费标准：_____。

2.付款时间：乙方按约定时间、地点、方式完成外包业务，并经甲方书面验收合格后，每月10日前甲方与乙方结算上月外包费用，甲方在收到乙方合法有效发票后5个工作日内向乙方付清全部外包费用。

3.本条约定之外包费用已包括乙方完成此次外包的全部人工成本、设备成本、费用及报酬，是甲方向乙方支付的外包成果的对价，为包干费用，乙方不得要求甲方另行支付其他任何费用。

4.乙方为完成本合同约定外包业务所发生的人员报酬、保险、福利、交通、食宿等费用均与甲方无关，乙方指派的服务人员与甲方不存在劳动关系。

5.乙方指定收款账号：

开户行：_____

户名：_____

四、双方权利和义务

1.乙方应自行聘用人员完成此次服务，乙方自行管理其工作人员，自行安排班次，自担风险，自负盈亏，自行以符合安全规范和技术规范的方式履行合同。

2.应根据甲方业务外包需求，指派符合甲方要求的乙方指派人员到甲方指定的工作地点工作，具体如下：

2.1　无犯罪记录、前科、确保没有不良史、品行端正、遵纪守法。

2.2　身体健康，精神状态良好，确保提供身体健康证明，并保证身体健康证明的真实性。

2.3　乙方有义务筛选人员、筛选身份证明、健康证明、学历证明等信息的真实性。

2.4　确保其提供的人员都遵纪守法，乙方指派人员在甲方工作场所发生偷盗等违法违纪行为的，乙方应承担赔偿责任。

2.5　承诺不指派或使用童工。

3.因乙方指派人员所造成乙方外包工作岗位的空缺，乙方应自接到通知后1个工作日内补齐。

4.乙方及乙方指派人员提供服务过程中受到人身损害或财产损失的，由乙方自行负责，甲方对此不承担任何责任，如因此造成甲方对外进行赔偿，甲方有权全额向乙方索偿。

5.乙方必须给施工人员购买意外保险，并在施工前提供保单给甲方核准之后方可施工。

6.乙方应确保与派至甲方的人员建立劳动关系并签订劳动合同或者其他合法的用工关系。甲方与乙方及乙方指派人员之间不建立劳动关系、雇佣关系、劳务派遣关系或类似关系，乙方应向乙方指派人员进行说明。

7.乙方应遵照甲方的生产管理制度，乙方自行管理其指派人员完成外包业务，甲方不对乙方指派人员进行管理。

8.乙方指派人员佩带甲方工牌和工作服等，仅为甲方统一对外形象及乙方指派员工出入方便使用，不得视为乙方指派人员与甲方存在劳动关系的依据。

9.甲方依约向乙方支付外包费用，不向乙方指派人员发放劳动报酬。如乙方委托甲方向乙方指派人员发放劳动报酬，仅是基于业务需要而形成的委托关系，不得视为甲方基于劳动关系直接向乙方指派人员发放工资。

10.乙方未正常向乙方指派人员结算报酬的，甲方有权同时采取下列行动：

10.1　甲方有权拒绝向乙方支付服务费用；

10.2　甲方有权代乙方向乙方指派人员结算报酬，且有权将这部分费用从乙方应收取的外包费用中扣除。

五、违约责任

1.任何一方违反本合同约定，造成对方的损失，应予全部赔偿。损失赔偿的范围包括但不限于直接损失、间接损失、向客户或第三方支付的赔偿/违约金、所遭受的行政处罚、可预期利益的损失以及守约方为此而支出的律师费、保全担保费、公证费、诉讼与仲裁费用等。

2.甲方逾期付款的，每逾期一天，应按逾期金额的万分之五向乙方支付违约金，同时仍应履行付款义务。

3.乙方逾期提供服务的，每逾期一天，应按外包费用的万分之五向甲方支付违约金，甲方有权直接从外包费用中扣除。

4.乙方有下列情形之一的，甲方有权单方解除合同，并要求乙方按照外包费用的百分之二十向对方支付违约金：

4.1　乙方或乙方指派人员造成自身、甲方人员或甲方客户人身伤害事故的；

4.2　乙方或乙方指派人员造成甲方或客户财产损失超过3万元的；

4.3　乙方违反本合同约定，经甲方通知后在10天内仍不改正的。

5.如乙方指派人员向甲方提起索赔，则乙方应负责解决并承担相应法律责任。无论何种原因，导致甲方需要向乙方指派人员承担任何法律责任，甲方有权全额向乙方追偿，甲方有权从乙方的外包费用中直接扣除。

六、保密

因签订和履行本协议知悉的对方的任何保密信息，甲、乙双方均负有保密的义务。否则违约方应向对方支付违约金＿＿＿＿＿元，如给对方造成损失大于前述违约金，违约方仍应赔偿。本条规定不因协议终止或解除而失效。

七、通知和送达

1.本合同首部双方预留的联系地址和信息系双方送达各类通知、协议等文件以及发生纠纷时相关文件及法律文书的送达地址。本合同约定的送达地址的适用范围包括合同履行阶段和争议进入仲裁、民事诉讼程序后的一审、二审、再审和执行程序，法院可直接通过邮寄或其他方式向双方预留的地址送达法律文书。

2.任何一方的送达地址变更的，应在变更当日书面通知对方。因一方提供或者确认的送达地址不准确、送达地址变更后未及时依程序告知对方和法院或仲裁机构、拒收或指定的接收人拒绝签收等原因，导致相关文件或法律文书未能被该方实际接收的，邮寄送达的，以文书退回之日视为送达之日；直接送达的，送达人当场在送达回证上记明情况之日视为送达之日。

八、争议解决方式

因本合同引起的或与本合同有关的任何争议，由合同各方协商解决，也可由有关部门调解。协商或调解不成的，依法向甲方住所地有管辖权的人民法院起诉。

九、附则

1.本合同一式二份，甲、乙双方各执一份，具有同等法律效力。
2.本合同自双方签名或盖章后成立并生效。

甲方（盖章）：　　　　　　　　乙方（盖章）：
法定代表人（签名）：　　　　　法定代表人（签名）：

　　　　年　月　日　　　　　　　年　月　日

附件：乙方指派人员名单

本人知悉以上合同内容，本人确认为乙方提供劳务或劳动，与甲方不存在劳动关系。

序号	姓名	身份证号码	签名

95 公司可以不为员工缴存住房公积金吗？

不可以。	
法条依据	《住房公积金管理条例》第十五条第一款　单位录用职工的，应当自录用之日起30日内向住房公积金管理中心办理缴存登记，并办理职工住房公积金账户的设立或者转移手续。

基本案情

2015年7月1日，张某进入某公司工作，某公司为张某购买了社会保险，但未为张某缴存住房公积金。2018年9月28日，张某向某市公积金中心投诉，要求某公司按规定为其缴纳2015年7月至2018年9月的住房公积金。经调查核实后，某市公积金中心于2018年12月30日作出《责令限期缴存事先告知书》并送达某公司。2019年2月13日，某市公积金中心作出《责令限期缴存通知书》，主要内容为：经查，某公司在2015年7月至2018年9月没有依法为职工张某缴存住房公积金，违反了《住房公积金管理条例》第20条第1款规定。根据《住房公积金管理条例》第38条的规定，现责令某公司自本通知送达之日起15个工作日内为职工张某补缴住房公积金共计4.9万元，并将本通知送达某公司。某公司收到后不服向人民法院起诉，请求判决撤销《责令限期缴存通知书》。

裁判结果

法院经审理认为，某市公积金中心依照相关规定负有管理本市住房公积金业务、对逾期不缴或者少缴住房公积金的单位责令限期缴存的行政职责。根据《住房公积金管理条例》第15条第1款、第20条第1款、第38条的规定，单位应当按时、足额为职工缴存住房公积金，不得逾期缴存或者少缴，单位逾期不缴或者少缴住房公积金的，由住房公积金管理中心责令限期缴存；逾期仍不缴存的，可以申请人民法院强制执行。本案中，某市公积金中心收到张某投诉后，经审查认定某公司2015年7月至2019年2月存在不按规定为张某缴存公积金的事实，并在法定期限内作出《责令限期缴存通知书》，行政程序合法。法院遂驳回了某公司的诉讼请求。

律师提示

住房公积金是指国家机关、城镇私营企业、社会团体等单位及其在职职工缴存的长期住房储金。"五险一金"常常关联在一起，用人单位都知道不购买社会保险违法，但对于住房公积金是福利还是法定义务却有疑惑。

根据《住房公积金管理条例》第15条第1款的规定，单位录用职工的，应当自录用之日起30日内向住房公积金管理中心办理缴存登记，并办理职工住房公积金账户的设立或者转移手续。缴存住房公积金是用人单位的法定义务，不论用人单位与职工对缴存住房公积金约定与否，用人单位均应为职工缴存住房公积金。

如用人单位不为职工缴存住房公积金，劳动者可向住房公积金管理中心进行投诉或举报。根据《住房公积金管理条例》第37条和第38条的规定，用人单位不为本单位职工办理住房公积金账户设立手续的，由住房公积金管理中心责令限期办理；逾期不办理的，处1万元以上5万元以下的罚款。用人单位逾期不缴或者少缴住房公积金的，由住房公积金管理中心责令限期缴存；

逾期仍不缴存的,可以申请人民法院强制执行。

住房公积金缴存争议不属于劳动争议受案范围。和社会保险缴纳争议一样,住房公积金缴存属于住房公积金管理中心行政管理职能,劳动者只能通过向住房公积金管理中心进行投诉或举报维权,如对住房公积金管理中心的处理不服,可以申请行政复议或行政诉讼。住房公积金缴存争议不属于劳动争议,因此,劳动监察部门、劳动人事争议仲裁部门和人民法院均不受理该类纠纷。

综上,缴存住房公积金是用人单位的法定义务,用人单位不缴或少缴住房公积金的,劳动者可以通过向住房公积金管理中心投诉或举报,要求用人单位补缴工作期间的住房公积金。

法条链接

1.《住房公积金管理条例》

第十五条 单位录用职工的,应当自录用之日起30日内向住房公积金管理中心办理缴存登记,并办理职工住房公积金账户的设立或者转移手续。

单位与职工终止劳动关系的,单位应当自劳动关系终止之日起30日内向住房公积金管理中心办理变更登记,并办理职工住房公积金账户转移或者封存手续。

第二十条 单位应当按时、足额缴存住房公积金,不得逾期缴存或者少缴。

对缴存住房公积金确有困难的单位,经本单位职工代表大会或者工会讨论通过,并经住房公积金管理中心审核,报住房公积金管理委员会批准后,可以降低缴存比例或者缓缴;待单位经济效益好转后,再提高缴存比例或者补缴缓缴。

第三十七条 违反本条例的规定,单位不办理住房公积金缴存登记或者不为本单位职工办理住房公积金账户设立手续的,由住房公积金管理中心责令限期办理;逾期不办理的,处1万元以上5万元以下的罚款。

第三十八条 违反本条例的规定，单位逾期不缴或者少缴住房公积金的，由住房公积金管理中心责令限期缴存；逾期仍不缴存的，可以申请人民法院强制执行。

2.《最高人民法院关于审理劳动争议案件适用法律问题的解释（一）》

第一条 劳动者与用人单位之间发生的下列纠纷，属于劳动争议，当事人不服劳动争议仲裁机构作出的裁决，依法提起诉讼的，人民法院应予受理：

（一）劳动者与用人单位在履行劳动合同过程中发生的纠纷；

（二）劳动者与用人单位之间没有订立书面劳动合同，但已形成劳动关系后发生的纠纷；

（三）劳动者与用人单位因劳动关系是否已经解除或者终止，以及应否支付解除或者终止劳动关系经济补偿金发生的纠纷；

（四）劳动者与用人单位解除或者终止劳动关系后，请求用人单位返还其收取的劳动合同定金、保证金、抵押金、抵押物发生的纠纷，或者办理劳动者的人事档案、社会保险关系等移转手续发生的纠纷；

（五）劳动者以用人单位未为其办理社会保险手续，且社会保险经办机构不能补办导致其无法享受社会保险待遇为由，要求用人单位赔偿损失发生的纠纷；

（六）劳动者退休后，与尚未参加社会保险统筹的原用人单位因追索养老金、医疗费、工伤保险待遇和其他社会保险待遇而发生的纠纷；

（七）劳动者因为工伤、职业病，请求用人单位依法给予工伤保险待遇发生的纠纷；

（八）劳动者依据劳动合同法第八十五条规定，要求用人单位支付加付赔偿金发生的纠纷；

（九）因企业自主进行改制发生的纠纷。

96　工亡供养亲属抚恤金是否由扶养人分摊？

不分摊。	
法条依据	《工伤保险条例》第三十九条第一款　职工因工死亡，其近亲属按照下列规定从工伤保险基金领取丧葬补助金、供养亲属抚恤金和一次性工亡补助金：……（二）供养亲属抚恤金按照职工本人工资的一定比例发给由因工死亡职工生前提供主要生活来源、无劳动能力的亲属。标准为：配偶每月40%，其他亲属每人每月30%，孤寡老人或者孤儿每人每月在上述标准的基础上增加10%。核定的各供养亲属的抚恤金之和不应高于因工死亡职工生前的工资。供养亲属的具体范围由国务院社会保险行政部门规定；……

基本案情

张某、王某和张某乙分别系死亡职工张某甲父亲、母亲和姐姐。张某甲生前在某公司工作。2017年9月15日，张某甲在下班途中发生交通事故造成死亡，后被认定为工伤。2019年8月29日，张某和王某向某劳动人事争议仲裁委员会提起仲裁，该委裁决：某公司自裁决生效之日起10日内一次性支付张某和王某丧葬补助金34830元、一次性工亡补助金727920元，一次性分别支付张某和王某2017年10月至2019年9月的供养亲属抚恤金27532.80元，某公司自2019年10月起按月分别支付张某和王某供养亲属抚恤金1154.70元至法定停止享受抚恤金待遇情形出现时止，并依规定适时调整。某公司认为供养亲属抚恤金应当扣除另一扶养义务人的份额，不服仲裁裁决向法院起诉，请求判决某公司负担供养亲属抚恤金的一半。

裁判结果

法院经审理认为，根据《工伤保险条例》第62条第2款的规定，应当参加工伤保险而未参加工伤保险的用人单位职工发生工伤的，由该用人单位按照规定的工伤保险待遇项目和标准支付费用。某公司对支付丧葬补助金和一次性工亡补助金无异议，法院对此予以确认。根据《工伤保险条例》第39条第1款的规定，职工因工死亡，其近亲属可以享受丧葬补助金、供养亲属抚恤金和一次性工亡补助金：……（二）供养亲属抚恤金按照职工本人工资的一定比例发给由因工死亡职工生前提供主要生活来源、无劳动能力的亲属。标准为：其他亲属每人每月30%……张某、王某系死亡职工张某甲的父母，符合因工死亡职工供养亲属范围。供养亲属抚恤金并非人身损害赔偿中的被扶养人生活费，某公司要求扣除其他扶养义务人的份额缺乏法律依据，法院不予支持。法院遂驳回了某公司的诉讼请求。

律师提示

供养亲属抚恤金是指职工因工死亡的，按照职工本人工资的一定比例发给由该职工生前提供主要生活来源、无劳动能力的亲属的维持基本生活等费用的补偿。伤残职工在停工留薪期内因工伤导致死亡的，一级至四级伤残职工在停工留薪满后死亡的，其近亲属也可享受供养亲属抚恤金。

因工死亡职工供养亲属范围由《因工死亡职工供养亲属范围规定》确定。笔者提示两点：（1）工亡职工子女未满18周岁的，可享受供养亲属抚恤金至18岁；（2）职工工亡时父母男年满60周岁、女年满55周岁，且未享受退休养老保险待遇的，可享受供养亲属抚恤金至死亡，有劳动能力且职工工亡时未达到退休年龄的不享受供养亲属抚恤金。

根据《工伤保险条例》第39条第1款第2项的规定，供养亲属抚恤金标准为：配偶每月40%，其他亲属每人每月30%，孤寡老人或者孤儿每人每月在上述标准的基础上增加10%，核定的各供养亲属的抚恤金之和不应高于因工死亡职工生前的工资。《工伤保险条例》并未规定供养亲属抚恤金需要按扶养人数分摊计算，因此，供养亲属抚恤金直接按照前述规定比例计算，不由扶养人按比例分摊。《最高人民法院关于审理人身损害赔偿案件适用法律若干问题的解释》第17条第2款规定，被扶养人还有其他扶养人的，赔偿义务人只赔偿受害人依法应当负担的部分。读者应注意将工亡中供养亲属抚恤金与人身损害中被扶养人生活费严格区分，切勿混淆。

综上，供养亲属抚恤金应按照《工伤保险条例》第39条规定的比例计算，不由扶养人按比例分摊，应与人身损害中被扶养人生活费严格区分。

法条链接

1.《工伤保险条例》

第三十九条 职工因工死亡，其近亲属按照下列规定从工伤保险基金领取丧葬补助金、供养亲属抚恤金和一次性工亡补助金：

（一）丧葬补助金为6个月的统筹地区上年度职工月平均工资；

（二）供养亲属抚恤金按照职工本人工资的一定比例发给由因工死亡职工生前提供主要生活来源、无劳动能力的亲属。标准为：配偶每月40%，其他亲属每人每月30%，孤寡老人或者孤儿每人每月在上述标准的基础上增加10%。核定的各供养亲属的抚恤金之和不应高于因工死亡职工生前的工资。供养亲属的具体范围由国务院社会保险行政部门规定；

（三）一次性工亡补助金标准为上一年度全国城镇居民人均可支配收入的20倍。

伤残职工在停工留薪期内因工伤导致死亡的，其近亲属享受本条第一款规定的待遇。

一级至四级伤残职工在停工留薪期满后死亡的，其近亲属可以享受本条第一款第（一）项、第（二）项规定的待遇。

2.《因工死亡职工供养亲属范围规定》

第三条 上条规定的人员，依靠因工死亡职工生前提供主要生活来源，并有下列情形之一的，可按规定申请供养亲属抚恤金：

（一）完全丧失劳动能力的；

（二）工亡职工配偶男年满60周岁、女年满55周岁的；

（三）工亡职工父母男年满60周岁、女年满55周岁的；

（四）工亡职工子女未满18周岁的；

（五）工亡职工父母均已死亡，其祖父、外祖父年满60周岁，祖母、外祖母年满55周岁的；

（六）工亡职工子女已经死亡或完全丧失劳动能力，其孙子女、外孙子女未满18周岁的；

（七）工亡职工父母均已死亡或完全丧失劳动能力，其兄弟姐妹未满18周岁的。

3.《最高人民法院关于审理人身损害赔偿案件适用法律若干问题的解释》

第十七条 被扶养人生活费根据扶养人丧失劳动能力程度，按照受诉法院所在地上一年度城镇居民人均消费支出标准计算。被扶养人为未成年人的，计算至十八周岁；被扶养人无劳动能力又无其他生活来源的，计算二十年。但六十周岁以上的，年龄每增加一岁减少一年；七十五周岁以上的，按五年计算。

被扶养人是指受害人依法应当承担扶养义务的未成年人或者丧失劳动能力又无其他生活来源的成年近亲属。被扶养人还有其他扶养人的，赔偿义务人只赔偿受害人依法应当负担的部分。被扶养人有数人的，年赔偿总额累计不超过上一年度城镇居民人均消费支出额。

97 补缴社会保险滞纳金大于本金合法吗？

不合法。	
法条依据	《行政强制法》第四十五条　行政机关依法作出金钱给付义务的行政决定，当事人逾期不履行的，行政机关可以依法加处罚款或者滞纳金。加处罚款或者滞纳金的标准应当告知当事人。 　　加处罚款或者滞纳金的数额不得超出金钱给付义务的数额。

基本案情

2011年4月1日，张某入职某公司，某公司未为其购买社会保险。2021年12月1日，某劳动人事争议仲裁院出具仲裁调解书，确认张某与某公司2011年4月1日至2020年12月31日存在劳动关系，补缴养老保险事宜由社会保险经办机构按照国家法律和政策依法处理。2021年12月28日，某人力资源和社会保障局出具《个人补缴单据》，核定应补缴保险费合计34754.4元、滞纳金58307.5元，某公司缴纳了上述保险费及滞纳金。2022年1月5日，某公司诉至法院，请求判决某人力资源和社会保障局退还多收取的滞纳金23553.1元。

裁判结果

法院经审理认为，《行政强制法》第45条规定："行政机关依法作出金钱给付义务的行政决定，当事人逾期不履行的，行政机关可以依法加处罚款或者滞纳金。加处罚款或者滞纳金的标准应当告知当事人。加处罚款或者滞纳金的数额不得超出金钱给付义务的数额。"滞纳金是在用人单位不履行法定金钱给付义务时通过增加额外金钱负担的方式，迫使用人单位尽快履行义务，是对金钱给付义务强制执行的一种方式，属于执行罚，是间接强制的一种，而《行政强制法》是为了规范行政强制的设定和实施，保障和监督行政机关依法履行职责，无论是从其性质还是其设定目的合理性来看都理应受到前述规定的规范和调整。法院遂支持了某公司的诉讼请求。

律师提示

一次性补缴社会保险（多为养老保险）是社会保险征缴机构的执法要求，也是某些个人享受社会保险待遇的现实需求。补缴社会保险的金额和滞纳金一般由社会保险费征收机构系统软件自动生成，由此造成滞纳金大于社会保险本金的争议。

实践中，社会保险费征收机构将有关生效法律文书作为一次性补缴社会保险的前置条件。第一种是由劳动仲裁机构出具裁决书或调解书，第二种是由劳动保障监察部门出具责令改正或补缴社会保险的决定书。由于第二种方式会附带对用人单位进行行政处罚，因此，如非劳动者与用人单位无法协商造成投诉或举报，且劳动者不愿意撤销投诉或举报情况下，用人单位和劳动保障监察部门均不轻易以此种方式补缴社会保险。

由于通过第一种方式一次性补缴社会保险方便快捷，一些不法分子在劳动监察和仲裁上打主意，通过违规监察和仲裁取得有关文书，确立劳动关系办理一次性补缴现象突出，涉及人数多，涉案金额大，严重危害社保基金安全。2021年1月28日，人力资源和社会保障部办公厅发布《关于企业职工养老保险一次性补缴风险提示的函》，严厉打击劳动监察人员利用职务之便，出具核定补缴社会保险费的虚假函件，为虚构劳动关系、违规一次性补缴提供法律文书；以及仲裁机构违规受理案件，为无确认劳动关系争议的当事人出具仲裁文书等行为。

根据《社会保险法》第86条和《税收征收管理法》第32条等规定，用人单位未按时足额缴纳社会保险费的，由社会保险费征收机构责令限期缴纳或者补足，并自欠缴之日起按日加收5‰的滞纳金，滞纳金无上限规定。而根据《行政强制法》第45条第2款的规定，滞纳金的数额不得超出金钱给付义务的数额。根据新法优于旧法的原则，社会保险费滞纳金不得高于社会保险费本金。

尽管法律适用仍有争议，但绝大多数司法实践判例已支持社会保险费滞纳金不高于社会保险费本金的观点。

法条链接

1.《社会保险法》

第八十六条　用人单位未按时足额缴纳社会保险费的，由社会保险费征收机构责令限期缴纳或者补足，并自欠缴之日起，按日加收万分之五的滞纳金；逾期仍不缴纳的，由有关行政部门处欠缴数额一倍以上三倍以下的罚款。

2.《实施〈中华人民共和国社会保险法〉若干规定》

第二十条　职工应当缴纳的社会保险费由用人单位代扣代缴。用人单位未依法代扣代缴的，由社会保险费征收机构责令用人单位限期代缴，并自欠缴之日起向用人单位按日加收万分之五的滞纳金。用人单位不得要求职工承担滞纳金。

第二十七条　职工与所在用人单位发生社会保险争议的，可以依照《中华人民共和国劳动争议调解仲裁法》、《劳动人事争议仲裁办案规则》的规定，申请调解、仲裁，提起诉讼。

职工认为用人单位有未按时足额为其缴纳社会保险费等侵害其社会保险权益行为的，也可以要求社会保险行政部门或者社会保险费征收机构依法处理。社会保险行政部门或者社会保险费征收机构应当按照社会保险法和《劳动保障监察条例》等相关规定处理。在处理过程中，用人单位对双方的劳动关系提出异议的，社会保险行政部门应当依法查明相关事实后继续处理。

3.《税收征收管理法》

第三十二条 纳税人未按照规定期限缴纳税款的，扣缴义务人未按照规定期限解缴税款的，税务机关除责令限期缴纳外，从滞纳税款之日起，按日加收滞纳税款万分之五的滞纳金。

4.《行政强制法》

第四十五条 行政机关依法作出金钱给付义务的行政决定，当事人逾期不履行的，行政机关可以依法加处罚款或者滞纳金。加处罚款或者滞纳金的标准应当告知当事人。

加处罚款或者滞纳金的数额不得超出金钱给付义务的数额。

第四十六条 行政机关依照本法第四十五条规定实施加处罚款或者滞纳金超过三十日，经催告当事人仍不履行的，具有行政强制执行权的行政机关可以强制执行。

行政机关实施强制执行前，需要采取查封、扣押、冻结措施的，依照本法第三章规定办理。

没有行政强制执行权的行政机关应当申请人民法院强制执行。但是，当事人在法定期限内不申请行政复议或者提起行政诉讼，经催告仍不履行的，在实施行政管理过程中已经采取查封、扣押措施的行政机关，可以将查封、扣押的财物依法拍卖抵缴罚款。

购买两份雇主责任保险能否双赔？

可以，但不能超过保险价值。	
法条依据	《保险法》第五十六条第二款　重复保险的各保险人赔偿保险金的总和不得超过保险价值。除合同另有约定外，各保险人按照其保险金额与保险金额总和的比例承担赔偿保险金的责任。

基本案情

2016年4月1日，某公司为包括张某在内的96名员工分别在太平洋保险某支公司和人寿财产保险某支公司办理为期1年的《雇主责任保险》，某公司未为员工购买工伤保险。太平洋保险某支公司《保险单明细表》载明伤亡赔偿责任限额为50万元/人；人寿财产保险某支公司《保险单明细表》载明伤亡赔偿责任限额为40万元/人。2016年6月12日，张某出差途中发生交通事故导致死亡，经工伤认定后，劳动仲裁裁决某公司向张某继承人支付一次性工亡补助金623900元，某公司通过银行转账支付了前述款项。因向保险公司申请理赔未果，某公司诉至法院，请求判决太平洋保险某支公司支付某公司保险赔偿金50万元。

裁判结果

法院经审理认为，某公司为包括张某在内的96名员工分别在太平洋保险某支公司、人寿财产保险某支公司投保的保险合同均系双方当事人真实意思表示，内容合法有效，应受法律保护。本案中，某公司员工张某因工伤死亡，某公司已全额支付一次性工亡补助金，某公司作为保险合同的投保人、被保险人就其实际承担的损失，有权依据保险合同的约定主张理赔，因太平洋保险某支公司及人寿财产保险某支公司就被保险人雇员死亡赔偿责任的限额分别为50万元和40万元，根据两份保险合同中"赔偿限额与其他保险合同及本合同的赔偿限额总和的比例承担的赔偿责任"的约定，以及《保险法》第56条第2款"重复保险的各保险人赔偿保险金的总和不得超过保险价值。除合同另有约定外，各保险人按照其保险金额与保险金额总和的比例承担赔偿保险金的责任"之规定，太平洋保险某支公司应在保险限额50万元的范围内按比例承担赔偿责任346611.11元〔623900元 × 50/（50+40）〕，人寿财产保险某支公司的赔偿责任问题不再本案中处理。

律师提示

与雇主（用人单位）存在雇佣关系或劳动关系的人员，从事雇主安排的工作而遭受意外或发生工伤，雇主需承担相应的经济赔偿责任，雇主责任保险的保险标的就是雇主承担的赔偿责任。由于雇主责任保险风险较大，保险公司能承保的行业类别和保额都有严格限制，购买一份雇主责任保险通常无法覆盖雇主的赔偿责任。

从不同保险公司购买多份雇主责任保险，能否得到多重赔偿是雇主比较关注的问题。根据《保险法》第56条的规定，重复保险是指投保人对同一保险标的、同一保险利益、同一保险事故分别与两个以上保险人订立保险合同，重复保险的各保险人赔偿保险金的总和不得超过保险价值。可见，投保人可以购买多份雇主责任保险，但各保险人赔偿保险金的总和不得超过保险价值，比如本案中某公司因员工工亡赔偿了623900元，无论其购买了多少份雇主责任保险，不论保险金额累计多少（本案为90万元），各保险公司的赔偿金额综合均不应超过623900元。

重复保险，是指投保人分别与两个以上保险公司订立保险合同。除合同另有约定外，各保险公司按照其保险金额与保险金额总和的比例承担赔偿保险金的责任，且保险金额总和超过保险价值。在实践中，存在投保人与同一保险公司订立两个以上雇主责任保险合同的情形，该情形不属于重复保险，保险金额总和是否受保险价值限制存在争议。笔者认为，既然不属于重复保险，可视为保险公司和投保人对雇主责任保险责任限额作出了特别约定，保险公司应足额赔偿各保险合同的保险金额，保险金额总和可高于保险价值。

保险包括财产保险和人身保险两大类。雇主责任保险属于财产保险，人身保险常见的险种为人身意外伤害保险。财产保险适用损失补偿原则，保险可以弥补被保险人遭受的损失，但任何人均不能因保险事故的发生获得不当利益，因此，雇主责任保险各保险人赔偿保险金的总和不得超过雇主支出的赔偿金额。与之相对，人身保险是以人的寿命和身体为保险标的的保险，而人的寿命和身体是无价的，人身保险不适用补偿原则，也不存在重复投保或超额投保的问题。

综上所述，在不超过保险价值的情况下，雇主可以就同一雇员的损害赔偿责任投保多份雇主责任保险，此举有利于提高雇主向受伤害雇员承担经济赔偿责任的积极性，使雇员得到及时有效的赔偿。

法条链接

《保险法》

第十二条　人身保险的投保人在保险合同订立时，对被保险人应当具有保险利益。

财产保险的被保险人在保险事故发生时，对保险标的应当具有保险利益。

人身保险是以人的寿命和身体为保险标的的保险。

财产保险是以财产及其有关利益为保险标的的保险。

被保险人是指其财产或者人身受保险合同保障，享有保险金请求权的人。投保人可以为被保险人。

保险利益是指投保人或者被保险人对保险标的具有的法律上承认的利益。

第三十九条　人身保险的受益人由被保险人或者投保人指定。

投保人指定受益人时须经被保险人同意。投保人为与其有劳动关系的劳动者投保人身保险，不得指定被保险人及其近亲属以外的人为受益人。

被保险人为无民事行为能力人或者限制民事行为能力人的，可以由其监护人指定受益人。

第五十六条　重复保险的投保人应当将重复保险的有关情况通知各保险人。

重复保险的各保险人赔偿保险金的总和不得超过保险价值。除合同另有约定外，各保险人按照其保险金额与保险金额总和的比例承担赔偿保险金的责任。

重复保险的投保人可以就保险金额总和超过保险价值的部分，请求各保险人按比例返还保险费。

重复保险是指投保人对同一保险标的、同一保险利益、同一保险事故分别与两个以上保险人订立保险合同，且保险金额总和超过保险价值的保险。

99 团体意外险赔偿款能否归公司所有？

	不能。
法条依据	《最高人民法院关于适用〈中华人民共和国保险法〉若干问题的解释（三）》第十三条　保险事故发生后，受益人将与本次保险事故相对应的全部或者部分保险金请求权转让给第三人，当事人主张该转让行为有效的，人民法院应予支持，但根据合同性质、当事人约定或者法律规定不得转让的除外。

⚖ 基本案情

被保险人张某生前系某公司职工，某公司在某工程项目中购买了某保险公司的《建筑工程团体意外伤害保险》，并按期足额支付了保险费，保险金限额为20万元/人。2016年8月2日，张某在工程施工过程中受伤，送医后不治身亡。2016年8月4日，张某父母、配偶和儿子（法定继承人）作为保险受益人与某公司签订了《死亡赔偿协议书》，该协议书载明，某公司向张某法定继承人支付各项死亡赔偿款78万元，张某法定继承人自愿将张某的保险金请求权转让给某公司。协议签订后，某公司向张某法定继承人支付了全部赔偿款，并立即向某保险公司进行保险理赔，但某保险公司以各种理由拒绝理赔。故某公司诉至法院，请求判决某保险公司向某公司支付保险赔偿金20万元。

裁判结果

法院经审理认为，依法成立的人身保险合同受法律保护，保险事故发生后，保险人在收到被保险人或受益人的给付保险金请求，应当及时核定，符合保险金支付条件的应当及时给付保险金。本案中，某公司为其案涉工程职工张某等人投保了《建筑工程团体意外伤害保险》，因张某在施工过程中意外身亡，张某法定继承人系此次保险事故的受益人，对某保险公司享有保险金给付请求权。保险事故发生后，某公司向被保险人张某家属进行了赔偿，赔付的金额超出了其所投保的职工意外身故保险金限额，张某继承人自愿将相应的保险金给付请求权转让给某公司。某公司作为适格主体要求某保险公司给付保险金20万元的诉讼请求，符合法律规定，法院予以支持。

律师提示

员工工伤或工亡时，只有雇主责任险才能规避或减轻企业的赔偿责任，但雇主责任险保费相对较高，保险公司还拒保部分行业或职业类别的雇主责任险。企业对能否将团体意外险赔偿金约定为用人单位所有，进而通过购买团体意外险的方式规避用工责任存在疑惑。

团体意外险属于人身保险，根据《保险法》第39条第2款的规定，投保人为与其有劳动关系的劳动者投保人身保险，不得指定被保险人及其近亲属以外的人为受益人。前述规定意图在于防止用人单位利用自身的强势地位将受益人指定为自己，存在故意制造保险事故等道德风险。因此，用人单位不得指定自己（投保人）为团体意外险的受益人。如果团体意外险未指定受益人，保险金作为被保险人的遗产，由被保险人的法定继承人享有，用人单位也无法享有保险金。

用人单位能否在为员工购买团体意外险时，让员工出具承诺书或事先约定团体意外险的保险金或保险金请求权归用人单位所有？根据《民法典》的相关原则，专属人身性质的权益不得转让，且该承诺或约定因与《保险法》第39条规定相冲突而无效。另外，员工工亡时，保险金受益人为其指定人员或法定继承人，投保时签订的承诺书或约定自然也将落空。保险事故发生前，保险金请求权不得转移，意味着保险公司无权直接向用人单位支付保险金。

团体意外险保险事故发生后，保险合同人身性权益转为财产性质的保险金请求权。根据《最高人民法院关于适用〈中华人民共和国保险法〉若干问题的解释（三）》第13条的规定，保险事故发生后，受益人将与本次保险事故相对应的全部或者部分保险金请求权转让给第三人，当事人主张该转让行为有效的，人民法院应予支持。用人单位在保险事故发生后，对员工或员工继承人进行赔付后，员工或员工继承人自愿将保险金请求权转让给用人单位的应为合法有效。同时，企业需要注意保险金请求权转让和变更受益人之间的区别，保险事故发生后依法不得变更受益人。

综上，团体意外险不得指定用人单位为受益人，不得在保险事故发生后变更受益人为用人单位，也不得在保险事故发生前将保险金请求权转移给用人单位。在保险事故发生后，员工或员工继承人才可自愿将保险金请求权转移给用人单位，由用人单位享有保险金。

💬 法条链接

1.《保险法》

第三十九条　人身保险的受益人由被保险人或者投保人指定。

投保人指定受益人时须经被保险人同意。投保人为与其有劳动关系的劳动者投保人身保险，不得指定被保险人及其近亲属以外的人为受益人。

被保险人为无民事行为能力人或者限制民事行为能力人的，可以由其监护人指定受益人。

第四十一条　被保险人或者投保人可以变更受益人并书面通知保险人。保险人收到变更受益人的书面通知后，应当在保险单或者其他保险凭证上批注或者附贴批单。

投保人变更受益人时须经被保险人同意。

第四十二条　被保险人死亡后，有下列情形之一的，保险金作为被保险人的遗产，由保险人依照《中华人民共和国继承法》的规定履行给付保险金的义务：

（一）没有指定受益人，或者受益人指定不明无法确定的；

（二）受益人先于被保险人死亡，没有其他受益人的；

（三）受益人依法丧失受益权或者放弃受益权，没有其他受益人的。

受益人与被保险人在同一事件中死亡，且不能确定死亡先后顺序的，推定受益人死亡在先。

2.《最高人民法院关于适用〈中华人民共和国保险法〉若干问题的解释（三）》

第十一条　投保人或者被保险人在保险事故发生后变更受益人，变更后的受益人请求保险人给付保险金的，人民法院不予支持。

第十三条　保险事故发生后，受益人将与本次保险事故相对应的全部或者部分保险金请求权转让给第三人，当事人主张该转让行为有效的，人民法院应予支持，但根据合同性质、当事人约定或者法律规定不得转让的除外。

100 签订一次性工伤赔偿协议后能反悔吗？

	能。
法条依据	《最高人民法院关于审理劳动争议案件适用法律问题的解释（一）》第三十五条第二款　前款协议存在重大误解或者显失公平情形，当事人请求撤销的，人民法院应予支持。

⚖ 基本案情

2017年9月3日，张某在某建筑公司承建的某综合楼项目工地上班期间，不慎摔落致左脚骨折。2017年11月4日，张某与某建筑公司达成《工伤赔偿协议书》，其中约定："1.除门诊医疗费外，某建筑公司一次性支付张某各类赔偿金18000元（包括停工留薪期间工资、社会保险费、解除劳动合同的经济补偿金、未签订劳动合同的双倍工资、一次性伤残补助金、一次性工伤医疗补助金、一次性伤残就业补助金等）；2.此事为一次性处理，张某自收到赔偿金后不得再提出其他任何赔偿要求。"同日，张某收到某建筑公司赔偿金18000元，并出具收条。

随后，张某被认定为工伤，张某劳动能力鉴定为伤残九级。张某向某劳动人事争议仲裁院申请仲裁，请求：（1）撤销《工伤赔偿协议书》；（2）解除张某与某建筑公司的劳动关系；（3）某建筑公司向张某支付各项费用共计18万余元。仲裁裁决后某建筑公司不服起诉至法院，请求判决确认《工伤赔偿协议书》有效，某建筑公司向张某无需支付任何费用。

裁判结果

法院经审理认为，《工伤赔偿协议书》订立时，张某尚未进行工伤认定及劳动能力鉴定，其对自身的劳动功能障碍程度及依法可享受的劳动保险待遇等并不充分了解。现张某被鉴定为伤残九级，其依法可享受的工伤保险待遇总额与《工伤赔偿协议书》数额相差太大，对张某明显不公。另外，《工伤赔偿协议书》虽具有一般合同的属性，但本案涉及的是劳动者的生存权益，应当依法维护劳动者的合法权益。综合考虑以上因素，双方签订的《工伤赔偿协议书》导致双方权利义务不对等，使张某遭受重大利益损失，构成显失公平，应予以撤销。法院遂驳回了某建筑公司的诉讼请求。

律师提示

员工发生工伤时，正常的维权流程耗时过长，员工可能选择与企业达成协议，一次性了结工伤事故纠纷。双方在协商过程中，必然涉及对赔偿金额的讨价还价，这样的协议效力如何呢？

《最高人民法院关于审理劳动争议案件适用法律问题的解释（一）》第35条规定："劳动者与用人单位就解除或者终止劳动合同办理相关手续、支付工资报酬、加班费、经济补偿或者赔偿金等达成的协议，不违反法律、行政法规的强制性规定，且不存在欺诈、胁迫或者乘人之危情形的，应当认定有效。前款协议存在重大误解或者显失公平情形，当事人请求撤销的，人民法院应予支持。"欺诈、胁迫、乘人之危、重大误解一般都难以证明，因此，协议被撤销的关键评判标准为是否显失公平。

所谓显失公平，是指双方当事人的权利义务明显不对等，使一方遭受重大不利。显失公平构成要件为：双方当事人的权利义务明显不对等；这种不对等违反公平原则，超过了法律允许的限度；不属于因欺诈、胁迫、乘人之危、恶意串通损害他人利益等原因导致的显失公平。司法实践中，劳动者得到的赔偿金额低于法定标准70%的，一般会被认定为显失公平。

另外，劳动者要求撤销工伤赔偿协议，应自知道或者应当知道撤销事由之日起1年内行使撤销权，或者自签订工伤赔偿协议的民事法律行为发生之日起5年内行使撤销权，否则撤销权消灭。

法条链接

1.《民法典》

第一百四十七条   基于重大误解实施的民事法律行为，行为人有权请求人民法院或者仲裁机构予以撤销。

第一百五十一条   一方利用对方处于危困状态、缺乏判断能力等情形，致使民事法律行为成立时显失公平的，受损害方有权请求人民法院或者仲裁机构予以撤销。

第一百五十二条   有下列情形之一的，撤销权消灭：

（一）当事人自知道或者应当知道撤销事由之日起一年内、重大误解的当事人自知道或者应当知道撤销事由之日起九十日内没有行使撤销权；

（二）当事人受胁迫，自胁迫行为终止之日起一年内没有行使撤销权；

（三）当事人知道撤销事由后明确表示或者以自己的行为表明放弃撤销权。

当事人自民事法律行为发生之日起五年内没有行使撤销权的，撤销权消灭。

2.《最高人民法院关于审理劳动争议案件适用法律问题的解释（一）》

第三十五条   劳动者与用人单位就解除或者终止劳动合同办理相关手续、支付工资报酬、加班费、经济补偿或者赔偿金等达成的协议，不违反法律、行政法规的强制性规定，且不存在欺诈、胁迫或者乘人之危情形的，应当认定有效。

前款协议存在重大误解或者显失公平情形，当事人请求撤销的，人民法院应予支持。

📝 **文书链接**

一次性工伤赔偿协议

甲方（用人单位）：＿＿＿＿＿＿＿＿＿＿

统一社会信用代码：＿＿＿＿＿＿＿＿＿

住所地：＿＿＿＿＿＿＿＿＿

法定代表人：＿＿＿＿＿＿＿＿＿

电话：＿＿＿＿＿＿＿＿＿

微信：＿＿＿＿＿＿＿＿＿　　电子邮箱：＿＿＿＿＿＿＿＿＿＿

乙方（员工）：＿＿＿＿＿＿＿＿＿

身份证号：＿＿＿＿＿＿＿＿＿

住址：＿＿＿＿＿＿＿＿＿

电话：＿＿＿＿＿＿＿＿＿

微信：＿＿＿＿＿＿＿＿＿　　电子邮箱：＿＿＿＿＿＿＿＿＿＿

　　甲、乙双方在平等自愿的基础上，经协商一致，就工伤赔偿事宜订立本协议，供双方共同遵守。

　　1.乙方于＿＿＿＿年＿＿月＿＿日在工作过程中因＿＿＿＿＿＿受到伤害，甲、乙双方确认该情形属于工伤。

　　2.甲方和乙方的劳动关系于＿＿＿＿年＿＿月＿＿日解除。

　　3.经双方协商一致，甲方于＿＿＿＿年＿＿月＿＿日前向乙方支付＿＿＿＿＿元作为各项补偿和赔偿费用，一次性了结工伤赔偿纠纷。该费用包括但不限于工伤所引起的医疗费、护理费、一次性伤残补助金、一次性伤残就业补助金、一次性工伤医疗补助金、二次手术和治疗费、康复治疗费、住院伙食补助费、停工留薪期工资福利待遇、辅助器具费、交通食宿费、伤残津贴等所有费用，以及基于劳动关系的各项赔偿或补偿费用。

4.乙方承诺收到款项后会妥善使用，留足后续治疗费、康复费、辅助器具费等费用以确保身体治愈，承诺收到款项后会在法定继承人之间妥善分配上述费用，如因上述费用使用或分配产生纠纷，与甲方无关。

5.本协议签订后，双方就劳动关系以及工伤事故再无任何争议。乙方不得再提起任何异议或权利主张程序（包括但不限于劳动争议仲裁、监察投诉、举报、民事诉讼等），也不得采取任何影响甲方正常生产经营和公司声誉的不当行为。

6.甲、乙双方确认，乙方对自己的伤残情况以及国家相关法律法规、自身权益进行了充分的了解，确认本协议约定的补偿款项为甲、乙双方所自愿协商之数额，若与法定数额有所出入，乃为一方自愿对其合法权利进行的适当处分，故任何一方不得以存在欺诈、胁迫、重大误解或协商数额显失公平等为由主张撤销本协议或确认本协议无效。

7.甲、乙双方应严格遵守本协议约定，如乙方违反本协议约定，甲方有权要求其退还已付款项，并要求其支付违约金_____元。

8.因签订和履行本协议知悉的对方的任何保密信息，甲、乙双方均负有保密的义务。否则违约方应向对方支付违约金_____元，如给对方造成损失大于前述违约金，违约方仍应赔偿。本条规定不因协议终止或解除而失效。

9.本协议一式二份，甲、乙双方各执一份，具有同等法律效力。

10.本协议自双方签名或盖章之日起成立并生效。

甲方（盖章）： 　　　　　　　　　　乙方（签名）：

法定代表人（签名）：

　　　　年　　月　　日　　　　　　　　　年　　月　　日

图书在版编目(CIP)数据

企业劳动用工合规管理百例：含常用范本 / 段彪永
编著 . —北京：中国法制出版社，2023.3
ISBN 978-7-5216-3230-9

Ⅰ.①企… Ⅱ.①段… Ⅲ.①劳动法—研究—中国
Ⅳ.①D922.504

中国版本图书馆CIP数据核字（2022）第255391号

责任编辑：黄丹丹   封面设计：李 宁

企业劳动用工合规管理百例：含常用范本
QIYE LAODONG YONGGONG HEGUI GUANLI BAILI：HAN CHANGYONG FANBEN

编著 / 段彪永

经销 / 新华书店

印刷 / 三河市国英印务有限公司

开本 / 710毫米×1000毫米　16开   印张 / 31　字数 / 454千

版次 / 2023年3月第1版   2023年3月第1次印刷

中国法制出版社出版

书号 ISBN 978-7-5216-3230-9   定价：99.00元

北京市西城区西便门西里甲16号西便门办公区

邮政编码：100053   传真：010-63141600

网址：**http://www.zgfzs.com**   编辑部电话：**010-63141812**

市场营销部电话：010-63141612   印务部电话：**010-63141606**

（如有印装质量问题，请与本社印务部联系。）